QUALITY

품질경영

들 / 어 / 가 / 기

품질경영

들 / 어 / 가 / 기

발행일　　2018년 2월 27일 초판 1쇄 발행
　　　　　　2020년 9월 20일 초판 2쇄 발행
저자　　　박영택
발행인　　권기수
발행처　　한국표준협회미디어
출판등록　2004년 12월 23일(제2009-26호)
주소　　　서울 강남구 테헤란로69길 5 (삼성동, DT센터) 3층
전화　　　02-6240-4890
팩스　　　02-6240-4949
홈페이지　www.ksam.co.kr

ISBN　　　979-11-6010-021-1　93320

값　　　　32,000원

품질경영

들 / 어 / 가 / 기

박영택 지음

KSAM

머리말

품질경영과 관련된 수많은 도서들이 국내·외에서 발간되었지만 필자의 기호에 맞는 교재나 참고용 개론서를 찾을 수 없어 늘 마음이 갑갑하였습니다. 그러던 중 용기를 내어 오랫동안 축적해온 자료를 정리하여 2014년 「박영택 품질경영론」을 출간하였습니다. 이 책은 출간 이후 많은 독자들로부터 사랑받아 왔지만, 스스로 미진하다고 여기는 부분이 많이 있었음에도 불구하고 마냥 늦출 수 없어 그대로 출판한 것이 마음의 짐으로 남아있었습니다. 이러한 짐을 덜기 위해 금년 초 개정판을 출간하였습니다.

본서는 「박영택 품질경영론」 개정판의 핵심 내용을 빠뜨리지 않고 간결하게 정리한 것입니다. 「품질경영 들어가기」라고 이름 붙인 이 책을 따로 출간하게 된 것은 「박영택 품질경영론」의 내용이 다소 방대하여 가까이 하기에 심적 부담이 있다는 일부 독자들의 목소리 때문입니다. 분량은 많이 줄이되 가치는 최대한 보존하는데 초점을 맞추어 원고를 축약하였습니다.

필자의 마음을 헤아려 품격 있는 책이 나올 수 있도록 뒷받침해 주신 한국표준협회미디어 권기수 대표께 이 지면을 빌려 감사의 마음을 전합니다.

2018년 2월

저자 박 영 택

목차

I부
품질경영의
기초

1장
품질 최우선
경영의 이해

품질경영을 좀 더 정확히 표현하면 품질 '최우선' 경영이다. 미국 전략계획연구소에서 실시한 사업의 성공에 영향을 미치는 전략적 요인에 대한 연구의 첫 번째 결론은 "장기적 관점에서 볼 때 사업 성과에 영향을 주는 가장 중요한 단 하나의 요소는 경쟁사와 대비한 상대적 '품질'이다"라는 것이다. 품질이 이토록 중요한 이유는 무엇일까? 간단히 말해 품질이 기업의 수익성에 절대적으로 영향을 미치기 때문이다.

Quality is King!

1.1 품질이란 무엇인가

'품질'이란 무엇인가? 단순히 '상품의 질'이라고 정의하는 것은 모호할 뿐 아니라 품질을 보는 시야 또한 너무 협소하다. 또한 사람에 따라 생각하는 품질의 의미도 각양각색이다. 모호한 품질 개념을 갖고서는 품질을 제대로 관리할 수 없다. 품질을 명확히 이해하고 소통하기 위해서는 품질의 구성 요소를 구체화할 필요가 있다.

(1) 품질의 구성요소

① 품질의 두 가지 범주

품질을 구성하는 요소를 통해 품질에 대한 이해를 높이려는 시도는 주란(J.M. Juran)에 의해 시작되었다. 그는 품질은 고객만족을 위한 것이라는 사용자 관점이 일반적으로 통용된다고 보고 '사용목적에 대한 적합성(fitness for use)'이라는 정의가 이를 잘 반영한다고 생각하였다. 그는 고객을 만족시키기 위해 필요한 제품특성을 고객의 요구충족을 위한 '제품특징'과 '무결함'이라는 두 가지 범주로 구분하였는데, 이것은 품질의 양면성을 고려한 것이다. 제품특징은 '품질은 좋은 것'이라는 통념을 반영하는 것이며, 무결함은 '품질이 좋지 못하면 손해가 발생한다'는 예방적·방어적 측면을 고려한 것이다.

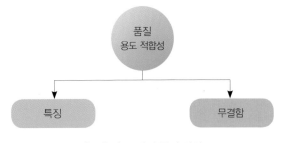

〈그림 1.1〉 주란의 품질 정의

<表 1.1> 품질의 2가지 의미(Juran and Godfrey, 1999)

고객요구 충족을 위한 특징	없어야 할 결함

• 높은 품질이 기업에 주는 영향:
  - 고객만족 증대
  - 제품이 팔릴 수 있도록 상품화
  - 경쟁에 대처
  - 판매 수익 창출
  - 프리미엄 가격 확보
• 판매에 영향을 주는 주요 요인
• 통상 품질향상에 추가 비용 발생
	• 높은 품질이 기업에 주는 영향:
	  - 오류율 감소
	  - 재작업과 낭비 감소
	  - 현장 고장률 및 보증비용 감소
	  - 고객불만 감소
	  - 검사 및 시험 감소
	  - 신제품 출시 소요기간 단축
	  - 수율 및 용량 증대
	  - 배송 성과 향상
	• 비용에 영향을 주는 주요 요인
	• 통상 품질향상이 비용 감소 수반

● **제품특징(product features)**

시장점유율의 확대나 보다 높은 가격을 통하여 주로 '판매수익의 증대'에 기여하는 요소를 말한다. 제품특징은 '설계품질'이라고 볼 수 있는데 이를 개선하는 데에는 일반적으로 원가상승이 수반된다.

● **무결함(freedom from deficiencies)**

재작업, 폐기처분, 고객불만 등의 감소를 통하여 주로 '원가절감'에 기여하는 요소를 말한다. 무결함이란 실수, 오류, 결점, 규격이탈 등으로 표현되고 있다. 무결함은 '적합품질(제조품질)'이라고 볼 수 있으며 이를 높이면 고객 클레임이 줄어든다.

② **품질의 8가지 차원**

하버드경영대학원의 가빈(D.A. Garvin) 교수는 품질의 '전략적 고려'를 위한 8가지 차원(범주, 특성)을 제안하였다. 이들 중 일부는 서로 보강해 주는 역할을 하지만 그렇지 않은 것도 있다. 어떤 제품이나 서비스가 한 가지 차원에서 높은 평가를 받더라도 다른 차원에서는 그렇지 않을 수 있다. 한 가지 차원을 개선하면 다른 쪽이 희생될 가능성이 존재하기 때문에 품질에 대한 전략적 고려가 필요하다는 것이다. 그가 제안한 품질의 8가지 차원은 다음과 같다.

● 성능(performance)

제품의 기본적 운용특성을 말한다. 예를 들면 자동차의 경우 성능이란 가속능력, 최대 주행속도, 승차감 등을 말하며, TV의 경우 화질이나 음질, 원거리 수신능력 등이 된다. 패스트푸드 레스토랑이나 항공사와 같은 서비스업에서는 많은 경우 신속성이 성능에 포함된다. 성능에 대한 기준이 주관적 선호도에 바탕을 둘 때도 있지만 이러한 경우에도 선호의 보편적 경향이 있기 때문에 객관적 표준과도 같은 힘을 갖는다. 어두운 실내를 좋아하는 사람은 있어도 소음이 심한 자동차를 좋아하는 사람은 없기 때문에 자동차 주행 정숙성은 품질을 직접 반영한다고 볼 수 있다.

● 특징(features)

성능의 부차적인 측면으로서 제품이나 서비스의 기본 기능을 보완해 주는 특성을 말한다. 스마트폰의 잠금기능, 자동차의 컵홀더나 햇빛가리개, 비행기 기내에서 제공하는 음료수 등을 예로 들 수 있다. 일차적인 성능과 부차적인 특징을 구분하는 것이 쉽지 않은 경우도 많다. 중요한 것은 특징이란 객관적이며 계측 가능한 속성을 포함하고 있다는 것이다. 편견이 아닌 개인적 요구는 품질의 차이를 만드는 데 영향을 줄 수 있다.

● 신뢰성(reliability)

규정된 조건 하에서 의도하는 기간 동안 규정된 기능을 성공적으로 수행할 확률을 말한다. 적합품질은 검사 시점에서의 요구충족 여부를 보는 것이지만 신뢰성은 그러한 충족도가 얼마나 '지속'되는가를 나타낸다. 일반적으로 신뢰성은 고장이 발생할 때까지 걸리는 평균 고장시간(MTTF, mean time to failure)이나 평균 고장간격(MTBF, mean time between failure), 단위

시간당 고장률 등으로 측정된다. 따라서 신뢰성은 단기간에 사용되는 소비재보다는 내구재에서 중요하게 고려되는 특성이다.

● 적합성(conformance)

제품의 설계특성이나 운용특성이 미리 설정해 놓은 표준에 부합하는 정도를 말한다. 제조공장 내에서는 품질이 결함률로 측정되지만 제품이 고객에게 전달되고 나면 서비스(수리) 요청률로 평가된다. 서비스업에서 적합성은 보통 정확성, 적시성, 프로세스 오류, 예기치 못한 지연 및 기타 실수 등으로 평가된다.

● 내구성(durability)

내구성은 제품수명의 척도이다. 전구처럼 고장 시 수리가 불가능한 제품은 고장까지의 사용기간을 말한다. 하지만 자동차와 같이 고장이 나면 수리해서 다시 사용하는 경우에는 기술적인 면과 경제적인 면이 함께 고려된다. 수리 후 사용이 가능하더라도 계속 사용할 경우 향후 발생하게 될 수리비와 새로 교체할 경우에 소요되는 구입비와 운영비 및 새 제품의 내구성 등을 종합적으로 고려하여 사용수명을 결정하게 된다. 물론 내구성은 신뢰성과 밀접한 관련이 있다. 경우에 따라서는 제품수명의 연장이 기술발전이나 사용재료의 개선으로 인해 이루어진 것이 아니라 사용환경의 변화 때문일 수도 있다. 예를 들어 비포장도로가 줄어들고 노면 상태가 좋아지면 자동차 수명이 따라서 늘어나는 것이다.

● 서비스성(serviceability)

이것은 정비 용이성, 수리 신속성, 수리요원의 친절도, 수리능력 등을 말한다. 소비자들은 '제품이 고장나는 것뿐 아니라 수리에 소요되는 시간, 약속한 서비스 시간의 준수, 서비스 및 수리 요청이 한 번에 제대로 처리될 수 있는가'하는 문제에 관심을 갖고 있다. 문제점들이 신속히 해결되지 못하여 고객의 불만이 누적될 경우 회사의 불만처리 과정이 제품이나 서비스의 품질 평가에 상당한 영향을 주게 된다.

세계 최대의 건설 및 광산 장비업체인 캐터필러(Caterpillar)사의 주요 성공요인 중 하나는 A/S용 부품의 신속한 공급 능력이었다. 중장비를 사용하는 고객사의 경우 장비를 운용하지 못하면 작업에 막대한 영향이 있다. 따라서 장비 고장 시 이를 신속하게 복구하는 것이 매우 중요하다. 캐터필러사는 일찍부터 수십만 개에 달하는 대리점별 부품재고 현황을 데이터베이스화하고 네트워크를 통해 부품을 주문받는 즉시 컴퓨터가 중앙에서 처리하도록 하였다. 이를 통해 세계 어느 곳이라도 48시간 이내에 필요한 부품의 공급을 보장할 수 있었다.

● 심미성(aesthetics)

품질의 8가지 차원 중 마지막 두 가지(심미성, 인지품질)는 매우 주관적인 요소이다. 제품의 외관, 느낌, 소리, 맛, 냄새 등은 개개인의 선호와 깊은 관련이 있다. 그러나 고객의 기호란 성능에서 말하는 주관적 특성(예: 자동차의 주행 정숙성)과는 달리 보편성이 적다. 그럼에도 불구하고 소비자들이 매기는 선호도 순서에 어떤 패턴이 존재하는 경우가 많다.

예를 들어 33개 식품군을 대상으로 실시한 한 조사 결과에 따르면 높은 품질이란 '풍부한 맛', '천연의 맛', '신선함', '좋은 향기', '먹음직스러움' 등과 많은 연관이 있었다고 한다. 이 경우에도 모든 사람들이 '풍부한 맛'을 선호하는 것은 아니며, '풍부한 맛'의 의미조차 통일되어 있지 않았다. 심미성의 관점에서 모든 사람들을 다 만족시킨다는 것은 불가능하므로 기업이 심미성의 어떤 측면을 추구할 것인지는 전략적 선택의 문제로 남는다.

● 인지품질(perceived quality)

소비자들이 제품이나 서비스에 대해 항상 완전한 정보를 가지는 것은 아니다. 경우에 따라서는 이미지, 브랜드, 광고 등이 사실보다 더 큰 영향을 미치기도 한다. 예를 들어 프랑스나 이탈리아의 일부 명품 업체들이 중국에서 만드는 자신들의 제품에 '메이드 인 차이나'를 표기하지 않는 것도 이 때문이

<표 1.2> 품질의 8가지 차원

차 원	설 명
성능(performance)	제품의 기본적 운용 특성
특징(features))	성능의 부차적·보완적 특성
신뢰성(reliability)	규정된 시간 동안 고장 없이 작동할 확률
적합성(conformance)	설정된 표준이나 규격에 부합하는 정도
내구성(durability)	제품의 사용 수명
서비스성(serviceability)	수리 용이성과 신속성, 수리 능력, 직원의 친절도 등
심미성(aesthetics)	제품의 외관, 느낌, 소리, 맛, 냄새 등과 같은 선호도 특성
인지품질(perceived quality)	광고, 이미지, 브랜드 등에 의해 형성된 지각품질

다. 인지품질은 기업의 브랜드나 평판과 밀접한 관련이 있으며, 벤츠나 BMW 같은 유명 브랜드는 품질에 대한 장기적 신용의 결과물이라고 볼 수 있는 경우가 많다.

이상과 같은 8가지 차원 중 종래에는 적합성과 신뢰성을 중심으로 품질이 관리되어 왔으나, 시야를 넓혀 이 8가지 차원을 전략적 관점에서 다루어야 한다는 것이 가빈 교수의 주장이다.

(2) 전략적 활용을 고려한 품질 정의

① 품질특성과 CTQ

가빈의 주장은 설득력이 있지만 그가 제안한 품질의 8가지 차원은 결코 완전한 것이 아니다. 일반적으로 '차원(dimension)'이라고 부르기 위해서는 구성요소가 상호 독립적이어야 하는데 8가지 차원은 그렇지 않다. 가빈 교수 스스로도 설명하였지만 내구성과 신뢰성은 매우 밀접한 관련이 있다. 또한 가격을 포함한 경제성은 별도로 논의하더라도 사용성(usability)이나 안전성(safety) 등과 같이 매우 중요하고 보편적인 특성들도 빠져 있다. 어떤 면에서 모든 제품이나 서비스에 통용되는 일반적 품질 차원을 정의하는 것 자체가 불가능할 수도 있다. 따라서 필자는 품질에 대해 쉽게 이해할 수 있도록 품질 및 그와 연관된 개념을 다음과 같이 정의하고자 한다.

- 품질(Quality): 고객을 만족시키는 능력
- 품질특성(Quality Characteristics): 고객만족을 결정하는 요소나 특성
- 핵심품질특성(CTQ, Critical-to-Quality): 품질특성 중 상대적으로 매우 중요한 것

고객을 만족시키는 능력은 무엇인가? 그것은 복합적이어서 한 마디로 이야기할 수 없다. 다만, 가빈이 제안한 8가지 차원 외에도 사용성, 안전성 등을 포함하여 고객만족에 영향을 주는 요소가 많이 있다는 것은 분명하다. 고객만족에 영향을 주는 요소들을 '품질특성'이라고 정의하면 갖추어야 할 바람직한 특성뿐 아니라 (부작용이나 유해성과 같이) 피해야 할 특성까지 모두 품질특성의 범주에 포함시킬 수 있다.

고객의 입장에서 볼 때 많은 품질특성들의 중요도가 모두 같은 것은 아니다. 앞서 설명한 바와 같이 중장비 사용업체들에게는 다른 특성들보다 '서비스성'이 특히 중요하며, 캐터필러사는 고객이 중요하게 생각하는 이 특성을 잘 활용하였다. 품질의 '전략적' 활용이란 간단히 말해 고객이 더 중요하게 생각하는 품질특성을 경쟁사보다 훨씬 더 잘 충족시키는 것이다. 따라서 고객이 상대적으로 더 중요하게 생각하는 '핵심품질특성(CTQ, Critical-to-Quality)'을 전략적 경쟁 무기로 활용할 필요가 있다.

② 상대적 인지품질

품질경영에서는 다음과 같은 품질의 두 가지 측면을 함께 고려해야 한다.

● 상대적 품질

앞서 설명한 바와 같이 품질의 전략적 활용은 CTQ에 초점을 맞추고 있다. 경쟁사와 CTQ를 달리하여 전문화·차별화된 시장에서 경쟁하는 것이 아니라면 '상대적' 품질이 문제가 된다. 자사가 CTQ를 잘 충족시키더라도 경쟁사가 그 이상으로 하면 원하는 성과를 거둘 수 없다. 경쟁우위는 언제나 상대적인 것이다.

● 인지품질

아무리 객관적 품질이 좋더라도 고객이 알아주지 않으면 효과가 없다. '인지품질(perceived quality)'이란 시장에서 일반적으로 통용되는 고객이 지각한 품질을 말한다.

인지품질은 물리적 규격이나 기술적 사양(specifications)으로 표현되는 객관적 품질과는 다르다. 스마트폰을 예로 들면 객관적 품질은 크기, 무게, 메모리 용량, 디스플레이 해상도, 내구성 등과 같이 수치로 표현할 수 있는 물리적 특성을 말한다. 이에 반해 인지품질은 가성비(價性比), 디자인, 사용 편의성, 브랜드 이미지, 평판 등과 같이 소비자의 주관적 판단에 의해 인식되는 것들이다.

글로벌 경영컨설팅회사인 베인앤컴퍼니(Bain & Company)는 30년 동안의 소비자 연구와 고객 관찰을 통해 고객 가치를 구성하는 핵심 요소 30개를 도출하였는데, 산업 분야에 상관없이 인지품질이 고객의 지지를 확보하는 데 있어서 가장 중요한 요소라는 연구결과를 발표한 바 있다.

'상대적 인지품질(relative perceived quality)'은 상대적 품질과 인지품질의 두 가지 측면을 함께 고려한 것이다.

1.2 품질 최우선의 이론적 기반

(1) 품질투자수익률(ROQ) 모형

기업의 입장에서 볼 때 기존고객을 단골고객으로 붙잡아 두고, 신규고객을 계속 끌어들일 수 있다면 지속적 성장이 가능하다. 또한 여기에 더하여 원가까지 낮출 수 있다면 성장률과 수익률이 모두 좋아진다. 기업의 생존과 번영을 위한 이러한 간단한 원리를 도식적으로 나타낸 것이 〈그림 1.2〉에 나타낸 'ROQ(Return on Quality) 모형'이다.

〈그림 1.2〉에서 양동이에 담겨 있는 물의 양은 기업의 총매출액을 나타내며, 이 부분 중 붉은 색으로 표시한 아래 영역은 매출원가를 나타낸다. 양동이에 고이는 물의 양은 상단에 있는 두 개의 수도꼭지로부터 들어오는 신규고객의 유입량과 양동이에 뚫린 구멍을 통해 경쟁사로 빠져나가는 기존고객의 유출량에 의해 결정된다.

〈그림 1.2〉 품질투자수익률(ROQ) 모형(R. T. Rust 등의 1993 자료를 일부 수정)

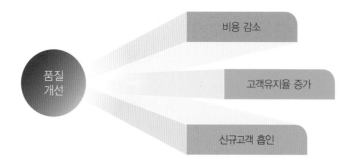

〈그림 1.3〉 ROQ에 영향을 미치는 품질개선의 3가지 효과

품질이 좋아지면 고객만족도가 높아져서 기존고객이 이탈하는 양동이의 구멍이 작아지는 반면, 좋은 평판 때문에 양동이 위에 있는 수도꼭지를 통해 들어오는 유입량은 늘어난다. 따라서 양동이에 고이는 물의 양(즉, 매출액)은 늘어나게 마련이다. 또한 최초에 올바르게 하여 품질을 향상시키면 원가도 낮아지므로 이익률이 높아진다.

이처럼 품질수준을 높이면 매출 규모가 늘어남과 더불어 이익률도 높아지기 때문에 품질 투자는 그 자체로서 고수익 사업인 셈이다. 참고로 성장 산업의 경우 시장에 신규 진입하는 고객이 지속적으로 늘어나므로 왼쪽 상단의 수도꼭지를 통해 유입될 수 있는 수량이 풍부한데 반해, 사양 산업의 경우는 시장을 떠나는 고객을 나타내는 증발량이 많아지므로 가용한 수량 자체가 줄어든다. 또한 신사업 개발이나 신수종 사업의 육성은 다른 취수원(取水源)을 찾아 새로운 양동이에 물을 담으려 하는 것이라고 볼 수 있다.

(2) '품질이 왕'이라는 실증적 연구

PIMS(Profit Impact of Market Strategy) 데이터베이스는 미국의 전략계획연구소(SPI, Strategic Planning Institute)가 사업의 성공에 영향을 미치는 전략적 요인을 밝히기 위해 회원사들로부터 수집한 자료를 말한다. 1972년

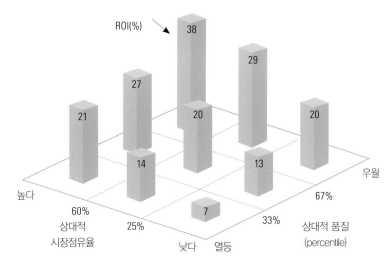

〈그림 1.4〉 수익성을 좌우하는 품질과 시장점유율(Buzzell and Gale, 1987)

에 시작된 PIMS 프로그램에는 450개가 넘는 기업이 참여하고 있다. 이 연구의 가장 중요한 결론은 '품질이 왕(Quality is king)'이라는 것이다.

이 연구가 시작된 1970년대 초반에는 품질의 전략적 중요성에 대한 인식이 거의 없었으며, 대부분의 기업에서 품질업무는 생산 부문의 기술직 중간관리자가 책임지고 있었다. 이뿐 아니라 경영대학에서도 품질에 대한 관심이 거의 없었다. 일례로 1980년대 이전에는 대표적인 마케팅 교재들의 색인에서 '품질'이란 단어를 찾아볼 수 없었다. 이러한 시기에 기업의 장기적 성공에 품질만큼 중요한 요인이 없다는 연구 결과는 신선하고도 큰 발견이었다.

(3) 품질의 상승효과

객관적 품질의 향상이 인지품질의 제고로 나타나는 데에는 제품군에 따라 다르지만 적어도 3년 이상의 시간이 필요하다. 따라서 품질이 시장에서 힘을 발휘하려면 장기간의 신용이 필요하다. 장기간 우수한 품질로 신용을 쌓으면

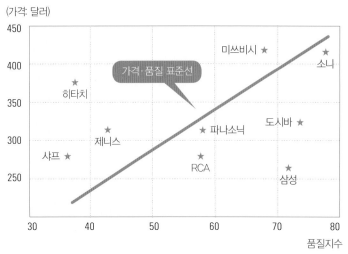

(가격: 달러)

〈그림 1.5〉 미국시장에서의 VCR 가격－품질 비교(1993년)

브랜드 가치가 높아진다. 또한 브랜드 가치가 높아지면 동일한 수준의 품질이라도 더 높은 가격을 받을 수 있다. 〈그림 1.5〉는 1993년 「컨슈머 리포트」지에 발표된 자료를 토대로 작성한 것인데, 미국시장에서 판매되던 가정용 VCR의 가격과 품질을 비교한 것이다. 이를 보면 소니는 고품질의 제품을 높은 가격에 판매하고 있다. 반면, 삼성 제품의 품질은 소니에 뒤지지 않았음에도 불구하고 헐값에 팔리고 있었다. 이것은 품질에 대한 소비자의 인식이 시장 판매가격에 큰 영향을 미친다는 사실을 보여준다.

그러나 삼성전자는 1993년 신경영을 계기로 '질(質) 위주의 경영'을 강도 높게 지속적으로 추진한 결과, 이제는 시장에서 소니의 브랜드 가치를 압도하고 있다. 이처럼 기업이 품질혁신에 성공하여 지속적으로 고품질의 제품을 제공하면 브랜드 인지도가 높아지고, 이에 따라 같은 품질의 제품이라도 더 높은 가격을 받을 수 있다. 또한 이러한 기업에서 내놓는 신제품이나 신사업의 경우 높은 브랜드 인지도 때문에 시장에서 실패할 확률이 낮아진다. 이것은 돈으로 환산하기 힘든 품질의 상승효과이다. 이러한 품질의 상승효과를 '호감의 이전 (goodwill transfer)'이라고도 하는데, 호감의 이전은 객관적 품질의 향상이 인지품질의 제고로 나타날 때까지 걸리는 시간도 단축시킨다.

훌륭한 기업의 역사를 보면 예외 없이 품질 최우선 경영의 토대 위에서 발전해 온 것을 알 수 있다. 예를 들어 우리나라의 위대한 경영인 중 한 분이었던 고(故) 박태준 포스코 회장은 일찍이 '품질로서 세계 정상'이라는 꿈을 가졌다고 다음과 같이 밝힌 바 있다(박태준, 2004).

나는 즐겨 슬로건이나 상징적인 이미지를 만들어냈다. 이를 군사 문화의 잔재 내지는 전시행정이라고 삐딱하게 보는 사람도 있지만 나는 핵심적인 단어에 자신의 핵심적인 철학을 담아야 한다고 생각하며 살아왔다.

'제철보국(製鐵報國)' '우향웃 정신'(포철을 성공시키지 못하면 오른편 영일만에 모두 빠져죽자는 각오), '품질로서 세계 정상' 등은 내가 만든 구호들이다. 물론 슬로건이 정해지면 행동과 실천으로 뒷받침해야 한다. 내가 제일 싫어하는 것이 '말 따로 행동 따로'이다. 지금도 나는 어느 조직이나 '조직원이 리더의 말을 신뢰할 수 있어야 한다'는 것을 성공의 제1조건이라고 믿는다.

포스코의 역사를 모르는 사람은 흔히 포항제철(포철)의 첫 제품을 '용광로에서 나온 쇳물'일 것이라고 생각한다. 그러나 그렇지 않다. 포스코의 첫 제품은 압연공장에서 나왔다. 상식을 뒤집기 위해 나는 포철 착공 전에 중대한 결심을 해야 했다.

종합제철소 건설 방식에는 '제선-제강-압연 공장' 순으로 세우는 전방 방식과 '압연-제강-제선공장' 순으로 세우는 후방 방식이 있다. 포철은 용고로(제선 공장)를 맨 나중에 세우는 후방 방식을 택했다. 그래야 반제품 상태로 수입한 '슬래브(slab)'를 가공해서라도 하루 바삐 완제품을 생산해 철강 부족에 허덕이는 나라 경제에 보탬이 될 것이라고 판단했기 때문이다. 후방 방식은 쇳물 생산 전에 수익을 낼 수 있는 유일한 길이기도 했다. 세계 철강 전문가들의 예상을 깨고 포철이 조업 원년부터 흑자를 냈던 배경에는 후방 방식을 선택한 발상의 전환을 빼놓을 수 없다.

압연 쪽의 중후판 공장은 1972년 7월 4일 오전 11시 준공됐다. 예정 공기를 한 달 단축시킨 포철 최초의 공장이었다. 공교롭게도 이날 준공식은 '7.4남북공동성명'보다 딱 한 시간 늦었다. 가동 스위치를 누르자 롤러 테이블 위로 미끄러져 나온 시뻘건 슬래브가 4중 회전식 압연기를 거쳐 후판(厚板)으로 태어났다. 나는 떨리는 손으로 기념 휘호를 썼다. '품질로서 세계 정상'. 꿈에서도 놓지 않은 나의 염원이자 기필코 도달해야 할 포스코의 미래였다.

📚 **참고문헌**

- 박영택(2013), "왜 품질 최우선 경영인가?: 품질 자체가 고수익 사업이다", 품질경영, 3월호, pp.52-55.
- 박태준(2004), "쇳물은 멈추지 않는다: 60. 첫 제품 출하", 중앙일보, 10월 26일.
- 신현상(2016), "차별화? 수성이 더 중요하다", 한국경제신문, 8월 27일.
- 유필화(1993), 「시장전략과 경쟁우위」, 박영사.
- Almquist, E., Senior, J. and Blosh, N.(2016), "The elements of value", Harvard Business Review, September, pp.47-53.
- Bisgaard, S(2008), "Quality management and Juran's legacy", Vol.20 No.4, Quality Engineering, pp.390-401.
- Buzzell, R.D.(2004), "The PIMS program of strategy research: A retrospective appraisal", Journal of Business Research, Vol.57, pp.478-483..
- Buzzell, R.D. and Gale, B.T.(1987), The PIMS Principle: Linking Strategy to Performance, The Free Press.
- Gale, B.T.(1994), Managing Customer Value: Creating quality & service that customers can see, The Free Press.
- Garvin, D.A.(1983), "Quality on the line", Harvard Business Review, September-October, pp.65-75.
- Garvin, D.A.(1984), "What does product quality really means", Sloan Management Review, Fall, pp. 25-43.
- Garvin, D.A.(1987), "Competing on the eight dimensions of quality", Harvard Business Review, November-December, pp.101-109.
- Garvin, D.A.(1988), Managing Quality, The Free Press.
- Juran, J.M.(1988), Juran on Planning for Quality, The Free Press.
- Juran, J.M. and Godfrey, A.B.(1999), Juran's Quality Handbook, Fifth Edition, McGraw-Hill.
- Rust, R.T., Zahorik, A.J. and Keiningham, T.L.(1993), Return on Quality: Measuring the Financial Impact of Your Company's Quest for Quality, Probus Publishing Company.
- Sidney Schoeffler, S., Buzzell, R.D. and Heany, D.F.(1974), "Impact of strategic planning on profit performance", Harvard Business Review, March-April, pp.137-145.

2장
품질경영의
기본사상

런던경영대학원의 객원교수로 있는 게리 하멜은 20세기에 개발된 경영혁신 이론 중에서 가장 위대한 것은 전사적 품질경영(TQM)이라고 했다. 왜냐하면 그것은 다른 이론들과는 달리 경영의 사상적 혁명이기 때문이다. 품질대가들의 철학에는 이러한 경영사상의 실체가 들어 있다.

Quality is King!

(1) 월터 슈하트(Walter Andrew Shewhart, 1891~1967)

통계적 품질관리의 아버지라고 불리는 슈하트(W.A. Shewhart)는 통계적 원리와 공학 및 경제학의 개념을 결합하여 통계 이론이 산업 현장에 적용될 수 있도록 하였다. 어떤 이들은 이러한 그의 업적 때문에 20세기 전반(前半)에 품질혁명이 일어날 수 있었으며, 품질을 전담하는 직업이 나올 수 있었다고 주장한다.

슈하트는 미국 일리노이대학에서 학사와 석사과정을 이수하고 1917년 캘리포니아대학 버클리캠퍼스에서 물리학 박사학위를 받았다. 학위 취득 후 얼마간 대학에서 학생들을 가르치다가 웨스턴일렉트릭(Western Electric)사의 엔지니어로 입사하였다. 당시 웨스턴일렉트릭은 AT&T의 전신인 벨 전화회사에 통신용 장비를 납품하고 있었는데, 슈하트는 품질개선을 담당하는 엔지니어들과 함께 근무하였다. 1905년에 설립된 웨스턴일렉트릭의 주력 공장은 인간관계론이 태동한 시카고 교외의 호손(Hawthorne)공장이었다. 1930년에 이 공장의 종업원은 4만 3천 명으로 미국에서 가장 큰 공장 중 하나였다.

당시 호손공장에서 생산된 장비는 높은 불량률로 인해 폐기되는 것이 적지 않았다. 이 때문에 고장 빈도와 수리 부담을 줄이는 것이 중요한 경영 현안이었다. 통신시스템의 신뢰성을 높이기 위해 애쓰던 엔지니어들은 제조공정의 산포를 줄이는 것이 중요하다는 것을 이해하고 있었다. 또한 불량이 발생하면 이에 대응하여 공정을 조정하고 있었는데 이 때문에 산포가 증가한다는 것도 깨달았다. 1924년 슈하트는 공정의 산포관리를 위한 '관리도(control chart)'를 개발하였다. 웨스턴일렉트릭은 그가 개발한 관리도를 사용함으로써 품질관리의 초점을 사후검사에서 제조공정의 안정적 관리로 옮길 수 있었다. 1925년 슈하트는 벨 전화연구소로 이직하여 1956년 은퇴할 때까지 계속 그곳에 근무하였다.

1931년 슈하트는 「생산제품의 경제적 품질관리(The Economic Control of Quality of Manufactured Products)」라는 책을 출간하였는데, 통계학자들은 이 책이 품질관리의 기본원리에 대해 더없이 잘 정리하였다고 평가한다. 이 책에서 슈하트는 생산의 모든 단계에서 변동이 존재하지만 관리도를 이용하면 공정을 그대로 두어야 할 때와 조처해야 할 때를 구분할 수 있다는 것을 설명

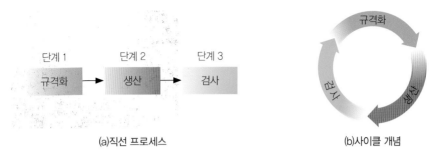

규격화

규격화 → 생산 → 검사

(a)직선 프로세스   (b)사이클 개념

〈그림 2.1〉 슈하트 사이클(Moen and Norman, 2010)

하였다. 1939년에는 「품질관리 관점에서 본 통계적 방법(Statistical Method from the Viewpoint of Quality Control)」이라는 책을 출간하였는데, 이 책에서 '지속적 개선을 위한 사이클'이란 개념을 제시하였다.

슈하트는 영국의 철학자 프랜시스 베이컨(Francis Bacon)의 과학철학으로부터 영감을 얻었다. 경험주의 철학자였던 베이컨은 과학과 기술의 진보에 어울리는 새로운 인식 방법으로서 실험에 기초한 귀납법적 연구 방법인 '가설→ 실험→ 검증'의 절차를 제창하였다. 슈하트는 공정도 이와 마찬가지로 '규격 설정→ 생산→ 검사'의 3단계에 따라 관리해야 하며, 〈그림 2.1〉에 나타낸 것과 같이 일직선의 일회성 개념이 아니라 지속적·반복적으로 관리해야 한다고 하였다.

(2) 에드워즈 데밍(William Edwards Deming, 1900–1993)

1980년 6월 24일 방영된 "일본이 할 수 있다면, 우리라고 왜 못하겠는가?(If Japan Can, Why Can't We?)"라는 NBC 텔레비전 프로그램을 통해 미국인들은 워싱턴 근교에 살고 있던 데밍(W.E. Deming)이라는 사람을 알게 되었다. 통계학자인 데밍은 1950년대 일본에서 기술자들을 훈련시켰으며, 일본이 제2차 세계대전의 폐허를 복구하는 데 상당한 도움을 주어 일본인들로부터 명성을 얻었다.

그는 1900년에 태어나 와이오밍대학과 콜로라도대학에서 학사와 석사를 마친 후, 1927년 예일대학교에서 수리물리학 전공으로 박사학위를 받았다. 학위 취득 후 웨스턴일렉트릭으로부터 입사 제의를 받았으나 거절하고 미국 농무부 산하의 연구소에서 직장생활을 시작하였다. 데밍은 샘플링분야의 전문가로 알려졌고 인구조사국(Census Bureau Institute)이 인구조

에드워즈 데밍(William Edwards Deming, 1900-1993), Wikipedia Public Domain

사 데이터의 수집을 위한 새로운 샘플링 방법을 개발하는 것을 돕기 위해 1939년 농무부를 떠났다. 데밍은 슈하트의 연구에 감명을 받고 그가 개발한 통계적 방법론에 매료되었다.

제2차 세계대전이 일어나자 데밍은 전쟁 지원업무를 도와달라는 부탁을 받고 참여하였다. 그는 동료들과 함께 전쟁물자의 생산에 참여한 3만여 명의 기술자들에게 슈하트의 통계적 방법을 가르쳤다. 전쟁이 끝나고 데밍은 그가 열심히 가르쳤던 품질강의들이 무시되고 있다는 것을 알게 되었다. 데밍은 기업을 책임지는 경영자가 아니라 기술자를 가르친 것이 원인이라고 생각했다. 왜냐하면 품질은 작업 현장에서 결정되는 것이 아니라 경영층에 의해 좌우된다는 것을 깨달았기 때문이다.

1951년에 실시하기로 예정된 센서스를 돕기 위해 1947년 폐허가 된 일본을 방문했을 때, 일본인은 슈하트 기법에 대한 그의 지식을 배우게 되었다. 1950년 일본과학기술연맹(JUSE)은 데밍을 일본으로 초청하여 품질에 대한 강의를 부탁하였다. 이로부터 일본의 품질관리 역사가 시작되었다. 그가 일본에 머물던 1950년 7월부터 데밍은 최고경영자들과의 미팅이 있는 날이면 언제나 〈그림 2.2〉와 같은 '연쇄반응도(chain reaction)'를 칠판에 게시하였다. 이 그림은 데밍의 통찰력을 보여주는데 1장에서 설명한 '품질과 수익성의 연결관계'와 아주 유사하다. 또한 데밍은 1950년 일본에서 강의할 때 슈하트 사이클을 〈그림 2.3〉과 같이 수정하여 소개하였다. '설계하고, 생산하고, 판매했다면 반드시 시

·재작업, 실수, 지연의 감소
·설비가동 및 재료의 효율적 사용

〈그림 2.2〉 데밍의 연쇄반응도(Deming, 1986)

장조사를 실시하고, 그를 바탕으로 설계를 개선하는 과정을 반복해야 한다'는 것이었다. 이 사이클을 수레바퀴에 비유하여 이러한 과정이 반복되어야만 계속 전진하고 발전할 수 있다고 가르쳤다. 데밍의 강의를 들은 일본인들은 이것을 '데밍 바퀴(Deming Wheel)'라고 불렀다.

1951년 일본인들은 데밍 바퀴를 〈그림 2.4〉와 같이 수정하고 'PDCA 사이클'이라는 이름을 붙였다. 이 PDCA 사이클은 '데밍 사이클' 또는 '데밍 서어클(circle)', '관리 사이클(management cycle)' 또는 '관리 서클'과 같은 다양한 이름으로 불린다.

데밍의 경영사상은 〈표 2.1〉에 정리한 '14가지 경영지침(Deming's 14 points)'에 잘 나타나 있다. 그는 통계학자였지만 "통계적 방법만으로 품질향상을 이루겠다는 기업은 3년을 넘기지 못할 것이다"라고 말한 적이 있다. 통계적

〈그림 2.3〉 데밍 바퀴(Deming Wheel)

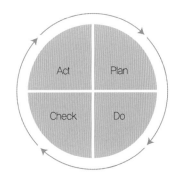

〈그림 2.4〉 PDCA 사이클

방법의 사용목적은 문제의 '근본원인'을 찾아내어 이를 '근원(根源)적'으로 개선하기 위한 것이다. 경영의 문제도 이러한 사상과 연계될 수 있는 '근본적'인 경영이념이 있어야 한다는 것이 데밍의 생각이었다.

14가지 경영지침이 변혁을 성취하기 위한 핵심 개념인데 반해 〈표 2.2〉에 정리한 '7가지 치명적 병폐(7 deadly diseases)'는 이러한 변혁을 가로막는 심각한 장애요인들을 말한다. 데밍이 지적한 7가지 병폐 중 마지막 두 가지는 미국의 특수한 상황이므로 기업이 아니라 정부가 해결해야 할 일이다. 미국의 의료보험제도가 개혁되어야 한다는 것은 정부와 국민 대다수가 공감하는 문제이며, 인구에 비해 많은 변호사로 인해 성공보수제를 전제로 한 소송이 남발되고 있는 것도 현실이다.

14가지 경영지침 중 12번째와 7가지 병폐의 3번째에 나오는 내용은 논란의여지가 많다. 실적평가나 근무평정을 하지 않고 큰 조직을 효과적으로 운영할수 있을까? 여기에 대한 데밍의 대답은 다음과 같다.

"(성서 출애굽기에 나오는) 모세를 보십시오. 그는 누구와도 경쟁한 일이 없습니다. 또한 작곡가 바흐(S. Bach)는 인간 세계에 길이 남을 화음(和音)을 남겼습니다. 그 동기는 경쟁이 아니라 음악가로서의 긍지와 자부심이었다고 생각합니다."

7가지 병폐 중 5번째인 가시적 수치에 의존하는 경영은 3번째 병폐와 관련이있다. 개인의 능력이나 조직 기여도는 수치로 표현할 수 없는 것들이 많다. 대부분의 평가는 드러난 수치에 의존할 수밖에 없는데 이 경우 측정할 수 없거나알 수 없는 요인들은 모두 외면하는 것이다. 4번째 병폐인 관리자의 잦은 이동은 단기 업적만 추구하도록 만들며, 이직의 원인도 업무에 대한 불만이 대부분이므로 다른 병폐들과 관련성이 많다. 통계 전문가이면서도 경영에 대한 통찰력이 깊었던 데밍의 사상은 다음과 같이 요약할 수 있다.

품질은 작업자가 취한 조처의 결과가 아니라 기본적으로 경영층의 조처와의사결정의 산물이다. 일이 어떻게 수행되는가를 결정하는 것은 업무 '시스템'이며, 그 시스템을 만드는 것은 경영층이다. 또한 시스템 내에 자원을 할당하는것도 경영층이 한다.

<표 2.1> 데밍의 14가지 경영지침

1. 제품과 서비스를 개선한다는 불변(不變)의 목표를 세워라. 그것은 경쟁력을 확보하여 사업을 지속함으로써 일자리를 제공하기 위한 것이다.

2. 새로운 철학을 받아들여야 한다. 경영자들은 도전에 직면한 것을 깨닫고 책임을 자각하고, 변화를 이루어내기 위한 리더십을 발휘해야 한다.

3. 품질을 확보하기 위해 사후검사에 의존하지 말라. 제조공정의 관리와 개선을 통해 품질을 확보해야 한다.

4. 납품 가격에만 치중하지 말라. 저품질의 재료가 들어오면 오히려 총비용이 증가한다. 신뢰를 바탕으로 한 품목에 대해 한 공급업체와 장기적 관계를 구축하는 편이 낫다.

5. 계획, 생산 및 서비스의 모든 업무 프로세스를 지속적·영구적으로 개선하라. 이것은 품질과 생산성을 높이고 지속적인 비용절감을 위한 것이다.

6. 직무훈련을 제도화하라.

7. 지도력을 발휘하라. 감독의 목적은 직원들을 돕고 설비가 더 잘 작동되도록 하는 것이다. 관리자의 감독은 점검을 통해 잘못된 것을 고치기 위한 목적도 있다.

8. 두려움을 몰아내라. 이것은 회사를 위해 효과적으로 일할 수 있는 분위기를 조성하는 것이다.

9. 부문 간의 장벽을 제거하라. 제품이나 서비스의 생산 및 사용상의 문제를 예견하기 위해 연구·설계·생산 및 판매 부문의 직원들이 하나의 팀으로 함께 일해야 한다.

10. 구호(slogan), 독려, 무결점(ZD)이나 새로운 생산성 목표의 달성 요구를 없애라. 그러한 독려는 일선 직원들과 적대적 관계를 만들 뿐이다. 낮은 생산성과 좋지 못한 품질의 원인은 대부분 그들의 통제권 밖에 있는 시스템에 있다.

11. 작업 할당량을 정하지 말라. 양적인 것을 강조하면 다른 문제나 손실은 생각하지 않고 어떻게 해서든 할당량만 채우려 한다.

12. 업무 자부심을 빼앗아가는 장벽을 제거하라. 무엇보다 실적평가, 근무평정(評定), 목표관리(MBO) 등을 없애라.

13. 구성원 모두를 위해 교육과 능력개발 프로그램을 활성화하라.

14. 조직 구성원 모두가 변혁을 성취하기 위해 함께 노력해야 한다.

<표 2.2> 7가지 치명적 병폐

1. 일관된 목적의식의 결여
2. 단기적 이익만을 중시
3. 성과평가, 근무평정이나 연간업적평가
4. 관리자의 잦은 전직(轉職)
5. 가시적 수치(數値)에만 의존하는 기업경영
6. 과도한 의료비 지출
7. 과도한 제품책임(PL) 비용

(3) 조셉 주란(Joseph Moses Juran, 1904–2008)

주란(J.M. Juran)은 1904년 루마니아에 살던 유대인 가정에서 태어났다. 1912년 그의 가족은 가난과 유대인 핍박을 피해 미국 미네소타 주(州)의 미니애폴리스로 이주하였다. 낯선 이국(異國) 땅에서의 생활이 순탄할 리 없었다. 그는 가족의 생계를 돕기 위해 미니애폴리스에서 12년 동안 모두 16개의 직업을 가졌다고 한다(신문팔이, 식료품 가게 점원, 경리, 문지기, 창고 잡역부 등). 이렇게 고된 생활을 하던 청소년 시절, 어머니마저 폐결핵으로 세상을 떠났다. 그러나 힘든 시기에도 학교 다니는 것은 소홀히 하지 않았으며, 특히 수학에 재능을 보여 같은 나이 또래보다 2년 정도 앞서 나갔다.

1920년 그는 6남매 중 처음으로 대학에 입학한다. 미네소타대학 전기공학과에서 공부하는 동안 학비 조달문제로 학업에 전념할 수 없었기 때문에 평균 C 학점을 유지하는 것도 그에게는 버거웠다. 그러한 어려움 속에서도 ROTC 생도 생활을 하였으며, 과외활동으로 체스에 몰두하였는데 여기에도 큰 재능을 보여 재학 중 미니애폴리스 스타(Minneapolis Star)지에 체스 칼럼니스트로 글을 실었다. 1924년 대학을 졸업할 때 GE와 웨스턴일렉트릭을 포함하여 모두 6

개 회사로부터 입사 제의를 받았다. 당시는 전화 산업이 빠르게 성장하고 있었기 때문에 주란은 호손공장의 엔지니어 자리를 제의한 웨스턴 일렉트릭을 선택하였다. 20세에 시작한 첫 직장 생활이 이후 80년 이상 지속된 품질 분야 이력의 출발점이었다.

1951년 주란은 품질경영 역사상 최고의 역작(力作)으로 평가받는 「품질관리 핸드북(Quality Control Handbook)」을 출간하였는데 이로 인해 큰 명성을 얻었다. 1954년 주란은 JUSE(Japanse Union of Scientists and Engineers, 일본과학기술연맹)의 초청으로 일본을 처음 방문하였다. 일본에서 실시한 경영자 세미나와 부과장(部課長) 세미나에서 주란은 품질관리를 추진하는 데 있어서 경영진과 간부들의 역할에 대해 강의하였다. 일본의 이시카와 박사의 회고에 의하면 주란의 초청강연을 통해 일본의 품질관리는 기술자 중심의 통계적 품질관리에서 전사적 품질관리로 나아갈 수 있었다고 한다.

1장에서 이미 설명한 바와 같이 주란은 품질의 구성요소를 '제품특징'과 '무결함'으로 나누었다. 이와 같이 구분하면 품질과 수익성의 관계를 〈그림 2.5〉와 같이 명확하게 나타낼 수 있다.

주란의 업적 중 가장 대표적인 것은 품질경영의 보편적 방법을 개념화한 '품

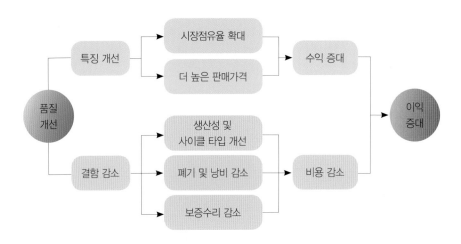

〈그림 2.5〉 주란의 관점에서 본 품질과 수익성의 관계

질 트릴러지(Quality Trilogy)'이다. 주란은 본래 조직의 재무관리에 사용되었던 세 가지 기본적 관리과정 – 예산 '계획', 지출 '통제' 및 이익 '개선'(원가절감) – 을 품질경영 업무에 적용하였다. 주란이 제시한 품질 트릴러지의 세 가지 요소는 다음과 같다.

(i) 품질계획(Quality Planning)

수립된 목표를 충족시킬 수 있는 프로세스를 개발하고 그것이 실제 운영조건 하에서 의도한 대로 실행될 수 있도록 계획하는 과정을 말한다. 계획의 대상은 무엇이라도 상관없다. 문서작업을 하는 사무 프로세스, 제품을 설계하는 기술 프로세스, 물품을 생산하는 제조 프로세스, 고객의 요청에 대응하는 서비스 프로세스 등에 다 같이 적용된다.

(ii) 품질통제(Quality Control)

품질계획의 결과는 운영 부문으로 전달된다. 그들의 책임은 프로세스를 최적 수준으로 운영하는 것이다. 초기 계획의 결함으로 인해 만성적 낭비가 높은 상태에서 프로세스가 가동된다. 그러나 프로세스가 그렇게 계

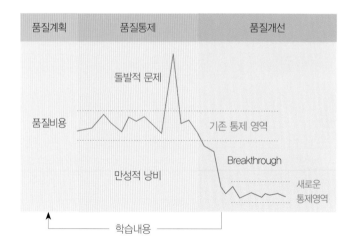

〈그림 2.6〉 품질 트릴러지(Juran, 1986)

획된 것이기 때문에 프로세스 운영자들로서는 어쩔 수 없다. 다만 그들이 하는 일은 프로세스의 상태가 더 나빠지지 않도록 '통제(control)'하는 것이다. 돌발적 문제가 발생하면 신속히 이를 감지하고, 문제의 원인을 찾아서 제거함으로써 프로세스의 상태를 원래 상태로 복구하는 것이 그들의 책임이다.

(iii) 품질개선(Quality Improvement)

품질계획의 결함(즉, 계획에 따라 만들어진 시스템 자체의 결함)으로 인한 만성적 낭비를 줄이는 단계를 말한다. 이것은 프로세스의 운영을 담당하는 일선 직원들이 할 수 있는 것이 아니다. 경영진의 주도 하에 시스템 자체를 개선하기 위한 '프로젝트'의 추진이 필요하다.

품질 트릴러지는 품질개선에서 끝나는 것이 아니라 순환되는 것이다. 품질개선을 통해 체득한 경험과 지식을 다음 계획 단계에 반영하여 계획의 질을 높이고, 거기에 따라 통제하고, 그것을 더욱 개선하는 과정이 반복되는 것이다.

(4) 아맨드 파이겐바움(Armand Vallin Feigenbaum, 1922-2014)

파이겐바움(A.V. Feigenbaum)은 1937년 GE사의 공구제작 견습생 및 경영 인턴으로 사회생활을 시작하였다. GE에서 일과 학업을 병행하여 1942년 유니언대학을 졸업하고 정규직 사원(설계 엔지니어)이 되었다. 2차 대전 중 항공기 엔진 설계 엔지니어로서 전쟁업무를 지원하고 있을 때 독일 공군은 영국 코번트리에 있던 롤스로이스 엔진공장을 폭격하였다. 미국 공군은 즉시 연합군의 모든 항공기 엔진의 설계와 개발을 GE사에 맡겼다. 항공기 엔진의 경우 품질이 매우 중요하기 때문에 파이겐바움은 회사 내에 품질 부문(quality control engineering unit)의 설치를 요청하였다. 그때까지 GE에는 별도의 품질부서가 없었다.

1943년 4만 5천 명이 일하고 있던 뉴욕의 스키넥터디(Schenectady) 공장으로 근무지를 옮겼다. 그해 말 파이겐바움은 품질관리 책임자로 승진하였는데, 이 공장에서는 잠수함, B-29 폭격기, 발칸포 등과 같은 핵심적 무기의 생산을 지원하는 허브(hub) 역할을 맡고 있었다. 근무 중에도 계속 학업을 병행하여 MIT에서 공학석사 및 경제학박사 학위를 각각 1948년과 1951년에 취득하였다. 학위를 받은 후 신시내티에 있는 항공기 엔진 사업부로 옮겼는데, 거기서는 우리나라 6.25 내전 때 사용된 F-90 전투기의 엔진을 생산하고 있었다.

그는 관리자로서의 직무 외에도 경영교육 프로그램의 개발과 크로톤빌(Crotonville) 연수원 설립을 지원하는 역할을 맡았으며, 이후 승진하여 GE 본사의 품질을 총괄하는 임원(executive champion for quality)이 되었다. 또한 GE에 근무하면서 1961년부터 1963년까지 ASQ(American Society for Quality, 미국품질협회)의 회장을 지냈다. 1943년부터 25년 동안 GE에서 줄곧 품질업무를 담당하던 그는 1968년 회사를 떠나 새로운 도전에 나선다. 동생과 함께 엔지니어링 시스템 설계회사인 제너럴시스템즈(GSC, General Systems Co.)를 설립하였다.

파이겐바움은 GE에 근무하는 동안 품질에 대한 책임을 제조 부문에 국한시키지 않는 전사적인 접근방법을 개발하고 제창하여 품질경영의 발전에 크게 기여하였다. 품질을 확보하기 위해서는 조직 내에서 이루어지는 주요 활동(설비, 노동력, 정보흐름, 표준, 통제 등)의 자체적 효과뿐 아니라 총체적 품질효과와 관련된 영향을 고려하지 않으면 안 된다는 것이 그의 지론이었다. 이러한 그의 주장은 '전사적 품질관리(TQC)'로 알려지게 되었는데, 그는 TQC를 다음과 같이 정의하였다.

"TQC란 마케팅, 기술, 생산 및 서비스가 가장 경제적인 방법으로 소비자를 충분히 만족시킬 수 있도록 품질개발, 품질유지 및 품질향상에 관한 조직 내 여러 그룹의 노력을 통합하는 효과적 시스템이다."

TQC의 의미를 보다 잘 이해하기 위해 전사적 품질관리(Total Quality Control)의 각 단어가 의미하는 바를 나누어 고찰해 보면 다음과 같다.

● Total

품질에 대한 책임은 현장 작업자들에게만 있는 것이 아니다. 품질을 보장하기 위해서는 조직 전체의 참여가 필수적이다. 즉, 조직 내 전 부문, 전 계층에 속한 모든 사람들이 자신이 맡은 일과 외부 고객에 전달되는 결과물의 품질을 보장할 책임이 있다. 품질은 품질 부문뿐 아니라 경영관리 부문과 마케팅, 설계, 생산, 노사관계, 금융 및 서비스 부문 등 모든 부문의 일차적 책무라는 것이 그의 생각이었다.

● Quality

파이겐바움은 "요컨대 품질은 조직을 운영하는 하나의 방식"이라고 말한 바 있다. 품질에 대한 그의 견해는 고객중심의 경영활동을 강조하고 있으며, 결과물의 품질관리가 고객의 기대수준에 맞추어 유지될 수 있도록 조직 내의 활동들이 체계적으로 이루어져야 한다는 것이다.

● Control

파이겐바움은 관리(control)란 만족스런 결과를 보증하기 위한 수단을 유지하면서 경영관리 활동에 대한 책임과 권한을 위임하기 위한 프로세스라고 정의하였다. 그는 이러한 관리 프로세스는 통상 다음과 같은 4단계로 구성된다고 하였다.

(i) **표준의 설정**

원가, 성능, 안전, 신뢰성 등의 측면에서 충족시켜야 할 상품 요구사항

(ii) **적합성 평가**

마케팅, 설계, 개발, 생산 및 유지관리의 전 단계에 걸쳐 제조된 상품이나 제공된 서비스가 설정한 표준에 부합하는지 비교 평가

(iii) 필요 시 조처

　사용자 만족에 영향을 주는 문제와 그 원인에 대한 시정 조처

(iv) 개선을 위한 계획

　원가, 성능, 안전, 신뢰성 등의 표준을 향상시키기 위한 지속적 노력에
대한 계획 개발

(5) 필립 크로스비(Philip Bayard Crosby, 1926–2001)

크로스비(P.B. Crosby)는 의사 가문에서 태어났다. 아버지는 족병(足病) 전
문의였으며 삼촌은 내과 의사였다. 주변의 모든 사람들이 어떤 형태로든 의료
와 관계된 일을 하고 있었기 때문에 자신도 당연히 의료인이 될 것이라는 생각
을 갖고 자랐다. 1949년 오하이오 족부(足部)의학대학을 졸업하고 해군 위생
병으로 2차 대전과 한국 내전에 참전하였다. 1952년 6.25 참전 중 귀국한 그는
의학을 계속 공부하는 대신 인디애나 주에 있는 크로슬리(Crosely)사에 입사
하여 1955년까지 3년 동안 품질업무를 담당하였다.

1957년 크로스비는 올랜도에 있는 마틴 마리에타(록히드 마틴의 전신)로 직
장을 옮겨 품질관리자로 근무하였다. 여기서 그는 퍼싱미사일 개발의 품질관
리를 위해 무결점(ZD, Zero Defects) 프로그램을 창안하여 큰 성과를 거둔
다. [참고: ZD는 4장에서 별도로 다룬다.] 1965년 그는 ITT(International
Telephone and Telegraph)사로 이직하여 1979년까지 품질담당 부사장으로
근무하였다. 1979년 크로스비는 그의 첫 번째 저서인 「품질은 무료(Quality is
Free)」를 출간하였는데 이 책은 15개국의 언어로 번역되어 전 세계적으로 150
만 부 이상 팔렸다.

크로스비의 품질원칙

품질에 대한 크로스비의 기본철학은 '절대원칙(absolutes)'이라고 명명(命名)
한 다음의 4가지 기본 신념에 기초를 두고 있다.

(i) 품질은 요구조건에 부합하는 것(conformance to requirements)이다.

품질은 막연히 '좋은 것'이나 '양호한 상태'가 아니다. 그것은 요구조건 (요구사항)을 충족시키는 것이다. 경영진의 역할은 요구사항을 명확히 하고, 그것을 수행하는 데 필요한 수단을 제공하고, 직원들이 그것을 실행할 수 있도록 도우는 것이다. 이러한 정책의 기초는 '최초에 올바르게 하는 것(DIRTFT, Do It Right the First Time)'이다. 경영진은 직원들이 품질에 대한 요구사항을 충분히 이해하고 받아들일 수 있도록 해야 한다.

(ii) 품질시스템은 예방시스템이다.

품질을 구현하는 것은 평가가 아니라 예방이다. 제품을 만들거나 서비스를 제공하는 사람들은 자신의 업무에 대한 책임감을 갖고 결함이 나오지 않도록 해야 한다. 또한 경영진은 결함을 예방할 수 있는 업무환경을 조성하고 필요한 지원을 해야 한다.

(iii) 성과의 표준은 무결점(ZD)이다.

성과의 표준은 '그 정도면 충분하다'가 아니라 '완전무결(ZD)'이다. ZD는 최고경영자로부터 일선직원에 이르기까지 조직구성원 모두의 표준이 되어야 한다. 조직 내 누구든지 작은 결함이라도 당연시해서는 안 된다.

(iv) 품질의 척도는 부적합 비용이다.

품질의 척도는 각종 지표(indexes)가 아니라 결함으로 인해 초래된 비용(부적합 비용)이다. 부적합 비용이란 올바르게 일을 수행하지 못한 데 들어간 비용이다. 경영진은 부적합 비용이 발생한 곳을 찾아내고 무엇 때문에 그것이 발생하였는지에 관심을 두어야 한다.

크로스비의 절대원칙 중 무결점과 품질비용에 대해서는 많은 반론이 있었다. 무결점은 현실적으로 실현 불가능한 표준이며 그것을 달성하려고 하면 비용이 극도로 많이 들어간다는 것이다. 크로스비는 이것이 오해에서 비롯된 것이라며

<표 2.3> 크로스비의 4대 절대원칙

구분	품질의 절대원칙	
	전통적 견해	실상(實相)
정의	양호함	요구에 적합
시스템	평가	예방
표준	충분히 근접	무결점(ZD)
척도	지표	부적합 비용

다음과 같은 자신의 견해를 밝혔다.

"사람들에게 완벽(perfect)을 기대하는 것이 합리적일까? 아마도 아닐 것이다. 그러나 ZD는 완벽한 것과는 아무런 관련이 없다. ZD의 의미는 당신이 수용한 품질의 요구사항을 항상 제대로 이행하라는 것이다."

(6) 이시카와 가오루(石川馨, 1915-1989)

이시카와 가오루(石川馨)는 일본 품질관리의 대부였다. 1939년 도쿄대학 응용화학과를 졸업하고 석탄액화 회사에 취업하였다가 1939년 5월부터 1941년 5월까지 2년 동안 해군 기술장교로 근무하였다. 1947년 도쿄대학 조교수로 임용되어 근무하던 중 JUSE 산하의 품질관리 연구그룹인 QCRG(Quality Control Research Group)에 참여하여 1949년부터 산업체 기술자들을 대상으로 하는 품질교육에 참여하였다. 데밍과 주란의 초기 강의를 일본어로 번역하고 보급하는 일에도 앞장섰다.

1962년 품질관리 분임조(QC Circle)를 창안·보급하였으며 품질관리의 기본 도구 중 하나인 특성요인도(이시카와 다이어그램)를 개발한 것으로 널리 알려져 있다. 특히 그가 저술한 「일본적 품질관리: TQC란 무엇인가」는 영어로도 번역되었는데 일본의 품질관리 역사와 자신의 품질철학을 잘 정리하였다. 데밍, 주란 등과 교류하면서 품질경영의 보급에 앞장섰던 그는 품질관리의 본질이 '경영의 사상적 혁명'이라는 것을 깨달았다. 서양의 품질관리를 일본에 정착시키기 위해 고심한 그는 일본적 품질관리의 철학을 다음과 같은 6가지로 정리하였다.

● **품질제일**

품질을 최우선으로 하면 장기적으로는 이익이 증대되지만, 단기적 이익을 우선하면 국제경쟁에서 도태되고 이익을 잃는다.

● **소비자 지향**

소비자 지향이라는 것은 당연한 것이지만 현실에서는 이 원칙이 제대로 지켜지지 않는 경우가 많다. 폐쇄된 시장이나 독점시장에서는 말할 것도 없다. 생산자 지향은 안된다. 상대방의 입장에서 생각하라.

● **차공정(次工程)은 손님**

차공정(다음 공정)은 손님이라는 말은 소비자 지향에 넣어도 좋지만 부분 간 장벽이 높은 기업에서는 매우 중요한 문제이므로 별도로 구분했다. 섹셔널리즘(sectionalism)을 타파해야 한다.

● **데이터·사실로서 말하자**

중요한 것은 사실이다. 사실이 확실히 인식되지 않으면 안 된다. 그 다음에 사실을 바른 데이터로 나타내는 것이다. 마지막으로 통계적 방법을 활용하여 추정이나 판단(검정)을 하고 그에 따라 조처하는 것이다.

● **인간성 존중의 경영**

기업은 인간사회에 존재하고 있는 것이므로 기업에 관계된 사람(소비자, 종업원 및 그 가족, 주주, 외주 및 유통업체의 관계자들)이 행복하게, 구애받지 않고 능력을 발휘할 수 있도록 인간중심의 경영을 해야 한다. 이익제일이라는 것은 낡은 사고방식이다. 또한 인간성이 존중되는 현장은 권한이 위임되고, 하향식(top-down)과 상향식(bottom-up)이 모두 포함된 전원참가의 경영이다.

● 기능별 관리

일본의 사회와 기업은 수직적 조직이라고 불릴 만큼 상하관계의 연결은 강하지만 수평적 관계는 부문 간의 장벽 때문에 약하다. 기능별 위원회를 통하여 수평적 관계를 강화해야 한다. 마치 날실(세로줄)과 씨실(가로줄)이 엮여야 섬유 조직이 되듯이, 기업도 수직적 부문별 관리와 수평적 기능별 관리가 함께 이루어져야 강한 조직이 될 수 있다.

📖 참고문헌

- 박영택(1993), "품질경영의 기본사상", 품질경영연구, 1권 1호, pp.195-209.
- 石川馨 저, 노형진 역(1985), 「일본적 품질관리」, 경문사.
- Bisgaard, S(2008), "Quality management and Juran's legacy", Vol.20 No.4, Quality Engineering, pp.390-401.
- Crosby, P.B.(1979), Quality Is Free: The Art of Making Quality Free, New American Library.
- Deming, W.E.(1993), The New Economics, MIT Press.
- Deming, W.E.(1986), Out of Crisis, MIT Press.
- Feigenbaum, A.V.(1991), Total Quality Control, 3rd Ed., McGraw-Hill Inc.
- Johnson, K(2001), "Philip B. Crosby's mark on quality", Quality Progress, October, pp.64-67.
- Juran, J.M. and Gryna, F.M.(1993), Quality Planning and Analysis, 3rd Ed., McGraw-Hill Inc.
- Juran, J.M.(1986), "The quality trilogy: A universal approach to managing for quality", Quality Progress, August, pp.19-24.
- Juran, J.M.(1992), Juran on Quality by Design, Free Press.
- Moen, R.D. and Norman, C.L.(2010), "Circling back: Clearing up myths about the Deming cycle and seeing how it keeps evolving", Quality Progress, November, pp.22-28.
- Noguchi, J.(1995), "The legacy of W. Edwards Deming", Quality Progress, December, pp.35-37.
- Phillips-Donaldson, D.(2004), "100 years of Juran", Quality Progress, May, pp.25-39.
- QP Staff(2010), "Six thought leaders who changed the quality world forever", Quality Progress, November, pp.14-21.
- Roehm, H.A. and Castellano, J.F.(1997), "The Deming view of a business", Quality Progress, February, pp.39-45.
- Suarez, J.G.(1992), Three experts on quality management, Department of the Navy, TQL Office.
- Tenner, A.R. and DeToro, I.J.(1992), Total Quality Management, Addison-Wesley Publishing Company Inc.
- Walton, M.(1988), The Deming Management Method, Perigee Books.
- Watson, G.H.(2005), "Timeless wisdom from Crosby", Quality Progress, June, pp.64-67.
- Watson, G.H.(2005), "Feigenbaum's enduring influence", Quality Progress, November, pp.51-55.
- Watson, G.H.(2008), "Total quality total commitment: Award throws spotlight on Feigenbaum quality's link to innovation", Quality Progress, November, pp.20-26.
- Watson, G.H.(2015), "Total quality's leader total commitment: Remembering Armand V. Feigenbaum, integrator of quality into organizational management", Quality Progress, January, pp.16-25.

3장
품질비용

품질비용은 일반적으로 기업 매출액의 20%~ 30%로서 통상적인 기업 이윤의 5배나 된다. 따라서 기업이 이익을 낼 수 있는 가장 확실한 지름길은 품질혁신을 통해 이 비용을 줄이는 것이다. 주란 박사는 품질비용을 줄이는 것이 이익의 원천이 된다는 의미에서 품질비용을 '광산 속에 묻힌 황금'이라고 표현하였다.

Quality is King!

3.1 품질비용의 기본개념

(1) 1:10:100의 법칙

품질에는 아주 기본적인 3가지 원칙이 있다. 이것은 품질을 확보하기 위해 반드시 준수해야 할 원칙이다.

첫째, 제품이든 서비스이든 고객의 불만을 야기할 소지가 있는 불량품은 처음부터 만들지 않는다.

둘째, 만에 하나 이러한 첫 번째 원칙을 준수하지 못해 혹 불량품이 나오는 경우가 있더라도 그것을 절대로 고객에게 전달하지 않는다.

셋째, 두 번째 원칙마저도 무너져 불량품이 고객에게 전달된다면 신속하게 조처해야 한다.

품질의 이러한 3가지 기본원칙을 건성으로 듣고 지나치기 쉽기 때문에 품질경영에서는 이 원칙을 돈으로 설명한다. 기업이 품질을 확보하기 위해 투입하는 일체의 비용을 '품질비용'이라고 한다면, 이 비용은 앞서 설명한 세 가지 기본원칙의 준수에 들어가는 예방비용, 평가(검사)비용, 실패비용으로 나눌 수 있다.

품질비용을 적게 들이고도 품질수준을 높일 수 있는 방법은 무엇일까? 이

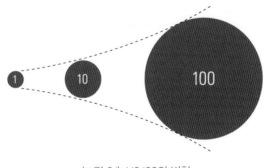

〈그림 3.1〉 1:10:100의 법칙

에 대한 답을 얻기 위해서는 〈그림 3.1〉에 나타낸 '1:10:100의 법칙'을 알아야한다. 최초에 올바르게 하기 위해 투입하는 예방비용의 크기를 1로 둔다면 처음에 제대로 하지 못해 발생한 결함을 찾는 데 투입하는 평가비용은 10배가 된다. 또한 검사를 통해서도 결함을 걸러내지 못해 잘못된 것이 고객에게 전달된다면 이를 사후 조처하는 데에는 100배의 비용이 들어간다는 것이다. 따라서 품질을 높이고도 비용을 줄이는 방법은 '최초에 올바르게 하는 것(DIRTFT, Do It Right The First Time)'이다.

(2) 품질비용의 구조

품질비용에 대한 전반적 개념은 1951년에 발간된 주란 박사의 역작인 「품질관리 핸드북(Quality Control Handbook)」 초판에 처음으로 소개되었지만 이를 널리 알린 것은 파이겐바움이었다. 그는 1956년 「하버드 비즈니스 리뷰」에 기고한 논문에서 전사적 품질관리가 경제적으로 큰 성과가 있는 이유를 설명하기 위해 '예방비용(prevention costs)'과 '평가비용(appraisal costs)' 및 '실패비용(failure costs)'이란 용어를 사용하였다. 이후 이러한 용어의 사용이 보편화

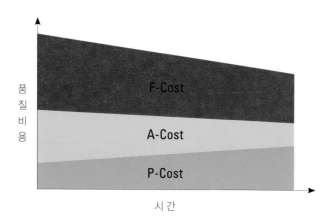

〈그림 3.2〉 예방비용을 늘릴 경우 품질비용의 장기적 변화

되었으며 품질비용을 이와 같이 분류하는 방식을 통상 'PAF 모델'이라고 한다.

파이겐바움은 결함이 발생하는 것을 원천적으로 방지하기 위해 예방비용을 조금만 늘리면 평가비용과 실패비용이 대폭 줄어든다고 주장하였다. 따라서 전사적 품질관리를 지속적으로 추진하면 시간의 경과에 따라 품질비용은 〈그림 3.2〉와 같이 변하므로 총품질비용이 줄어든다는 것이었다.

품질비용의 3요소 중 예방비용과 평가비용은 품질표준이나 요구사항을 충족시키기 위해 노력하는 비용이며, 실패비용은 그렇게 하지 못해 초래되는 비용이다. 이러한 관점에서 크로스비는 요구사항에 부합하는 제품을 만들기 위해 투입하는 예방비용과 평가비용을 '적합비용(POC, Price of Conformance)'이라고 하고, 요구사항을 충족시키지 못해 초래되는 비용을 '부적합비용(PONC, Price of Nonconformance)'이라고 하였다.

일반적으로 품질비용은 기업 매출액(또는 조직 총운영비)의 15~25% 정도로서 통상적인 기업 이익의 3~5배가 된다. 따라서 품질비용을 줄이는 것은 어느 조직이든지 중요한 관심사가 아닐 수 없다. 앞서 설명한 바와 같이 품질비용을 줄이기 위한 기본적인 접근방법은 '최초에 올바르게' 하는 원류관리(源流管理)를 강화하여 평가비용과 실패비용을 줄이는 것이다.

품질비용이 기업 매출액의 15~25%가 된다고 하면 많은 사람들은 이것이 지

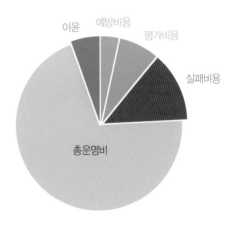

〈그림 3.3〉 품질비용과 기업이익

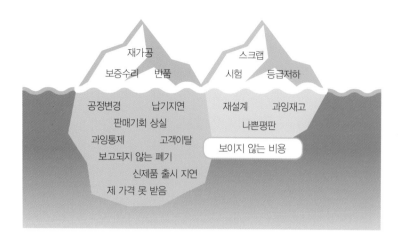

〈그림 3.4〉 잠재 품질비용

나치게 과장된 것이 아닌가 의문을 품는다. 이러한 의문이 생기는 이유는 집계하기 힘든 숨어있는 '잠재 품질비용(H-Cost, Hidden Quality Cost)'이 재무적으로 산출할 수 있는 품질비용보다 훨씬 더 크기 때문이다. 미국 웨스팅하우스 전기의 조사에 의하면 드러나지 않는 H-Cost가 집계된 품질비용보다 최소한 3~4배 큰 것으로 추산되었다고 한다. 일반적으로 H-Cost가 전체 품질비용의 약 80% 정도를 차지한다고 추정한다. 따라서 우리가 집계할 수 있는 품질비용은 '빙산의 일각'에 불과한 것이다.

일례로 단골고객이 수익의 원천이 된다는 '고객충성도 효과(Loyalty Effect)'를 생각해 보자. 한 번 온 손님이 단골고객이 되면 기업은 돈을 벌게 되어 있다. 단골고객은 판촉비를 들이지 않더라도 계속 구매할 뿐 아니라 잠재고객들에게도 좋은 입소문을 퍼뜨리기 때문이다. 따라서 품질불만으로 인해 고객이탈이 발생한다면 기업 이익이 향후 줄어들 것이라는 것은 자명하다. 그런데 고객이탈로 인해 발생하는 '판매기회의 상실'은 당장의 매출액 감소를 제외하고는 기업의 회계시스템 어디에도 반영되지 않는다.

품질비용을 지칭하는 용어로 COQ(Cost of Quality)가 오랫동안 사용되어 왔지만 COPQ(Cost of Poor Quality, 저품질비용)라는 용어로 점차 대체되고 있는데 그 이유는 다음과 같다.

'품질비용'이라는 용어 자체가 '품질을 높이기 위해서 들어가는 비용'이라는 인상을 주기 때문에 '품질을 높이려면 비용이 더 많이 든다'고 오해하게 만든다. '최초에 올바르게 하면 품질도 좋아지고 비용도 줄어든다'는 것을 효과적으로 전달하기 위해서는 '품질비용(COQ)'이란 종래의 용어 대신 '품질이 좋지 못해서 발생하는 비용'이라는 의미로 '저품질비용(COPQ)'을 사용하는 것이 좋다.

3.2 품질비용의 분류와 산출

(1) 품질비용의 분류

실패비용을 사내에서 일어나는 '내부 실패비용(internal failure cost)'과 사외에서 일어나는 '외부 실패비용(external failure cost)'으로 구분하면 품질비용은 다음과 같이 정리할 수 있다.

- **적합비용(POC, Price of Conformance)**
  - 예방비용(P-Cost): 결함발생을 방지하는 데 소요되는 비용으로서 교육훈련, 설계심사(design review), 예방정비, 협력업체 평가 등에 소요되는 비용이 포함된다.
  - 평가비용(A-Cost): 제품이나 서비스가 규격이나 기준을 충족시키는지 확인하는 데 소요되는 비용으로서 시험, 검사, 계측기 관리 등에 소요되는 비용이 포함된다.

- **부적합비용(PONC, Price of Nonconformance)**
  - 내부 실패비용(IF-Cost): 고객에게 상품이 전달되기 이전에 결함이 발견될 경우에 초래되는 비용으로서 폐기나 재작업 비용, 가동중단으로

적합비용(POC)		부적합비용(PONC)	
예방비용 (P–Cost)	평가비용 (A–Cost)	사내 실패비용 (IF–Cost)	사외 실패비용 (EF–Cost)
품질교육	시험	폐기	반품
설계심사	측정	재작업	현장 출동수리
공정관리	평가	수리	보증수리 및 교환
결함원인 제거	수입검사	수율저하	리콜
품질감사	공정검사	가동중단	제품책임(PL)
예방정비	출하검사	비계획 정비	고객불만처리
협력업체 평가	계측기 관리	제품등급 저하	불량보충 여유분

인한 손실 등이 포함된다.

- 외부 실패비용(EF–Cost): 고객에게 상품이 전달된 이후에 결함이 발견될 경우에 초래되는 비용으로서 보증수리, 환불, 고객불만 처리, 리콜 등에 소요되는 비용이 포함된다.

품질비용의 분류가 쉽지는 않으나 〈그림 3.5〉와 같은 절차를 따르면 어떤 비용이 품질비용에 속하는지 아닌지, 또한 만약 품질비용에 속한다면 어느 항목으로 분류되는지 알 수 있다.

(2) 품질비용의 산출

품질비용의 산출 목적은 품질문제가 미치는 재무적 영향을 파악하고 품질향상이나 원가절감이 필요한 부분을 찾기 위한 것이다. 품질비용 산출의 일반적 절차는 다음과 같다.

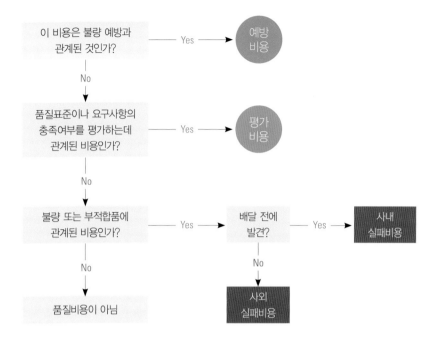

〈그림 3.5〉 비용항목을 품질비용 범주에 할당하는 절차

- 품질비용의 산출에는 여러 부서의 참여가 필요하므로 먼저 경영진이 품질비용 산출에 대한 확고한 의지를 표명한다.
- 회사의 재무자료를 이용하고 필요한 추정치를 추가하여 품질비용을 대략적으로 추정하여 경영진에게 보고한다.
- 품질비용 산출을 담당할 팀을 구성한다. 이 경우 팀장은 임원이 맡아야 하며 주요 부서에서 골고루 팀원으로 참여한다.
- 품질비용을 시범적으로 산출할 대상 부문을 결정한다.
- 품질비용의 산출에 필요한 자료를 수집한다. 여기에는 다음과 같은 것들이 포함된다.
  - 원가계산 자료(폐기나 재작업 등과 같은 비용)
  - 급여자료(품질업무를 담당하는 직원의 급여)

- 관련자의 추정 자료(수리나 품질관련 활동에 소비된 시간 등)
- 품질비용 산출이 완료되면 이를 사내에 공표하고 품질경영의 기초자료로 활용한다.
- 시간적 여유를 두고 품질비용의 산출을 전사적으로 확대한다.

그러나 품질비용을 산출하는 데에는 많은 장애요인이 있다. 이 중 대표적인 것들은 다음과 같다.

- 전통적인 원가회계시스템으로는 품질비용의 요소 중 일부밖에 파악할 수 없다.
- 기업의 회계시스템은 잠재 품질비용(H-Cost)을 고려하지 못하기 때문에 품질의 전략적 의미를 반영하지 못한다.
- 품질비용에 포함되어야 할 요소들과 그것들의 분류에 대한 의견의 일치를 보기 어렵다.
- PL소송과 같이 발생확률은 높지 않으나 발생 시 손실금액이 매우 큰 문제도 고려해야 한다.
- 제조업이 아닌 경우에는 적합품질을 명확히 정의하기 어렵다.

이외에도 품질비용의 산출 자체가 품질문제를 해결해 주는 것이 아니며 단기적 비용절감이라는 그릇된 목표를 추구하게 만들 가능성이 있다. 이상의 설명에서 알 수 있듯이 품질비용의 산출 자체가 힘든 과제이며 많은 노력이 요구된다. 주란이나 크로스비는 품질비용을 측정할 필요가 있다고 주장하지만 데밍은 그것이 낭비라고 본다.

품질활동을 통해 얻을 수 있는 종업원의 주인의식이나 사기(士氣), 고객에게 미치는 긍정적 영향은 품질비용으로 측정할 수 없으며, 상대적으로 측정이 쉬운 작은 것들만 측정한다는 것이다. 따라서 품질비용을 측정할 여력이 있으면 차라리 품질개선에 더 힘쓰라는 것이 데밍의 견해이다.

참고문헌

- ASQ(2007), "Quality Glossary", Quality Progress, June, pp.39-59.
- ASQ Quality Costs Committee, Edited by Campanella, J.(1999), Principles of Quality Costs: Principles, Implementation and Use, 3rd Edition, ASQ Quality Press.
- Cokins, G.(2006), "Measuring the cost of quality for management", Quality Progress, September, pp.45-51.
- Feigenbaum, A.F.(1956), "Total quality control", Harvard Business Review, Vol.34 No.6, pp.93-101.
- Gryna, F.M.(1988), "Quality costs", in Quality Control Handbook, 4th Edition, McGraw-Hill.
- Harrington, H.J.(1987), Poor-Quality Cost: Implementing, Understanding, and Using the Cost of Poor Quality, CRC Press.

Ⅱ부
전원참가의
품질활동

4장
무결점(ZD)
운동

품질의 역사상 가장 큰 사상적 혁명은 '품질의 표준은 무결점(ZD)'이라는 것이었다. ZD를 표준으로 삼는다는 것은 '최초에 올바르게 하는 것'을 의미한다. '품질을 높이면 원가도 줄어든다'는 현대적 품질경영의 핵심 개념도 여기서 나왔다. 식스시그마를 포함한 모든 품질혁신 전략의 원조(元祖)는 ZD라고 볼 수 있다.

Quality is King!

4.1 무결점운동의 개요

(1) 무결점운동의 탄생 배경

스탈린이 사망한 후 그에 대한 비판이 일어나자 1956년 당시 헝가리의 임레 나지(Imre Nagy) 수상은 바르샤바 조약기구를 탈퇴하고 중립국으로의 전환을 추진한다. 아울러 나지 수상은 공산당의 일당 독재를 포기하고 자유주의적 복수 정당제도를 채택하고 집단농장 체제를 포기하는 등 일련의 개혁 조치들을 발표하자 크레믈린은 크게 분노하였다. 당시 소련의 공산당 서기장 흐루시초프는 3만 명의 군대를 동원하여 부다페스트로 진격한다.

침략자에 맞선 헝가리 시민들과 정부군은 완강하게 저항하지만 소련군의 무자비한 공격에 2천 5백 명이 사망하고 1만 3천 명이 부상하는 등 큰 희생을 겪고 결국은 점령당한다. 헝가리 주재 유고슬라비아 대사관으로 피신한 나지 수상은 신변 안전을 보장 받고 대사관 밖으로 나왔지만 현장에서 체포되어 2년간 구금되어 있다가 처형당한다. 쇠사슬에 묶인 채 타르용지에 둘둘 말린 상태로 공동묘지에 매장된 그의 시신은 1989년에 발견되었다.

소련이 부다페스트를 침공한 1956년 김춘수 시인은 총에 맞아 숨진 13살의 한 헝가리 소녀에 관한 짧은 외신 기사와 사진을 보고 다음과 같이 썼다.

> 너는 열세 살이라고 그랬다.
> 네 죽음에서는 한 송이 꽃도
> 흰 깃의 한 마리 비둘기도 날지 않았다.
> 네 죽음을 보듬고 부다페스트의 밤은 목놓아 울 수도 없었다.
> 죽어서 한결 가비여운 네 영혼은
> 감시의 일만(一萬)의 눈초리도 미칠 수 없는
> 다뉴브 강 푸른 물결 위에 와서
> 오히려 죽지 못한 사람들을 위하여 소리 높이 울었다.

이것은 '부다페스트에서의 소녀의 죽음'이라는 시의 일부분이다.

신형 퍼싱 미사일(왼쪽)과 구형 레드스톤 미사일(오른쪽), Wikimedia Public Domain

헝가리 혁명이 소련의 무력에 의해 좌절되고 난 후 북대서양 조약 기구(NATO)의 집행부는 소련이 유럽의 심장부로 더 가까이 침공할 것을 우려해 신속히 대응하였다. 만약 NATO에 속해 있는 어떤 국가라도 공격당한다면 미국은 대규모의 핵공격으로 반격할 것을 천명하였다. 그러나 이러한 전략을 뒷받침하려면 소련이 철의 장막 서쪽으로 세력을 확장하려 했다가는 갑절 이상 당할 것이라는 것을 각인시킬 수 있는 강력한 무기를 서독에 배치할 필요가 있었다.

1958년 1월 7일 미국 국방부는 기존의 낡고 육중한 레드스톤 미사일을 대체할 신형 탄도 핵미사일의 개발을 승인하고 7개 업체에 제안요청서(RFP)를 발송하였다. 입찰 결과 마틴사의 제안이 선정되었다. 마틴사가 제안한 퍼싱(Pershing) 미사일은 헬리콥터나 비행기로 쉽게 옮길 수 있고, 혹독한 기후조건에도 견딜 수 있을 뿐 아니라 잘 훈련된 중대 병력만 있으면 명령이 떨어지는 즉시 발사 가능하였다.

2차 세계대전 중에는 신속한 실전 배치를 위하여 항공기의 설계와 제작에 있어서 사소한 결함들은 용인되었다. 이러한 결함들은 일상적 정비와 수리를 통해 제거되었다. 그러나 종전 후 항공시대에서 우주시대로 접어들자 이러한 관행은 더 이상 지속되기 어려웠다. 한 번 발사된 로켓을 회수하여 격납고에서 수리하는 일은 불가능하다.

작은 결함도 치명적 결과를 초래하는 시대가 온 것이다.

(2) 무결점운동의 4대 원칙

1962년 퍼싱 미사일을 제조하던 마틴사의 플로리다 올랜도 공장에서는 획기적인 품질 프로그램을 도입하였다. 그것은 현대적 품질경영의 원조가 된 무결점(ZD, Zero Defects)운동이었다. 퍼싱 미사일 프로그램의 품질 책임자로 있던 필립 크로스비는 ZD를 위한 4가지 원칙을 확립하였다.

- 품질이란 요구사항에 대한 적합도이다.
- 검사를 통해 결함을 수정하기보다는 결함 발생을 사전에 방지해야 한다.
- 무결점(ZD)이 품질의 표준이다.
- 품질은 부적합 비용이라는 금전적 척도로 측정된다.

간단히 말해 '사후에 실수를 수정하는 것보다 최초에 올바르게 하는 것이 더 좋다'는 것이었다. ZD라는 새로운 표준을 적용함으로써 퍼싱 미사일 프로그램의 전반적 검사 불합격률을 25% 낮추고 폐기비용도 30% 줄일 수 있었다. ZD는 '더 좋은' 제품을 '더 싸게' 제조하는 것을 의미하였다. 마틴사의 성과와 더불어 미국 국방부의 권장으로 인해 ZD 프로그램은 군수업체 전반으로 보급되었으며 이후 다른 업종으로 계속 확산되었다. 포드, GM, 크라이슬러 등과 같은 자동차 제조업체도 모두 ZD를 채택하였다.

(3) ECR(Error Cause Removal)

매사추세츠 주(州) 린(Lynn)에 있는 GE의 항공기 엔진 공장도 ZD를 도입하였다. 이 공장에서는 '실수(error)'의 '원인(cause)'을 찾아서 '제거(removal)'하자는 ECR을 ZD에 접목하여 큰 성과를 거두었다.
ECR을 고안한 배경을 요약하면 다음과 같다.

- 현장 작업자들이 최초에 올바르게 하려고 해도 그렇게 할 수 없는 원인이 있다.
- 최초에 올바르게 할 수 없는 원인이 제거되지 않으면 ZD를 실현할 수 없다.
- 관리자들은 결함을 유발하는 원인을 제거해 주어야 한다.
- 그러나 관리자들은 결함을 유발하는 원인을 알지 못한다. 현장에서 직접 일하는 작업자들만 그것을 알고 있다.
- 그러므로 현장 작업자들은 결함을 유발하는 원인을 관리자들이 알 수 있도록 알려주어야 한다.

실수의 원인을 쉽게 보고(報告)할 수 있도록 표준양식을 만들어 작업자들에게 배포하였다. 이 양식은 세 개의 부분으로 구성되어 있었는데 다음과 같은 절차에 따라 운영되었다.

- 작업자가 실수를 유발하는 원인에 대해 아는 것이 있다면 양식의 첫 번째 부분에 간략히 기술한 다음 감독자에게 전달한다. 만약 그것을 제거하기 위한 아이디어가 있다면 함께 기록하여 제출한다.
- 작업자로부터 양식의 첫 번째 부분을 전달 받은 감독자는 기록된 내용을 점검하고, 필요한 경우 실수의 원인을 확인하기 위해 추가적인 정보를 구한다.
- 감독자는 양식의 세 번째 부분에 서명하고 제안이 접수되었다는 증거로 해당 작업자에게 이를 돌려준다.
- 감독자는 접수된 실수의 원인을 면밀히 검토하고 이를 제거하기 위해 적절한 조처를 취한다.
- 대부분의 경우 감독자나 현장 직반장(職班長)에 의해 문제를 유발한 원인이 제거되는데, 이 경우 실수의 원인을 제거하기 위해 어떤 조처를 취했는지 양식의 두 번째 부분에 기록한 후 이를 해당 작업자에게 전달한다. 또한 문제의 원인을 보고한 작업자가 포상을 받을 수 있도록 사본 1부를 ZD 프로그램 관리자에게 전달한다.

- 만약 접수된 실수의 원인을 일선 감독자나 해당 부문에서 제거할 수 없을 경우에는 조직 내 더 높은 수준에 이의 해결을 의뢰하기 위해 작업장 책임자는 필요한 제언을 ECR 양식에 기록하고 이를 ZD 프로그램 관리자에게 보낸다.

필요한 조처라면 무엇이든 신속하게 실행하고 문제를 제안한 원래 작업자에게 알려주었다. 신속한 조처와 피드백은 ECR 제도의 성공적 운영에 크게 기여하였다. 설령 보고된 원인이 사실과 다르거나 제도에 대한 작업자의 오해가 있었다고 하더라도 해당 작업자가 추가적인 제안을 하는 용기를 잃지 않도록 적절하게 피드백해 주어야 했다. ECR 자체로도 훌륭한 품질개선의 수단이었지만 ZD 프로그램과 함께 적용함으로써 더 큰 성과를 거둘 수 있었다.

4.2 무결점운동이 주는 교훈

(1) ZD의 의미

품질의 발전에 있어서 ZD는 매우 중요한 의미를 갖는다. 당시 품질관리 전문가들은 완전무결이라는 것은 현실적으로 불가능하다고 생각했기 때문에 이를 작업자들에게 요구한 적이 없었다. 그러나 마틴사에서는 ZD를 작업자들에게 요구하였고 작업자들은 이를 받아들였다. 또한 ZD를 통해 실제로 큰 성과를 얻었으며, 작업자들도 자신들이 이룬 성과에 대해 자긍심을 가졌다. ZD를 통해 얻은 중요한 교훈은 다음과 같다.

• **완전무결을 품질의 목표로 삼고 그것을 조직 내에 주지시켜야 한다.**
  - '어느 정도의 불량이 발생하는 것은 현실적으로 불가피하다'는 안일한

자세로는 결코 품질혁신을 이룰 수 없다. 무결점이란 목표는 매우 단순하여 누구라도 쉽게 이해할 수 있다. 완전무결이 현실적으로 불가능하다고 할지라도 작업자들에게 자신이 맡은 일을 매번 올바르게 하는 것이 품질의 표준이라는 것을 인지시켜야 한다.

- **품질을 높이면 원가도 줄어든다.**
  - 경영자들이 품질을 '최우선'으로 하지 않는 이유는 '품질을 높이려면 비용이 더 들어간다'는 잘못된 인식을 갖고 있기 때문이다. 이런 점에서 품질혁신을 가로막는 가장 큰 심리적 장벽은 품질을 높이려면 비용이 더 들어간다는 오해이다. ZD를 통해 "품질을 높이려면 최초에 올바르게 하는 것이 무엇보다 중요하며, 또한 그렇게 노력하면 원가가 줄어든다"는 것을 실제로 경험할 수 있었다.

- **품질에 대한 최종 책임은 경영진에게 있다.**
  - 흔히들 '품질은 작업자의 손끝에서 나온다'고 한다. 그러나 이것은 일견 맞는 듯 하지만 오해의 소지가 크다. 품질이 작업자의 손끝에서 나온다면 품질에 대한 책임은 작업자에게 있으며 경영관리층에는 실질적인 책임이 없다고 생각할 수 있다. 품질에 대한 책임이 일선 작업자들에게 있다는 선입관이 잘못되었다는 것을 설명하기 위해 크로스비는 다음과 같은 비유를 들고 있다.

    "감옥에 있는 죄수들의 대부분이 빈민층 출신이라고 하여 범죄에 대한 책임을 경제적으로 곤궁한 사람들에게 돌리는 것은 잘못된 일이다. 중·상류층에 의해 이루어지는 범죄율도 빈민층의 범죄율보다 결코 적지 않으나, 중·상류층에 의해 저질러지는 범죄는 잘 드러나지 않을 뿐이다. 컴퓨터 범죄와 같이 심각한 범죄는 고등교육을 받은 자만이 저지를 수 있는 것이다."

ECR에서 볼 수 있듯이 결함을 유발하는 원인은 대부분 시스템 내에 있으며 이를 제거해야 할 책임은 경영관리층에 있다. 데밍 박사나 주란 박사의 지적에 의하면 현장에서 발생하는 문제 중 작업자들이 직접 통제할 수 있는 것은 20%

미만이며, 80% 이상은 작업자들의 능력 밖에 있는 시스템 자체의 결함으로 인한 것이다. 또한 '품질이 작업자의 손끝에서 나온다'고 하더라도 '작업자의 손끝을 지배하는 것은 경영관리층의 리더십'이라는 것을 분명히 인식해야 한다.

(2) ZD가 과거의 유물이 된 이유

적어도 식스시그마 품질혁신이 나오기 이전까지 품질의 역사상 가장 큰 영향을 미쳤던 ZD는 그리 오래가지 못했다. ZD를 도입한 대부분의 기업들은 1년 정도 지나면 열의와 활력이 현저하게 떨어지는 것을 경험하였다.

ZD 프로그램을 창안한 필립 크로스비는 ZD가 실패한 이유는 '납기와 원가 압박 때문에 규격에 부합하지 않는 것들을 여전히 내보내고자 하는 경영진의 이중적 태도'가 원인이었다고 진단하였다. 또한 ZD에 대해 진지하게 생각해 본 적이 없는 세칭 전문가라는 사람들이 'ZD는 유치한 발상이며, 동기부여에만 치중하며, 비현실적이라고 폄하하고 있다'며 불만을 토로하였다. ZD는 일과성 프로그램이 결코 아니며 시대가 변해도 여전히 유효한 진리라고 주장하였다.

주란 박사와 일본의 이시카와(石川) 박사는 ZD운동이 실패한 이유에 대해 자신들의 생각을 비교적 자세하게 기술한 바 있다. 이들의 지적 중 다음과 같은 것들은 귀담아 들을 만하다.

- ZD는 단순한 정신운동에 불과하였다. 정신 차려서 열심히 하면 무결점을 실현할 수 있다고 생각했기 때문에 품질기법에 대한 교육이 없었다. 이것은 마치 빈손으로 병사를 전쟁터에 내보내는 것과 같다.
- 자발적 개선운동이 아니었다. 미국에서는 테일러의 사고방식이 강한 영향을 미치고 있었기 때문에 '기술자가 표준을 만들면 작업자는 이를 준수하기만 하면 된다'는 생각이 만연하였다. 이것은 ZD운동이 '상부의 결정에 따라 아래에서 일제히 함께 시작하는 킥오프(kick off) 방식'이었다는 것에서도 알 수 있다.

- ECR을 도입하지 않은 대다수 현장에서는 ZD가 불량이나 결함이 발생하는 책임을 모두 작업자에게 떠넘기는 것이나 다름없었다. 실제로 불량이 발생하는 문제의 책임은 작업자의 능력 밖에 있는 시스템의 문제이며, 이것을 해결해야 할 책임은 경영자, 관리자, 참모의 책임이다.
- 보이기 위한 운동으로 전락하였다. 미국 국방부가 이를 권장하였기 때문에 군수업체에서는 이를 도입하지 않을 수 없었다. ZD운동에 참여한 대다수의 기업이 국방부와 계약관계에 있었다는 것이 이를 방증한다.

참고문헌

- 박영택(1994), "품질시스템의 발전과 품질경영", 산업공학, 7권 2호, pp.1-19.
- Crosby, D.C.(2009), "Let employees help improve quality", Quality Digest, 16 January
- Crosby, P.B.(2005), "Crosby's 14 steps to improvement", Quality Progress, December, pp. 60-64.
- Office of the Assistant Secretary of Defense(1965), "A guide to Zero Defects", Quality and Reliability Assurance Handbook 4155.12-H.
- Office of the Assistant Secretary of Defense(1968), "Zero Defects: The quest for quality", Quality and Reliability Assurance Technical Report.

5장
소집단
개선활동

강력한 토네이도의 파괴력은 2차 세계대전 중 일본 히로시마에 투하된 원자폭탄보다 수백 배 더 크다고 한다. 자동차가 휴지조각처럼 날아다니고 집이 통째로 날아가고 큰 나무가 뿌리째 뽑혀 토네이도가 지나간 자리는 그야말로 쑥대밭으로 변하지만 땅 위의 작은 잔디만은 온전히 보존된다. 이것은 풀뿌리의 강인한 생명력을 잘 보여준다. 소집단 개선활동과 제안제도는 품질경영 활동의 풀뿌리(grassroots)이다.

Quality is King!

5.1 품질 분임조의 기원

(1) 데밍의 가르침

1993년 12월 만 93세를 넘기고 세상을 뜬 데밍 박사는 이제 품질의 전설적 인물이 되었다. 전설적 이야기의 무대가 된 일본을 그가 처음 방문한 것은 1947년이었다. 2차 세계대전 종전 후 일본을 점령한 연합군 총사령관 맥아더 장군이 관장하던 군정청(軍政廳)이 1951년에 실시할 예정이었던 대규모 인구조사의 샘플링에 대한 자문에 응하기 위해서였다.

이것이 인연이 되어 데밍 박사는 JUSE(Japanese Union of Scientists and Engineers, 일본과학기술연맹)의 초청으로 1950년 일본을 다시 방문하게 된다. 1946년 설립된 JUSE의 초대 회장은 이시카와 이치로(石川一郞)였는데 그는 1948년 발족한 일본 경단련(경제단체연합회)의 초대 회장도 함께 맡았다. 이 때문에 일본의 과학기술계와 경제계는 강력한 유대관계를 형성할 수 있었다.

신화에는 항상 허구나 과장이 있기 마련이다. 일본의 품질관리가 데밍의 가르침으로부터 시작되었다고 알려져 있으나 그것은 사실과 다르다. 일본은 1904년 러·일 전쟁을 일으켜 승리하고, 1937년 중·일 전쟁을 일으켜 중국 대륙에서 전쟁을 벌이면서 1941년 하와이 진주만 공습을 통해 미국과의 일전을 선포하여 아시아 전역을 전쟁의 소용돌이로 몰아갔다. 과학기술의 뒷받침 없이 강대국을 대상으로 이렇게 광활한 지역에서 동시 다발적인 전쟁을 수행한다는 것은 불가능한 일이다.

영국의 저명한 수리 통계학자 칼 피어슨(Karl Pearson)의 아들이자 왕립 통계협회 회장을 지낸 에곤 피어슨(Eagon Pearson)의 저서 「통계적 방법의 산업표준화와 품질관리 적용(The Application of Statistical Methods to Industrial Standardization and Quality Control)」의 번역본이 2차 세계대전 중이던 1942년에 이미 일본에서 출판되었다.

또한 데밍을 초청하기 1년 전인 1949년, JUSE도 산하(傘下)에 '품질관리 연구그룹(QCRG, Quality Control Research Group)'을 결성하였는데 산업체, 대학, 정부의 여러 인재들이 여기에 참여하였다. 1949년 9월 QCRG는 기업의 기술자들을 대상으로 매월 3일 동안 1년간 지속되는 품질관리 기초과정을 개설하였다. 또한 품질관리 교육에 대한 수요가 급증하자 1950년 3월 월간지 「품질관리」를 창간하였다.

JUSE의 초청으로 1950년 6월 일본에 온 데밍의 첫 강의는 도쿄대학에서 개최되었는데 정부 관료, 대학 교수 및 학생을 포함하여 5백 명 이상이 참석하는 대성황을 이루었다. 도쿄에서 시작한 그의 품질 강의는 전국 주요 도시를 순회하며 10여 차례 계속되었다. 데밍의 강의는 워낙 명쾌하여 수강생은 물론 QCRG 멤버들도 깊은 감명을 받았다고 한다. 이뿐 아니라 1일 과정의 최고경영자 특별 세미나를 하코네(箱根)에서 개최하였는데 이것이 일본 경영자들에게 큰 자극이 되었다.

1950년 8월 하코네에서 개최된 최고경영자 세미나에서 데밍은 〈그림 5.1〉과 같은 흐름도를 처음으로 사용하였다. 이 그림은 생산을 '시스템' 관점으로 표현한 것이다. 구입한 원재료는 수입검사를 거친 뒤 내부 공정으로 투입되어 가공·조립·검사의 과정을 거친 후 고객에게 전달되며, 고객에게 전달된 이후에도

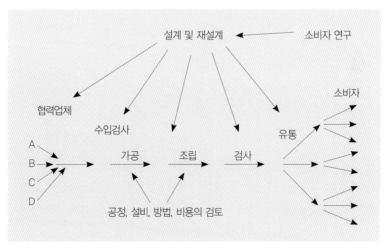

〈그림 5.1〉 데밍 흐름도

고객의 의견을 제품이나 서비스의 설계 및 재설계에 반영할 수 있도록 피드백하는 전체 순환고리(closed loop)가 하나의 시스템이다. 자신이 수행하는 특정 업무 하나에 시선을 고정시키지 말고 이러한 시스템 전체를 보아야 한다는 것이 데밍의 주장이었다.

시스템이란 공동의 목표 달성을 위해 함께 노력하는 상호 의존적인 요소들로 이루어진 네트워크이다. 시스템이 높은 성과를 내려면 '자신의 목표'가 아니라 '공동의 목표'를 위해 일해야 한다. 구성요소들이 자신의 목표를 위해서 서로 경쟁하거나 자신의 업무만 생각하는 것은 시스템적 관점이 아니다. 공동의 목표 달성을 위해 서로 협력하는 것이 시스템이다. 예를 들면 품질향상과 원가절감을 위해서는 협력업체와 상호 신뢰하는 장기적 동반자 관계가 좋은 조건을 찾아 수시로 옮겨 다니는 경쟁적 관계보다 좋다.

데밍 흐름도를 다른 관점에서 보면, 모두가 개선활동에 동참해야만 시스템을 구성하는 고리가 순환되면서 시스템의 수준이 나선(螺線, 나사모양의 곡선)처럼 지속적으로 상승할 수 있다. '전사적(Total)' 품질경영이란 '모두'가 개선활동에 동참하는 것이다. 모두가 개선활동에 동참하면 일상적 일이 반복되는 속에서도 끊임없는 개선이 이루어진다. 지식경영의 세계적 권위자인 노나카 이쿠지로(野中郁次郎) 교수가 말한 '창의적 일상(creative routine)'이란 바로 이런 모습이다.

(2) 품질 분임조의 탄생 배경

일상적 일을 반복하면서도 지속적 개선이 이루어지는 '창의적 일상'을 구현하는 효과적 방법이 없을까? 반세기 이상 효과적으로 사용되어 온 두 가지 방법이 있다. 하나는 '소집단 개선활동'이고, 다른 하나는 '종업원 제안제도'이다.

1949년 결성된 QCRG의 멤버들은 훗날 일본의 품질관리를 이끄는 주역이 되었다. 도쿄대학교에서 화학공학 박사학위를 받은 이시카와 가오루(石川馨)도 멤버 중 하나였는데 그는 JUSE의 회장을 맡고 있던 이시카와 이치로(石川一郎)

의 장남이었다. 이시카와 가오루는 1949년 QCRG가 개설한 품질관리 기초과정의 강사로 참여하면서 품질교육에 보람을 느꼈다. 이후 그는 기술자, 중간관리자, 경영자 등과 같은 다양한 계층을 대상으로 품질교육을 실시하였다. 그러나 관리자나 기술자들에게 아무리 고도의 품질교육을 실시한다고 해도 현장이 뒷받침해 주지 못하면 좋은 제품이 나올 수 없다.

1960년 3월 월간 「품질관리」의 창간 10주년 기념행사의 일환으로 직조장(職組長) 대상, 소비자 대상, 고등학교 교사 대상의 특집호를 발행했는데 특히 직조장을 대상으로 한 것이 호응이 컸다. 또한 1961년 11월호 「품질관리」에 실을 현장장(現場長) 특집 기사를 준비하기 위해 여러 기업의 직조장을 초청하여 좌담회를 개최하였다. 이 좌담회의 참석자들은 모두 한결같이 "우리들이 공부할 수 있는 도서가 필요하다. 가능하다면 잡지를 발간해 달라"고 이야기하였다. 이것이 계기가 되어 월간지 「현장과 QC」가 창간되었다.

1962년 4월 「현장과 QC」의 창간호 발매에 즈음하여 이 잡지의 편집위원장을 맡고 있던 이시카와 가오루는 'QC서클(circle)'이라는 이름의 소집단 품질활동을 시작하자고 호소하였다. 이시카와 가오루가 품질 분임조 활동을 제창한 배경에는 크게 다음과 같은 두 가지 이유가 있었다.

첫째, 직조장들은 공부하는 습관이 몸에 배지 않았기 때문에 애써서 그들을 위한 잡지를 발간하더라도 읽히지 않을 것이라는 우려가 있었다. 혼자 공부하는 것을 기대하기 힘들다면 그룹을 만들어서 윤독회(輪讀會) 방식으로 이 잡지를 공부하는 모임을 만들어야겠다고 생각했다. 이와 관련하여 이시카와는 다음과 같이 자신의 생각을 밝힌 바 있다.

"QC서클 활동을 잘 모르는 사람들은 개선을 행하는 그룹이라고 생각하는데 이것은 틀린 것이다. 일차적으로는 공부하는 그룹이고 재발방지를 위한 관리를 실행하는 그룹이다."

둘째, 품질관리는 책상머리에서 공부한 것만으로는 아무런 쓸모가 없다. 공부한 것을 즉시 자신의 직장에 응용하고, 학습한 간단한 품질기법들을 자기 직장의 문제해결에 활용해야 한다. 이를 위해서는 그룹으로 활동하는 것이 바람직하다.

5.2 품질 분임조 활동

(1) 품질 분임조 활동의 기본

이시카와 등은 품질 분임조 활동을 전국적으로 확산시키기 위해 1963년 'QC서클 본부'를 발족하고 그 이듬해에는 여러 곳에 지부를 설치하였다. QC서클 본부가 주축이 되어 분임조 활동의 바이블(Bible)이 될 만한 안내서를 만들기로 하고, 1970년과 1971년에 각각 「QC서클 강령」과 「QC서클 활동 운영의 기본」이라는 책을 발간하였다. 이 중에서 분임조 활동의 기본적 사고방식에 관계된 것을 요약하면 다음과 같다.

- **품질 분임조의 정의**
  - 같은 직장 내에서 품질관리 활동을 자주적으로 실행하는 소그룹
- **품질 분임조의 기본이념**
  - 기업의 체질개선과 발전에 기여한다.
  - 인간성을 존중하고 사는 보람이 있는 밝은 직장을 만든다.
  - 인간의 능력을 발휘하여 무한한 가능성을 이끌어낸다.

이상이 품질 분임조의 기본적인 사상이지만 이 외에 분임조 활동의 각오로 자기계발, 자주성, 그룹활동, 전원참가, 품질 기법의 활용, 직장에 밀착한 활동, 분임조 활동의 활성화와 영속(永續), 상호계발, 창의고안, 품질의식·문제의식·개선의식의 10가지를 강조하고 있다. 이 중에서 이시카와 박사가 부가 설명한 몇 가지를 소개하면 다음과 같다.

- **자주성**
  - 인간은 기계나 동물과 다르다. 인간은 자신의 의지에 따라 자주적으로 생활한다. 남이 시키는 대로만 하면 기계나 동물과 다를 바 없다. 또한

인간은 머리를 사용한다. 여러 가지로 생각하고 아이디어를 내고 지혜를 발휘하는 두뇌를 가지고 있다. 따라서 품질 분임조 활동은 인간성 존중의 기반 위에 자주적으로 진행되어야 한다.

- **자기계발**
  - 문자 그대로 스스로 공부하는 것이다. 좋은 교육을 받고도 학교를 졸업하는 순간 공부를 더 이상 하지 않는 사람이 많다. 자신의 능력 향상과 발전을 위해서는 스스로 공부해야 한다.

- **상호계발**
  - 우물 안의 개구리가 되지 않으려면 상호계발이 필요하다. 그룹 활동 자체가 상호계발의 장(場)이지만 직장 내 다른 분임조, 나아가 다른 직장의 분임조와 교류하면 시야가 넓어지고 안목이 높아진다.

- **전원참가**
  - 여기서 말하는 전원참가란 조직의 전체 구성원이 분임조 활동에 참여하라는 의미는 아니다. 관리자, 경영자, 기술자는 본래의 직책을 통하여 전사적 품질경영에 참여해야 한다. 그러나 일선 현장에서 같은 일을 함께 하는 사람이라면 모두 분임조 활동에 참여해야 한다. 그렇지 않으면 분임조 활동이 제대로 되기 어렵다.

- **영속성**
  - 품질 분임조 활동은 일시적인 것이 아니다. 직장이 있고 기업이 있는 한 영원히 계속되어야 한다. 특정한 문제나 과제를 해결하기 위해 한시적으로 운영되는 프로젝트 팀이나 태스크포스(Task Force)와는 구분되어야 한다.

(2) 품질 분임조 활동의 운영

품질 분임조와 같은 소집단 개선활동을 도입하고자 하는 조직에서는 다음과 같은 절차에 따라 진행하는 것이 좋다.

- 먼저 분임조의 리더(분임조장)가 될 사람을 모집하고 품질관리의 기초, 품질 분임조 활동, 기본적인 품질기법 등을 교육한다.
- 교육받은 리더가 분임조 활동을 함께 할 다른 동료들을 모집한다. 이때 총 인원수는 10명 이내로 제한한다. 인원이 너무 많으면 전원참가의 활동이 어렵다. 일반적으로 분임조 당 인원수는 3~6명 정도가 좋다.
- 분임조의 리더는 직조장(職組長)과 같은 일선 책임자가 처음 얼마간은 좋다. 그러나 어느 정도 활동이 진행되면 호선(互選)으로 결정하거나 직제(職制)에 구애받지 않는 다른 방법을 사용하는 것이 좋다.

분임조가 자신의 문제를 해결하기 위해 사용하는 표준적 절차를 'QC 스토리'라고 한다. 이것은 원래 일본의 건설 기계 및 중장비 제작업체인 코마츠(小松)제작소에서 품질개선 활동의 발표와 공유를 위해 고안한 것이지만 논리적으로 구성되어 있기 때문에 문제해결의 절차로 널리 사용된다. QC 스토리는 다음과 같은 9가지 단계로 구성되어 있다.

① 주제 선정 ⑥ 효과 확인
② 주제로 선정한 이유 ⑦ 표준화 – 개선효과의 유지관리
③ 현상파악 ⑧ 반성 및 남은 문제점
④ 해석 – 원인의 추구 ⑨ 향후 계획
⑤ 대책의 도출과 실행

소집단 개선활동은 유형적 성과만으로 평가해서는 안 된다. 특히 금전적 효과는 맡은 일에 따라 크게 차이가 있으므로 주의할 필요가 있다. 예를 들어 양산(量産)을 담당하는 현장에서는 조금만 개선해도 큰 재무적 효과가 있지만 간접 부문은 개선을 해도 재무적 효과가 크지 않거나 재무적 효과를 측정하기 힘든 경우가 많다. 또한 오랜 기간의 개선활동을 통해 상당한 수준으로 올라가고 나면 재무적 효과가 큰 개선 주제를 발굴하기 어려운 경우도 많다.

따라서 분임조 활동의 평가는 문제를 해결하려는 자세와 열의, 구성원들 사

〈표 5.1〉 분임조 활동 평가표의 예

평가항목	배점
주제선정	20점
상호협력 및 노력도	20점
현상파악과 원인분석	30점
효과	10점
표준화와 재발방지	10점
반성	10점
총점	100점

이의 상호협력, 문제해결을 위한 체계적 접근 등을 중점적으로 볼 필요가 있다. 〈표 5.1〉은 평가항목별 상대적 비중의 일례이다. 이러한 생각을 바탕으로 이시카와는 다음과 같은 것들을 강조하였다.

- **자주성**: 분임조의 결성은 자주적으로 하고 싶은 사람들부터 시작한다.
- **자기계발**: 먼저 공부해야 한다.
- **상호계발**: 시야를 넓히기 위해 다른 분임조와 교류한다.
- **전원참가**: 현장의 모든 사람들이 참가하는 것을 목표로 삼아야 한다.

📖 **참고문헌**

- 綾野兎俊 監修(2001),「課題達成マニュアル」, 日科技連出版社.
- 石川馨 저, 노형진 역(1985),「일본적 품질관리」, 경문사.
- 狩野紀昭監修(1999),「QCサークルのための課題達成型QCストーリー」, 日科技連出版社.
- Deming, W.E.(1993), The New Economics, MIT Press.
- Deming, W.E.(1986), Out of Crisis, MIT Press.
- Kelada, J.N.(1996), Integrating Reengineering with Total Quality, ASQ Quality Press.
- Noguchi, J.(1995), "The Legacy of W. Edwards Deming", Quality Progress, December, pp.35~37.
- Tsutsui, W.M.(1966), "W. Edwards Deming and the origins of quality control in Japan",
- Journal of Japanese Studies, Vol.22 No.2, pp.295~325.

6장
종업원
제안제도

현업을 가장 잘 아는 사람들은 일선에서 직접 일
하고 있는 종업원들이다. 따라서 업무 생산성을 높
이고 싶다면 일선 직원들의 실천적 경험에서 나오
는 지혜를 구해야 한다. 종업원 제안제도란 원가절
감, 생산성향상, 업무환경 개선, 작업안전 확보, 고
객서비스 개선 등에 관한 아이디어를 일선 직원들
로부터 얻고 이를 적극적으로 활용하려는 다양한
노력을 총칭한다.

Quality is King!

6.1 제안제도의 기원

기록상 세계 최초의 제안제도는 1880년 스코틀랜드의 한 조선회사에서 윌리엄 데니(William Denny)에 의해 시작되었다. 윌리엄 데니는 1864년 16세의 나이로 아버지의 조선소에서 견습공 생활을 시작하였다. 그로부터 5년 후 21번째 생일날 경영진에 합류하면서 그는 조선소의 경영관행을 개조하는 작업에 착수했다. 조선소는 지속적으로 성장했기 때문에 예전의 운영방법으로는 모든 공정을 감독하기가 어렵게 되어 개혁의 필요성이 강력히 대두되었다.

조선소의 독특한 문화와 평판을 유지하고 싶었던 데니는 회사의 규모가 커질수록 비공식적으로 진행되던 예전의 여러 일들이 시스템적으로 수행되어야 한다는 것을 깨달았다. 그가 고안해 낸 시스템은 일련의 규정으로 구성되었는데, 그는 그 사본을 모든 종업원들에게 배포하였다. 이러한 규정을 명기한 목적은 조선소를 더욱 효율적이고 안전하게 만들고, 나아가 효율과 안전에 대한 종업원들의 관심을 증진시키기 위한 것이었다. 이 포괄적인 규정은 5개의 범주로 나누어져 있었는데 그 중 하나가 "작업자들의 발명과 개선에 대한 보상지침으로서의 포상위원회 규정"이었다. 이것은 종업원들의 창조성을 촉진시키기 위한 시스템을 만들자는 최초의 시도였다. 데니에 의해 도입된 이 선구적 제도는 단기간에 성공하였다. 이 제도를 운영하기 위해 회사의 기술부문과 사외에서 각 1명씩을 선발하여 2인 포상위원회를 구성하고 위원장은 사외 인사가 맡았다.

포상위원회 위원과 공장장 및 각 부서장을 제외한 어느 누구라도 다음과 같은 경우에는 포상위원회에 포상 요청을 할 수 있도록 하였다.

- 작업에 사용할 수 있는 새로운 기계나 공구를 발명 또는 도입할 경우
- 기존에 사용되고 있는 기계나 공구를 개선할 경우
- 기존의 기계나 공구를 새로운 종류의 작업에 이용할 수 있도록 응용할 경우
- 새로운 작업방법이나 절차를 고안하거나 도입할 경우
- 사고방지를 위한 도구나 장비를 발명하거나 도입할 경우

- 물자를 절약할 수 있는 방법을 제안할 경우
- 일반적으로 작업의 질을 높이거나 경비를 절감할 수 있도록 한 다른 모든 경우

채택된 아이디어에 대해서는 위원회의 평가에 따라 2파운드에서 15파운드까지의 보상금이 지급되었다. 특허를 받을 수 있는 아이디어라면 규정에 따라 발명자에게 15파운드의 보상금을 주고 그의 이름으로 특허를 획득하는 데 소요되는 일체의 비용을 지원해 주었다. 이 경우 회사가 아이디어를 무상으로 사용한다는 규정이 있었지만 이와는 별도로 발명자는 자신의 특허로부터 나올 수 있는 다른 기회를 자유롭게 추구할 수 있었다.

이러한 제도를 도입한 후 4년이 경과한 1884년에는 5개 이상의 아이디어를 제출하는 종업원들에게는 보상금을 2배로 지급한다는 인센티브가 추가되었다. 1887년까지 600개 이상의 아이디어가 제출되었는데 그 중 196개가 채택되어 총 933파운드의 보상금이 지불되었다. 데니에 의해 시작된 제안제도는 영국과 유럽을 거쳐 미국으로 전파되었는데 대체로 소수의 전문인력들을 대상으로 뛰어난 아이디어를 얻기 위한 목적으로 운영되었다.

전문가 중심의 서구식 제안제도와는 달리 일본 기업들은 전사적 품질관리의 일환으로 '개선제안' 중심의 제도를 도입하였다. 일본이 도입한 개선제안은 가능한 한 많은 아이디어를 내도록 하는데 그 목적이 있으며, 이를 통해 생각하는 습관이 직원들의 몸에 배기 시작하면 피드백과 격려를 통해 질이 높은 아이디어가 나올 수 있도록 유도한다.

〈표 6.1〉 제안제도의 비교

서양식 제안제도	일본식 제안제도
뛰어난 아이디어 발굴	작은 아이디어의 누적
소수의 전문인력 참여	전원 참여를 목표
높은 금전적 유인	금전적 보상과 비금전적 인정
수동적 아이디어 접수	적극적 아이디어 제출 장려

6.2 일본 미라이공업의 제안제도

(1) 작은 것은 아끼되 직원은 후대

'전(全) 직원 정년 70세 보장, 연간 휴일 140일 이상, 직원들의 출·퇴근 교통 편의를 고려하여 일일 근무시간 45분 단축, 잔업은 없지만 급여는 잔업 있는 타 회사와 동등, 육아휴직 3년', 그럼에도 불구하고 '1965년 창사 이래 연속 흑자'

잘 나가는 첨단기업 이야기가 아니다. 전기설비 자재, 관재(管材) 등을 만드는 미라이공업(未來工業)의 이야기이다. 일본 기후현(岐阜県)에 있는 이 기업은 종업원 800명, 연매출 250억 엔 규모의 중견 제조업체이다.

연극 극단 감독자 출신의 창업자 야마다 아키오(山田昭男)는 현재 일선에서 물러나 상담역(相談役)을 맡고 있다. 야마다 상담역은 "'고객이 신(神)'이라는 발상은 30년 전의 이야기다. 고객만족보다 더 중요한 것이 사원만족이다"라고 말한다. 자기 회사 사원 하나 감동시키지 못하는 기업이 고객을 감동시킨다는 것은 어불성설(語不成說)이라고 말한다. 그래서 '업무 할당량' 등과 같은 그 어떠한 목표치도 설정하지 않고 성과 평가도 하지 않는다. 사원들에게 부담을 주지 않고 자발적으로 일하도록 하기 위해서이다. 또한 출퇴근 시간을 기록하는 타임카드도 없다.

직원들의 개성을 존중하기 위해 유니폼을 없애고 대신 유니폼 수당 1만 엔을 매년 현금으로 지급한다. "피부색도 다르고 체형도 다른 사원, 흰색을 좋아하는 사원, 노란색을 좋아하는 사원, 십인십색의 사원에게 회사가 일방적으로 정한 같은 색, 같은 디자인의 유니폼을 입히게 되면 개성을 살릴 수가 없다"는 것이 그 이유다.

직원의 행복과 만족을 최우선으로 하는 경영철학은 젊은 시절 극단 대표를 맡았던 창업자의 경험에서 우러나온 것이다. "연극을 하다 보면 객석에 감동을 주는 이가 감독이 아니고 배우라는 사실을 알게 된다. 감독은 막이 오르면 무대

뒤에 설 수밖에 없다. 마찬가지로 주체는 직원이다. 경영진이 직원을 감동시켜야 하는 이유가 여기에 있다"고 그는 말한다.

직원들에게 이토록 잘해 주려면 문제는 돈이다. 독점적 상품을 공급하고 있어서 가격결정권을 쥐고 있지 않는 이상 철저한 낭비의 제거를 통해 이윤을 확보해야 한다. 따라서 미라이공업은 사원들에겐 너그럽지만 불필요한 낭비엔 매우 엄격하다.

수십 년간 계속 흑자를 내고 있는 기업으로선 회사 위치가 어울리지 않는다. 본사는 논두렁 한가운데 있다. 게다가 회사의 현관과 복도에 조명등의 숫자를 줄였기 때문에 외부 방문자가 유령공장처럼 느낄 정도로 어둡다. 낮에는 불을 켜지 않는 게 원칙이다. 생산·근무공간에는 손쉽게 끌 수 있도록 형광등에 끈을 달았다. 형광등마다 담당자를 붙여 관리한다. 자리를 비울 때 당기기만 하면 전기절약이 가능하도록 했다. 사용하지 않는 공간은 완전히 단전된다. 복사기도 380명당 한 대꼴로 본사에 두 대밖에 없다. 꼭 필요한 복사만 하도록 하고 이면지를 사용한다. 여름엔 에어컨 대신 선풍기만 돌아간다. 설정온도가 27도이니 켜봐야 시원하지도 않다.

이게 다가 아니다. 서류봉투는 수신·발신 항목을 기재해 50번씩 사용한다. 인쇄비가 아까워 식권도 안 찍는다. 바이어 접대도 사원식당에서 간단히 한다. 회장도 사장도 모두 자기 차를 타고 다닌다. 업무용 자동차로는 승용차보다 연료를 훨씬 적게 먹는 미니 승합차를 사용한다. 정문에 수위실이 있지만 이곳을 지키는 수위는 없다. 경비원을 둘 때 발생하는 비용보다 도둑 맞아 잃게 될 비용이 더 적다는 계산 때문이다.

지나치게 작은 것까지 절약하는 데 대해 곱지 않은 시선도 있지만 회사의 입장은 명확하다. '작은 것은 절약하되 큰 것은 낭비한다'는 것이다. 여기서 '큰 것을 낭비한다'는 것은 '인력 구조조정이나 임금 등과 같이 직원 복지와 관계된 것은 줄이지 않는다'는 의미이다.

직원을 해고하거나 임금을 삭감하기보다는 임금을 올려줘 열심히 일하도록 해 돈을 더 버는 게 낫다는 생각이다. 또 하나의 큰 낭비는 설비투자다. 아끼는 것에 몰두해 설비투자를 미루면 장차 곤란을 겪을 수 있다. 설비투자에 대한 결정은 현장의 판단에 맡긴다. 설령 잘못된 투자라도 크게 신경쓰지 않는다. 설비를 도입했는데 제대로 활용이 되지 않으면 현장에서 어떤 식으로든 활용하려고 애쓸 것이기 때문이다. 딱히 쓸 일이 없으면 부품 전용(轉用)이라도 할 수 있다. 어쨌든 회사에 그리 큰 위험은 아닌 셈이다. 이 외에도 직원들의 사기앙양을 위해 5년마다 전체 직원들의 해외여행을 실시하고 있다. 물론 경비는 회사가 전액 부담한다.

(2) 경쟁력의 원천은 직원 제안

'작은 것을 절약하여 크게 쓴다'는 것에는 현실적으로 한계가 있다. 제품의 차별적 경쟁력이 없이는 불가능하다. 야마다 아키오는 처음 창업할 때부터 마쓰시타, 도시바 등과 같이 쟁쟁한 기업들과 경쟁하기 위해 어떻게 할까 궁리하고 또 궁리했다. "가장 중요한 것은 차별화이고, 차별화를 위해선 직원들의 뛰어난 아이디어가 필수적이다"고 생각했다.

미라이공업의 연구개발 예산은 매출액 대비 1%에도 못미친다. 그럼에도 매년 시장에 내놓은 신제품의 수는 수백 종에 달한다. 현재 생산 중인 1만 8천여 종의 상품 중 90%가 특허나 실용실안 등을 취득하였는데 대부분이 직원들이 제안한 아이디어를 접목한 것이다. 미라이가 일본 시장의 80%를 석권하고 있는 전기 콘덴서 박스가 대표적인 예이다. 벽이나 기둥 안에 넣는 이 박스의 내부 전기 장치가 고장나면 대충 어림짐작으로 벽을 뚫어서 봐야 했다. 그런데 이 박스에 알루미늄 테이프를 붙여 휴대용 금속탐지기로 위치를 정확히 찾아낼 수 있도록 함으로써 시장을 장악할 수 있었다.

이런 제품개발을 뒷받침하고 있는 것이 독특한 '종업원 제안제도'이다. 어떤 아이디어이든지 제안만 하면 무조건 500엔을 지급한다. 일본의 다른 기업들이 접수된 제안서의 내용을 검토한 뒤 평가등급에 따라 보상하는 것과는 취지가 다르다. 말하자면 그 500엔은 동기부여를 위한 비용이다. 미라이에서도 제안된 아이디어가 채택되면 다른 기업들과 마찬가지로 최고 3만 엔까지 준다.

제안을 한 건도 하지 않는다고 해서 어떤 불이익이 있는 것은 아니다. 또한 제안에 대한 목표나 할당량은 따로 없다. 그럼에도 불구하고 매년 1만 건 이상의 개선 아이디어가 제안제도를 통해 접수된다.

야마다 상담역은 직원들에게 자율성을 보장하면 평범한 사람들도 충분히 성과를 낼 수 있다고 믿는다. "회사는 우수한 인재 20%와 평범한 직원 80%로 구성돼 있다"며, "중소기업은 우수한 인재를 확보하기 쉽지 않아 이 비율이 더 낮다"고 그는 말했다. 따라서 "평범한 인재의 성과를 끌어내는 것이 중요하다"는 것이다.

미라이공업의 제안제도는 아이디어의 보고(寶庫)이기도 하지만 이보다 더 중요한 것은 전 사원이 주인의식을 갖게 된다는 것이다. 사실 제안제도는 기업을 위한 것만은 아니다. 직원들의 참여와 제안이 늘어날수록 생산성이 올라가고 원가가 절감이 되는데, 이로 인한 혜택이 결국은 종업원들에게 돌아간다. 따라서 제안제도는 종업원과 기업의 상생(win-win) 생태계의 일부라고 볼 수 있다.

미라이공업의 내부 곳곳에는 '늘 생각하라(常に考える)'는 표어가 붙어 있다. 공장 내부뿐 아니라 사무실이나 복도, 계단, 건물 외벽에까지 붙어 있다. 말하자면 '늘 생각하라'는 것은 사훈, 사시, 신조가 된 것이다. 이것의 의미는 '현장의 일은 현장을 가장 잘 아는 일선 직원이 직접 생각하고 결정하라'는 것이다.

이를 대변하듯 미라이공업에는 '호렌소(ホウレンソウ)를 최소화한다'는 원칙을 갖고 있다. 시금치를 뜻하는 '호렌소'는 일본 기업의 3가지 보편적 관행인 '보고(報告)', '연락(連絡)', '상담(相談)'의 일본어 발음의 머리글자를 모은 것이다. 책임 회피를 위해 상사에게 묻거나(相談), 서류를 작성(報告)하고, 일일이 허락(連絡)받으려 하지 말고 스스로 직접 생각해서 결정하라는 것이다.

야마다 상담역은 "직원들이 아이디어를 낼 수 있는 습관을 길러주는 것이 중요하다"며, "아침에 일어나서 밤에 잘 때까지 다양한 상황에서 아이디어를 낼 수 있도록 습관화해야 한다"고 강조한다. 이러한 맥락에서 볼 때 '늘 생각하라'는 것은 지시도 아니고 호소도 아니다. "자신의 의지로 자발적인 생각을 하자"는 기업문화의 한 단면일 뿐이다.

6.3 제안제도의 성공요소

제안제도를 도입한 회사는 많으나 유명무실하게 운영되고 있는 곳이 적지 않다. 이것은 제안제도의 성공을 위해 반드시 고려해야 할 요소가 있다는 것을 의미한다. 이 중 상당수는 미라이공업의 사례에 나타나 있지만 다음과 같이 요약할 수 있다.

① 최고 경영자의 지원과 리더십

무엇보다 중요한 것은 최고경영자가 직원들의 제안을 정말 소중하게 생각하고 있다는 것을 일선 직원들뿐 아니라 그들의 상급자인 관리자들까지 체감할 수 있도록 효과적으로 소통하고, 일선 직원들의 자발적 참여를 위한 제도와 여건을 마련해야 한다.

② 제도의 가시성(可視性)

제안제도에 대한 직원들의 인지도가 낮으면 직원 참여가 낮을 수밖에 없다. 따라서 도입에서부터 운영 전반에 걸쳐 제안제도를 공개적인 방식으로 추진할 필요가 있다. 미라이공업에서는 눈이 닿는 곳마다 '늘 생각하라'는 슬로건을 붙이고, 눈에 잘 띄는 여러 곳에 제안함을 비치하고 있다. 이뿐 아니라 제안을 통해 개선이 이루어진 곳에는 모든 사람들이 볼 수 있도록 '개선제안을 실시한 곳'이라는 표시를 해두고 있다.

③ 제안 절차와 양식의 간소화

무슨 일이든 번잡한 것은 피하는 것이 인간의 본성이므로 제안서의 양식은 극도로 간소하게 만들어야 한다. 또한 제안서에 기입된 내용이 미비(未備)하다거나 불명확하다는 것을 이유로 접수된 제안을 기각시켜서는 안된다. 제안 채널로는 전통적인 제안함 외에도 아이디어를 써 붙일 수 있는 게시판, 무료전화, 이메일, 웹사이트 등과 같은 여러 가지 수단을 고려할 수 있다.

④ 신속한 피드백과 평가

제안을 한 당사자에게는 신속한 피드백이 '회사가 자신의 제안을 소중하게 생각하고 있다'는 것을 의미한다. 따라서 접수된 제안은 얼마 이내에 처리한다는 운영 내규를 만드는 것이 좋다. 미라이공업에서 제안이 활성화된 이유 중 하나도 신속한 피드백이다. 직원들이 낸 아이디어에 대해 24시간 내에 접수 통보를 하고 72시간 내에 심사하도록 하고 있다.

⑤ 인정과 보상

제안된 아이디어는 평가등급에 따라 금전적 보상을 하는 것이 일반적 관행이지만 비금전적인 인정(recognition)도 필요하다. 제안 자체를 힘들고 낯설어하는 직원들이 많기 때문에 제안을 처음 제출하는 직원들을 특별히 격려할 필요가 있다. 예를 들어 격려의 의미로 T셔츠나 우산, 특별한 볼펜 등을 주면 이들의 자긍심을 높일 수 있을 뿐만 아니라 다른 직원들에게도 제안제도에 대한 긍정적인 인식을 확산시킬 수 있다.

채택되지 않은 제안에 대해서도 인정과 보상을 해주면 제안제도에 대한 직원들의 심리적 장벽을 없앨 수 있을 뿐 아니라 그들의 지속적 동참을 유도할 수 있다. 미라이공업에서는 어떤 제안이라도 제출하면 500엔을 지급하고 있다. 제안을 제출한 모든 직원들에게 감사편지를 보내는 것도 대안이 될 수 있다.

⑥ 협력업체와 고객의 동참

사내 제안제도가 성공적으로 정착되면 제안제도의 대상을 외부 협력업체나 고객들로 확대하는 것을 고려해 볼 필요가 있다. 이 경우 외부인들이 이메일이나 인터넷을 통해 쉽게 제안할 수 있도록 접근성(accessibility)을 확보해야 한다. 또한 외부 공급업자나 고객의 유용한 제안을 입수한 사내 직원들에 대한 보상도 함께 고려할 필요가 있다.

참고문헌

- 강영연(2013), "야마다 아키오 미라이공업 CEO, 어떤 아이디어라도 현금 보상", 한국경제신문, 11월 15일.
- 김현성(2010), "괴짜 CEO가 만든 천국의 일터", 이코노미 인사이트, 3호, 7월 1일.
- 염동호(2009), "베짱이들의 천국, 미라이공업", 월간조선, 10월호.
- 이상덕(2008), "유토피아 경영 日 미라이공업 창업주 야마다 아키오", 10월 11일.
- Bell, R.F.(1997), "Constructing an effective suggestion system", IIE Solutions, February, pp.22-25.
- Robinson, A.G. and Stern, S.(1998), Corporate Creativity: How Innovation and Improvement Actually Happen, Berrett-Koehler Publishers.

Ⅲ부
품질개선
도구

7장
품질관리
7가지
기초도구

일본의 이시카와 박사는 현대적 품질경영의 철학적 토대가 되었던 미국의 ZD운동이 실패한 이유 중 하나로서 품질기법에 대한 교육의 부재를 지적하였다. 정신 차려서 열심히 하면 무결점을 실현할 수 있다고 생각하는 것은 단순한 정신운동에 불과하며, 이것은 마치 빈손으로 병사를 전쟁터에 내보내는 것과도 같다는 것이다.

Quality is King!

(1) 파레토차트

① 개요

'파레토차트(Pareto Chart)'는 이탈리아의 경제학자 빌브레도 파레토 (Vilfredo Pareto, 1848-1923)의 이름을 따서 주란 박사가 붙인 이름이다. 1906년 파레토는 스위스 국민들의 소득분포에 대해 연구한 결과 상위 20%의 부유층이 전체 국민재산의 80%를 점유하고 있다는 사실을 발표하였다. 다른 지역을 대상으로 한 후속 연구들에서도 이러한 소득분포의 비율은 그대로 적용되었다.

주란 박사는 이러한 '20:80의 비율'이 소득분포뿐 아니라 다른 분야에서도 광범위하게 적용될 수 있다고 생각하였다. 예를 들면, 재고관리 경험에 의하면 고가의 20% 품목이 전체 재고금액의 80%를 차지한다. 또한, 제조업이나 서비스업의 경우 문제를 발생시키는 원인이 많더라도 대부분의 문제는 소수의 원인 때문에 발생한다. 이처럼 문제의 원인은 '중대한 소수(vital few)'와 '사소한 다수(trivial many)'로 분류할 수 있다. 중요한 20%의 원인이 전체 문제의 80% 를 발생시키기 때문에 이것을 특히 "20:80의 법칙"이라고도 한다. 이 법칙은 '중대한 소수(vital few)' 요인의 관리와 개선에 집중해야 상대적으로 큰 성과를 얻을 수 있다는 '중점관리'를 강조하기 위해 자주 사용된다.

파레토차트는 중요한 요소를 구별하기 위한 일종의 막대그래프이다. 막대는 높이가 큰 것부터 왼쪽에서 오른쪽으로 배열한다. 조사 중인 문제에 어떤 인자가 큰 영향을 미치는가를 알아보기 쉽도록 그래프의 위쪽에 누적 백분률을 나타내는 꺾은선그래프를 함께 그린다. 파레토차트는 작성하기 쉽고 효과도 뛰어나기 때문에 품질개선팀에서 사용하는 가장 유용한 기법 중의 하나이다.

② 적용사례

어느 호텔에서 지난 한 달간 모두 30건의 고객불만이 접수되었다. 〈그림 7.1〉은 이를 파레토차트로 작성한 것이다. 이 호텔에서는 접수된 고객의 불만을 모두 50가지 유형으로 나누어 데이터베이스로 관리하고 있다. 이 그림을 보

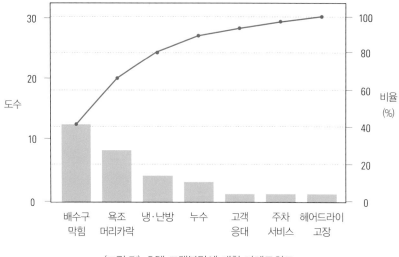

〈그림 7.1〉 호텔 고객불만에 대한 파레토차트

면 객실 내의 '배수구 막힘'과 '욕조 머리카락' 청소 미비가 전체 불만의 70% 가까이 차지하고 있는 것을 볼 수 있다.

(2) 특성요인도

① 개요

'특성요인도(Cause and Effect Diagram, C&E Diagram)'란 일의 결과(특성)와 그것에 영향을 미치는 원인(요인)을 계통적으로 정리한 그림이다. 즉, 특성에 대하여 어떤 요인이 어떤 관계로 영향을 미치고 있는지 명확히 하여 원인 규명을 쉽게 할 수 있도록 하는 기법이다.

'특성'이란 길이·속도·불량률 등 제품의 품질을 표시하는 품질특성이란 말을 줄인 것이다. 또한 제품 및 서비스의 성능이나 기능 또는 일의 결과를 나타낸 것이라고 할 수 있다. '요인'이란 원인 중에서 영향이 큰 것을 말한다.

이 기법은 일본의 품질관리 전문가였던 이시카와 가오루 박사가 고안하고 이

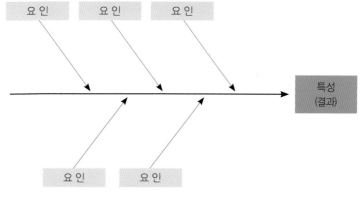

〈그림 7.2〉 특성요인도의 개념

름을 '특성요인도'라고 붙였다. 1953년 일본 가와사키제철소의 한 공장에서 이를 전 공정에 적용하여 큰 효과를 본 후 널리 보급되기 시작하였다고 한다. 그후 1962년 주란 박사가 자신의 「QC 핸드북」 개정판을 내면서 이를 '이시카와 다이어그램(Ishikawa diagram)'이라고 이름을 붙인 후 이 이름으로도 많이 불린다. 또한 이 다이어그램의 모양이 생선뼈와 닮았다고 '피시본 다이어그램 (fishbone diagram)'이라고도 한다.

특성요인도의 작성절차는 다음과 같다.

[단계 1] 개선해야 할 문제가 되는 특성을 결정한다.

특성이라고 하면 어렵게 들리지만 앞에서 설명한 것처럼 일의 결과로 나오는 것으로서 현장에서 문제가 되는 것을 말한다. 간단히 일의 결과라고 생각해도 좋다.

[단계 2] 특성과 등뼈를 기입한다.

특성요인도는 오른쪽 끝의 박스 안에 앞에서 정한 특성을 기입하고 왼쪽에서 오른쪽으로 굵은 화살표를 표시한다. 예를 들어 '불행한 인생'이라는 주제에 대해 그 원인을 특성요인도로 작성해 보자. 등뼈(또는 줄기라고도

함)를 긋고, 그 끝에 '불행한 인생'이라는 문제를 적는다.

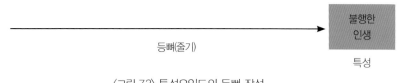

〈그림 7.3〉 특성요인도의 등뼈 작성

[단계 3] 큰 뼈를 기입한다.

다음에는 큰 뼈(큰 가지라고도 한다)를 기입한다. 많은 요인들 중 큰 요인을 4~8개 정도로 분류하여 등뼈를 향해 비스듬히 큰 뼈를 붙인다. 아마도 행복한 삶을 방해하는 주된 요소는 건강, 금전, 배우자, 자녀, 지식 등이 있을 것이다. 이시카와 박사는 현업에서 자주 발생하는 큰 뼈의 요인으로 사람(Man), 설비(Machine), 자재(Material), 방법(Method), 측정(Measurement)에 환경(Environment) 요인을 더한 6가지를 사용할 것을 권장하였다. 이 6가지 요인의 영문 머리글자를 따서 보통 '5M+1E'라고 부른다.

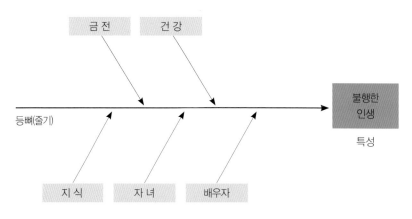

〈그림 7.4〉 특성요인도의 큰 뼈 작성

[단계 4] 중뼈·작은 뼈·잔뼈를 기입한다.

큰 뼈로 표시한 요인은 너무 커서 구체적 조처가 어렵다. 이 때문에 큰 뼈를 중뼈(중간 가지)·작은 뼈(작은 가지)·잔뼈(더 작은 가지) 등 계속 더 작은 하부요인으로 분해하여 구체적인 조처를 취할 수 있는 요인에 이를 때까지 세분화한다. '불행한 인생'이란 특성에 영향을 주는 하부요인들을 이런 식으로 계속 세분화하면 〈그림 7.5〉와 같은 형태가 나올 수 있다.

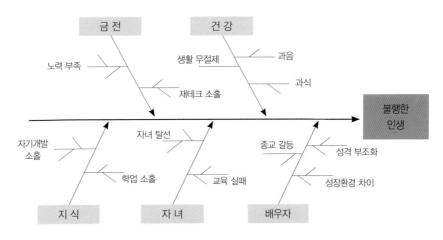

〈그림 7.5〉 특성요인도의 작은 뼈와 잔뼈 작성

[단계 5] 요인을 확인한다.

일단 요인이 다 나왔다고 생각되면 그것을 보면서 함께 내용을 확인한다. 이 단계에서는 다음과 같은 두 가지 사항을 유념할 필요가 있다.

• 누락된 요인이 없는지 체크한다.

한 사람만으로는 사물을 보는 방법과 생각이 한쪽으로 치우치기 쉽다. 많은 사람이 의견을 내고 그것을 함께 정리하면 보다 넓은 관점에서 요인을 빠짐없이 열거할 수 있다. 반드시 구성원 모두가 빠진 요인은 없는지 확인해야 한다. 이 때에는 팀원들뿐 아니라 다음 공정을 맡고 있는 사람이나 윗사람, 스태프 등 관계자 모두의 의견을 들으면 더욱 충실한 특성요인도가 작성될 수 있다.

- 인과관계를 철저히 파악한다.

큰 뼈의 요인이 중뼈, 중뼈의 요인이 작은 뼈, 작은 뼈의 요인이 잔뼈로 잘 분해되어 있는지, 또한 잘못된 곳에 포함되어 있지 않은지 점검한다. 이를 위해서는 '왜(why)'라는 질문을 반복할 필요가 있다.

[단계 6] 요인의 비중을 매긴다.

어떤 요인이 특성에 큰 영향을 미치고 있는지 함께 검토한다. 업무를 통해 체득한 경험에 비추어 특성에 큰 영향을 미친다고 생각되는 요인에 테두리를 그리거나 색깔로 구분하여 한눈에 알아볼 수 있도록 표시한다.

[단계 7] 관련사항을 기입한다.

특성요인도가 완성되면 빈자리에 특성요인도의 제목, 작성날짜 및 작성자 등 관련 사항을 기입한다.

② 적용사례

다음은 미국의 한 항공사에서 실행한 개선활동의 일부이다. 이 항공사 고객들의 가장 큰 불만은 항공기가 정시에 출발하지 않는다는 것이었다. 이 항공사는 정시출발의 장애요인을 찾기 위해 특성요인도를 사용하기로 하였다. 항공기 출발지연의 주요 원인을 사람, 설비, 자재, 절차의 4개(4M) 범주로 나누고, 각 범주별로 잠재적 배후 원인들을 찾아서 〈그림 7.6〉과 같은 특성요인도로 정리하였다.

특성요인도에 정리된 요인들을 검토한 결과 '지각한 승객을 탑승시키기 위한 대기', '탑승계단 연결지연', '연료주입 대기', '화물중량 측정 및 요금부과 지연'이 정시출발의 주된 장애요인으로 나타났다.

〈표 7.1〉은 이 항공사의 중심(허브)공항인 워싱턴 국제공항과 그 외의 주요공항에서 항공기가 정시출발을 하지 못하는 이유를 정리한 것이다. 항공기 지연의 가장 주된 요인은 정시에 도착하지 못한 고객들을 태우기 위해 대기하는 것인데, 이것은 늦게 오는 고객에 대한 항공사의 탑승정책이 분명치 않았기 때문

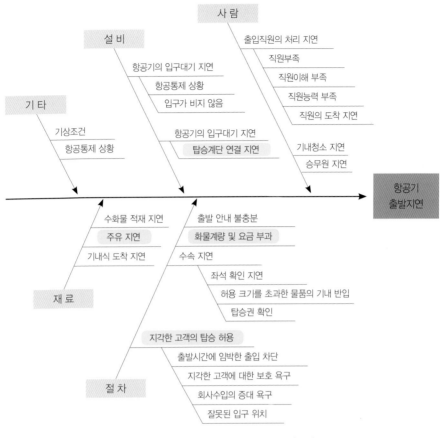

〈그림 7.6〉 항공기 출발 지연에 대한 특성요인도

〈표 7.1〉 항공기 출발 지연의 주요원인

구분	워싱턴 국제공항		허브를 제외한 모든 공항	
	비율	누적 비율	비율	누적 비율
승객 지각	33.3%	33.3%	53.3%	53.3%
탑승계단 연결 지연	33.3%	66.6%	15.0%	68.3%
연료주입 대기	19.0%	85.6%	11.3%	79.6%
화물계량 및 요금정산 지연	9.5%	95.1%	8.7%	88.3%

이었다. 도출된 주요원인에 대한 대책을 수립하고 이를 실행에 옮긴 결과 정시 출발률을 획기적으로 높일 수 있었다.

(3) 체크시트

① 개요

'체크시트(Check Sheet)'는 종류별로 데이터를 구분해서 취합하거나, 데이터의 누락이나 오류를 없애기 위해 간단히 체크할 수 있도록 만든 도표이다. 체크시트는 다음과 같은 경우에 사용한다.

- 현장의 문제점을 명확하게 파악하고 싶을 경우
- 가공하지 않은 데이터를 목적에 맞게 정리하고 싶을 경우
- 일이 표준대로 진행되고 있는지 현재의 상태를 확인하고 싶을 경우
- 검사한 결과를 이용하여 품질수준을 파악하고 싶을 경우

② 적용사례

〈표 7.2〉는 공공 화장실 청소상태를 점검하기 위한 일일 체크시트의 예이다.
경우에 따라서는 그림을 이용한 체크시트가 이용되기도 한다. 〈그림 7.7〉은 가죽장갑을 생산하는 어느 업체의 결함발생 상황을 표시한 예이다. 이를 보면 손가락이 갈라지는 부분에서 결함이 많이 발생하는 것을 볼 수 있다.

〈그림 7.7〉 그림을 이용한 체크시트

〈표 7.2〉 화장실 청소상태 점검 체크시트

점검사항	09:00	10:00	11:00	12:00	13:00	14:00	15:00	16:00	17:00	18:00
1 바닥 청소상태										
2 변기 청소상태						V				
3 변기 급수상태										
4 세면기 청소상태			V							
5 세면기 급수여부										
6 거울 청소상태										
7 전등 점등상태										
8 환기 상태										
9 화장지 비치여부										
10 전기 드라이어 작동상태										

(4) 히스토그램

① 개요

'히스토그램(Histogram)'은 많은 양의 데이터가 어떻게 분포되어 있는지 시각적으로 보여준다. 우리가 측정하는 거의 모든 데이터는 산포를 갖고 있다. 예를 들어 서비스 대기라인에서 기다리는 시간을 측정해 보면 측정치가 균일하지 않고 각기 다른 값을 가질 것이다. 운이 좋은 고객이라면 짧은 시간 안에 서비스를 받겠지만 그렇지 않은 사람은 오래 기다려야 한다. 히스토그램은 데이터의 분산이나 분포형태를 쉽게 볼 수 있도록 정리하는 방법이다. 간단한 막대그래프처럼 보일지 모르지만 많은 정보를 담고 있다.

〈그림 7.8〉은 학생들의 기말고사 성적을 나타낸 히스토그램이다. 이를 보면

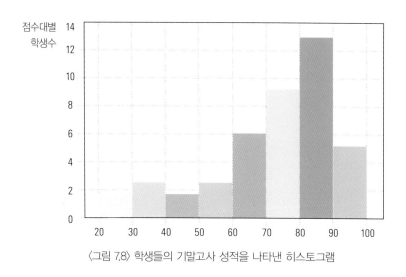

〈그림 7.8〉 학생들의 기말고사 성적을 나타낸 히스토그램

80점대가 가장 많이 있으며, 대체로 학생들이 양호한 성적을 받았으나 일부 학생들이 낙오된 것을 알 수 있다.

② 히스토그램의 유형

일반적으로 히스토그램은 중간에 봉우리가 있는 종 모양의 분포를 보이지만 그렇지 않을 경우에는 해석에 주의할 필요가 있다.

(i) 고원(高原)형

봉우리나 골짜기 등과 같이 특징이 될 만한 형태가 없는 고원 형태의 히스토그램은 특별한 정보를 제공해 주지 못한다. 이러한 경우는 대개 무

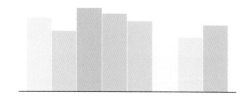

언가 잘못된 것이다. 데이터를 제대로 측정하지 못했거나 평가방법이 잘못되었을 수도 있다. 다른 수단을 이용하거나 '층별화(stratification)'한 히스토그램을 작성할 필요가 있다.

(ii) 쌍봉(雙峯)형

봉우리가 2개인 이러한 형태의 히스토그램은 특별히 그럴 만한 상황적 이유가 없으면 이질적인 두 종류의 데이터가 혼합된 결과일 가능성이 높다. 이 경우에도 '층별화(stratification)'한 히스토그램을 작성해서 관찰할 필요가 있다.

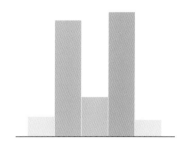

(iii) 고도(孤島)형

히스토그램에 무리에서 떨어진 고도(외딴 섬)가 나타날 경우에는 데이터에 이상치(outlier)가 들어 있다. 따라서 이상치가 들어간 이유를 밝힐 필요가 있다.

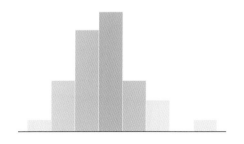

(5) 산점도

① 개요

파레토차트, 히스토그램 등과 같은 기법들은 한 가지 종류의 데이터를 분석하는 방법이다. 그러나 어떤 상황에서는 한 종류의 데이터만이 아니라 두 종류이상의 데이터 사이의 관련성을 고려해야 할 필요가 있다. 특성요인도를 작성하면 한 특성에 대해 관계가 있다고 생각되는 많은 요인이 떠오른다. 이 경우 특성과 요인 사이에 통계적으로 유의한 상관관계가 있는지 판단하고, 많은 요인들중 특성에 더 큰 영향을 미치는 주요인이 무엇인지 찾아야 하는 경우가 있다.

'산점도(Scatter Diagram)'는 두 변수에 대해서 특성(결과)과 요인(원인)의 관계를 규명하고 이 관계를 시각적으로 표현하고자 할 때 사용된다. 산점도는 주로 문제해결을 위한 사전 원인조사 단계에서 쓰인다.

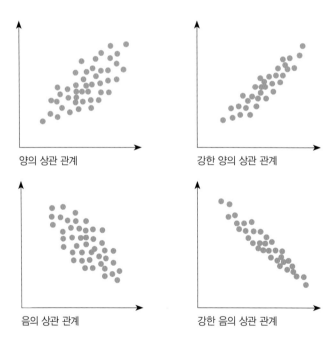

〈그림 7.9〉 산점도의 형태와 상관관계

② 산점도의 층별화

결과에 영향을 미칠 것으로 예상되는 이질적 항목이 있을 때에는 자료를 수집하는 단계에서부터 (예를 들어 남녀별, 데이터 수집 장소별, 데이터 수집 시기별 등과 같이) 층별해서 관찰할 필요가 있다.

〈그림 7.10〉에서 왼쪽에 있는 층별 전의 산점도를 보면 전체적으로 별 상관관계가 없는 것처럼 보이지만 오른쪽과 같이 층별해 보면 상관관계가 존재하는 것을 볼 수 있다. 이와 반대로 전체적으로 상관관계가 있을 것 같아도 층별해서 보면 상관관계가 없는 경우도 있다. 따라서 산점도를 그릴 때에는 먼저 층별해서 그리거나, 아니면 하나의 산점도로 나타내더라도 점의 표식을 구분해서 표시할 필요가 있다.

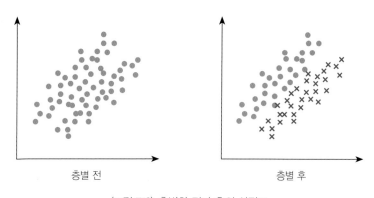

층별 전   층별 후

〈그림 7.10〉 층별화 전과 후의 산점도

(6) 그래프

　'그래프(Graph)'는 데이터를 도형으로 나타내어 수량의 크기를 비교하거나 수량의 변화 형태를 알기 쉽게 나타낸 것이다. 그래프의 가장 큰 장점은 대체적인 내용을 한 눈에 파악할 수 있다는 점이다. 일반적으로 많이 사용되는 그래프로는 다음과 같은 것들이 있다.

① 막대그래프

　막대그래프는 수량의 상대적 크기를 비교할 때 흔히 사용된다. 시간적인 변화를 나타내는 데에는 적합하지 않지만 어느 특정 시점에서의 수량을 상호 비교할 때 사용하면 좋다.

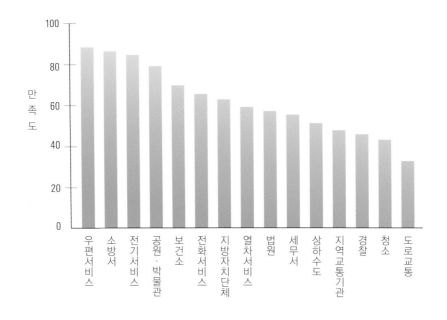

〈그림 7.11〉 공공부문의 서비스만족도를 비교한 막대그래프

② 꺾은선그래프

꺾은선그래프는 가로축에 시간, 세로축에 수량을 잡고 데이터를 시간순으로 표시하고 그것을 꺾은선으로 이은 것이다. 꺾은선그래프는 막대그래프와 더불어 보기 쉬운 그래프 중 하나이다. 특히 추세 변화를 나타내는 데에는 꺾은선그래프가 적합하다.

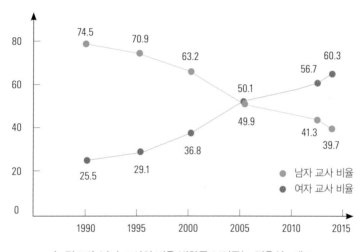

〈그림 7.12〉 남녀 교사의 비율 변화를 보여주는 꺾은선그래프

③ 원그래프

원그래프는 원 전체를 100%로 보고 각 부분의 비율을 원의 부채꼴 면적으로 표현한 그림이다. 전체와 부분, 부분과 부분의 비율을 비교해서 볼 때 사용한다. 일반적으로 원그래프 작성할 때 항목의 배열은 시계방향을 따라 크기순으로 한다.

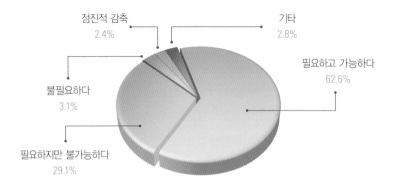

〈그림 7.13〉 공무원 수 감축에 대한 여론을 정리한 원그래프

④ 띠그래프

원그래프와 원리는 같지만 전체를 가느다란 직사각형의 띠로 나타내고, 띠 (직사각형)의 면적을 각 항목의 구성비율에 따라 구분한다. 이 그래프는 시간 경과에 따른 구성비율의 변화 추세를 효과적으로 보여준다.

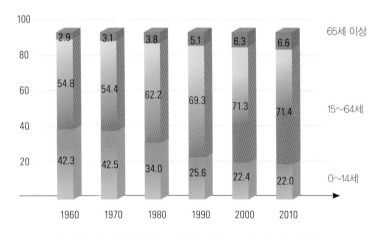

〈그림 7.14〉 연령대별 인구 구성비 변화를 보여주는 띠그래프

⑤ 레이더차트

레이더차트는 평가항목이 여러 개일 경우에 사용한다. 항목 수에 따라 원을 같은 간격의 직선으로 나누고, 그 선 위에 평가점수를 점으로 표시한 후 이 점들을 연결한 그래프이다. 이 그래프는 항목별 균형을 한눈에 볼 수 있도록 해 준다.

〈그림 7.15〉는 한국과 미국의 국가고객만족도 조사결과를 비교한 레이더차트이다. 이 차트를 보면 전반적으로 우리나라가 미국보다 만족도가 낮으며, 특히 공공행정서비스에 대한 만족도가 더 낮은 것을 알 수 있다.

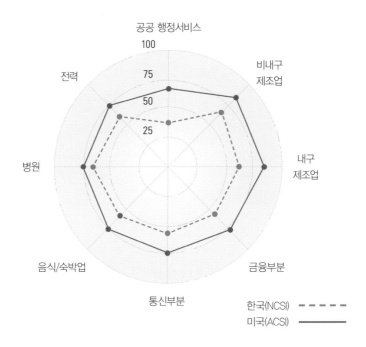

〈그림 7.15〉 한국과 미국의 고객만족도를 비교한 레이더차트

(7) 관리도

'관리도(Control Chart)'란 측정된 데이터를 시간순으로 점을 찍어 가면서, 이 점들의 위치와 움직임의 형태를 미리 정해놓은 기준과 비교하여 프로세스의 이상유무(異常有無)에 대한 판정을 내리고, 이를 프로세스 관리에 반영하기 위한 기법이다.

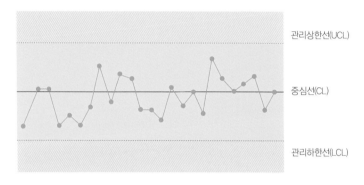

〈그림 7.16〉 관리도

📖 **참고문헌**

- 박영택(2000), 「공공행정 부문 Single PPM 품질혁신」, 대한상공회의소 Single PPM 품질혁신 추진본부.
- 박영택(2005), 「품질기법 핸드북」, 한국품질재단
- 박영택(2013), "품질개선도구: 품질 툴은 사고방식을 바꾸는 생각의 도구", 품질경영, 9월호, pp.38-41.
- 石原勝吉 저, KSA 역(1984), 「현장의 QC 7가지 도구」, 한국표준협회.
- Tague, N.R.(2013), The Quality Toolbox, Second Edition, ASQ Quality Press.

8장
품질관리
신7가지 도구

품질의 기본적 무기라고 할 수 있는 품질개선 도구에는 '품질관리 7가지 기초도구'와 '품질관리 신(新)7가지 도구'가 있다. '품질관리 7가지 기초도구'는 주로 수치적 데이터를 이용하는 반면 '품질관리 신7가지 도구'는 언어 정보를 도식적으로 나타낸다.

(1) 친화도

① 개요

'친화도(Affinity Diagram)'는 다량의 아이디어를 유사성이나 연관성에 따라 묶는 방법이다. 이 기법을 이용하면 자연스런 연관관계에 따라 다양한 아이디어나 정보를 몇 개의 그룹으로 분류할 수 있다. 친화도의 일반적 용도는 다음과 같다.

- 여러 가지 아이디어나 생각들이 정돈되지 않은 상태로 있어서 전체적인 파악이 어려울 때 이를 이해하기 쉽도록 정리한다.
- 브레인스토밍 등을 통해 도출된 많은 아이디어들을 연관성이 높은 것끼리 묶어서 정리한다.

친화도의 작성절차는 다음과 같다.

[단계 1] 아이디어를 포스트 잇(Post-it) 메모지나 카드에 하나씩 따로 기록한다.

친화도의 사전 단계로서 브레인스토밍을 실시할 경우에는 브레인스토밍에서 나온 아이디어들을 하나씩 바로 카드에 기록해도 무방하다. 기록이 끝나면 모든 사람들이 볼 수 있도록 기록된 아이디어들을 테이블, 마루, 플립차트 등에 무작위로 펼쳐 놓는다.

[단계 2] 유사한 아이디어들끼리 그룹으로 묶는다.

어떤 식으로든 관련이 있어 보이는 아이디어들을 찾아서 그것들을 나란히 놓는다. 모든 카드를 그룹으로 묶을 때까지 이 작업을 반복한다. 아무 그룹에도 속하지 않는 아이디어가 따로 남아도 무방하다. 다른 사람이 이미 옮겨놓은 카드를 또 다시 이동시켜도 괜찮다. 하나의 아이디어가 두 그룹과 관련되어 있으면, 카드를 하나 더 만들어 양쪽 모두에 하나씩 둔다.

[단계 3] 분류된 각 그룹에 제목을 붙인다.

아이디어들에 대한 분류가 끝나면 각 그룹에 속한 아이디어들을 대표할 수 있는 표제어를 붙인다. 그룹 내에 있는 아이디어들 중에서 표제어가 될 만한 것이 있으면 그 카드를 그룹 상단에 올려놓는다. 만약 그런 카드가 없으면 새로운 카드에 표제어를 기록하고 그룹 상단에 놓는다. 표제어는 다른 색깔을 이용하여 눈에 잘 띄도록 표시하는 것이 좋다.

[단계 4] 몇 개의 그룹을 묶어 새로운 더 큰 그룹으로 만든다.

이 단계가 반드시 필요한 것은 아니다. 분류된 그룹이 여러 개이고, 그들 사이에 관련성이 있는 것들이 있다면 유사한 그룹들을 묶어서 더 큰 그룹을 만든다.

② 적용사례

휴대폰 배터리를 공급하고 있는 S사는 신제품 개발을 위해 지역 대학생 20 명을 대상으로 인터뷰를 실시한 결과 〈표 8.1〉과 같은 고객 요구사항(VOC)을 도출하였다.

- 급속충전이 가능해야 한다.
- 자동차 시가 잭을 이용하여 충전 가능하면 좋겠다.
- 무선 충전이 가능하면 좋겠다.
- 장시간 사용 시에도 발열되지 않으면 좋겠다.
- 휴대폰 기종에 상관없이 호환성이 있어야 한다.
- 매우 높은 온도에서도 사용가능해야 한다.
- 매우 낮은 온도에서도 사용가능해야 한다.
- 휴대폰을 떨어뜨려도 분리되지 않아야 한다.
- 한번 충전으로 일주일 이상 쓸 수 있으면 좋겠다.
- 무게가 더 가벼워야 한다.
- 태양열을 이용하여 충전할 수 있으면 좋겠다.
- 폭발 위험이 없어야 한다.
- 소형화하여 휴대폰 안에 여분을 삽입할 수 있으면 좋겠다.
- 별도의 충전기 없이 전기코드로 충전할 수 있으면 좋겠다.
- USB 포트로 충전할 수 있으면 좋겠다.
- 수은전지를 쓸 수 있으면 좋겠다.
- 흔들어서 충전할 수 있으면 좋겠다.
- 배터리 크기가 표준화되어야 한다.
- 일반 건전지로 대용할 수 있으면 좋겠다.
- 수영장에서도 사용 가능해야 한다.
- A/S가 완벽해야 한다.
- 열쇠고리처럼 매달고 다니면 좋겠다.
- 겨울에 손난로로 사용 가능하면 좋겠다.
- 보증기간이 더 길어야 한다.
- 대리점에서 무료로 충전해 주면 좋겠다.
- 수명이 끝난 후 무상 교환이 가능하면 좋겠다.
- 목욕탕에서도 사용 가능하면 좋겠다.
- 원터치로 착탈이 되면 좋겠다.
- 손전등 기능이 되면 좋겠다.

이를 토대로 친화도를 작성한 결과 〈그림 8.1〉과 같이 전체 요구사항을 충전, 호환성 및 표준화, 사용환경, 소형경량화, 부착 및 분리, 안전성, 애프터서비스, 다양한 용도 등과 같은 그룹으로 묶을 수 있었다.

〈그림 8.1〉 휴대폰 배터리의 요구사항을 정리한 친화도

(2) 연관도

① 개요

'연관도(Relations Diagram)'는 문제와 관련된 여러 가지 측면의 인과관계를 정리한 그림이다. 연관도를 사용하면 요인이 복잡하게 얽힌 문제를 정리할 수 있고, 계획단계에서부터 문제를 넓은 시각에서 관망할 수 있다. 또한 중요한 항목을 쉽게 파악할 수 있다는 장점이 있다. 연관도는 다음과 같은 경우에 사용된다.
- 복잡한 문제의 원인을 분석하고 싶을 경우
- 친화도, 특성요인도, 계통도를 그린 후 더욱 자세하게 아이디어들의 연관성을 조사하고 싶을 경우

연관도 작성에 사용되는 아이디어의 수는 15~50개가 적당하다. 15개 이하는 연관도가 필요치 않고, 50개 이상이 되면 연관도가 너무 복잡해져서 중요한 요인들의 관계를 누락시킬 가능성이 크다. 연관도는 자유롭게 그리기 때문에 같은 문제라도 누가 그리느냐에 따라 달라진다. 그러나 결론은 대체로 같다. 다른 사람이 그린 연관도를 보면 간단하게 그릴 수 있을 것 같지만 실제로는 처음부터 순조롭게 그려지는 것은 아니다. 또한 상황에 따라서는 그림을 고쳐 새로 그릴 필요가 있기 때문에 시간이 많이 걸린다. 연관도의 작성절차는 다음과 같다.

[단계 1] 연관도를 통해 조사하려는 문제를 정의한다.
　　이 문제를 포스트 잇 메모지나 카드에 쓰고 테이블이나 플립차트 위에 둔다.

[단계 2] 정의한 문제와 관련된 요인들을 도출한다.
　　문제와 관련된 요인(항목)들을 찾기 위해 브레인스토밍을 실시하고, 도출된 요인들을 각각 포스트 잇 메모지나 카드에 쓴다. 같은 문제에 대해 다른 기법들이 이미 적용되었다면 친화도 내의 항목, 계통도의 마지막 줄에 나타

난 항목, 특성요인도의 가장 작은 가지들에 나타난 항목들을 가져다 쓸 수 있다. 또한 이들을 토대로 브레인스토밍을 실시하여 추가적인 잠재 요인들을 도출할 수도 있다.

[단계 3] 관련이 있다고 생각되는 요인들을 가까이 배열한다.

관련이 있다고 생각되는 각 요인에 대해 '이 요인이 다른 것들과 관련이 있는가?'라는 질문을 한다. 관련된 요인들을 주위에 놓되, 나중에 화살표를 그릴 수 있도록 카드 사이에 약간의 공간을 둔다. 모든 카드가 테이블 위에 배열될 때까지 이러한 과정을 반복한다.

[단계 4] 요인들 사이의 인과관계를 파악한다.

각 요인에 대해 '이 요인이 다른 요인에 영향을 미치는가, 아니면 다른 요인으로부터 영향을 받는가?' 묻는다. 영향을 주는 요인에서 영향을 받는 요인으로 화살표를 그린다. 모든 요인들에 대해 이러한 과정을 반복한다.

[단계 5] 작성된 연관도를 분석한다.

들어오고 나가는 화살표의 수가 많은 항목이 핵심적 요인이 된다. 들어오는 화살표가 많은 항목이 문제가 되는 주요한 결과나 증상이 되고, 나가는 화살표가 많은 항목이 문제의 주요한 원인이 된다. 그러나 화살표의 수가 절대적인 판단기준은 아니기 때문에 화살표의 수가 적은 다른 요인들 중에 핵심적인 것이 있는지 추가적으로 검토한다. 핵심적 요인으로 파악된 항목들은 눈에 잘 띄도록 표시한다.

② 적용사례

〈그림 8.2〉는 기술지원팀의 고객서비스에 불만이 많다는 문제를 해결하기 위해 작성한 연관도이다. 이를 보면 '고객지원이 제대로 안 된다'는 항목으로 들어오는 화살표가 가장 많으므로 이것이 결과적으로 고객이 느끼는 문제의 주된 증상이 된다. 또한 나가는 화살표가 가장 많은 항목인 '고객문제 처리절차가 없

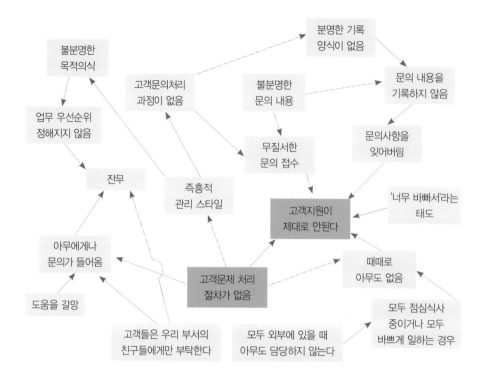

〈그림 8.2〉 고객서비스 불만에 대한 연관도

다'는 것이 이 문제의 주된 배후 원인이 된다.

(3) 계통도

① 개요

'계통도(Tree Diagram)'는 설정된 목표를 달성하기 위해 목적과 수단의 계열을 계통적으로 전개하여 최적의 목적달성 수단을 찾고자 하는 방법이다. 목적을 달성하기 위한 수단을 찾고, 또 그 수단을 달성하기 위한 하위 수준의 수단을 찾아나간다. 따라서 상위 수준의 수단은 하위 수준의 목적이 된다.

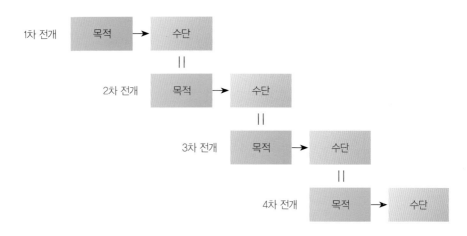

〈그림 8.3〉 계통도의 기본개념

이처럼 상위단계에서 하위단계로 목적과 수단의 연결관계를 찾아나가는 것을 '전개'라고 하는데, 이것이 계통도의 기본적 개념이다. 이를 그림으로 나타내면 〈그림 8.3〉과 같다.

계통도는 친화도나 연관도 등을 통해 파악된 문제를 해결하거나 목표를 달성하는데 필요한 최적의 수단과 방법을 찾는데 이용된다. 따라서 문제에 영향을 미치는 원인은 밝혀졌지만 해결방법이나 수단이 아직 개발되지 않은 경우에 사용된다. 계통도의 작성절차는 다음과 같다.

[단계 1] 해결해야 할 문제나 성취하고자 하는 목표를 명확히 한다.

해결해야 할 문제(또는 성취하고자 하는 목표)를 포스트 잇 메모지나 카드에 적고 테이블이나 플립차트의 왼쪽 가장자리에 둔다.

[단계 2] 문제 해결(또는, 목표 달성)에 필요한 수단을 찾기 위한 1차 전개를 실시한다.

'이것을 어떻게 하면 달성할 수 있을까?' 질문한다. 브레인스토밍을 통해 가능한 모든 수단을 찾는다. 만약 친화도나 연관도를 이미 적용하였다면 거기서 나온 아이디어들을 가져온다. 각각의 아이디어들을 카드에 적고 첫 번째 카드 오른쪽 옆에 위에서 아래로 정렬하여 놓는다.

[단계 3] 더 세부적인 수단을 찾기 위해 하부 전개를 계속한다.

새로 나온 아이디어 각각에 대해 '이것을 어떻게 하면 달성할 수 있나?' 다시 질문한다. 이렇게 해서 나온 아이디어들을 상위 수준의 아이디어 오른쪽에 위에서 아래로 정렬하여 놓는다. 구체적인 대응책이 나올 때까지 이러한 절차를 반복한다.

[단계 4] 전개가 제대로 되었는지 확인한다.

전개를 통해 도출한 대책의 실효성을 확인하기 위해 새로 나온 각각의 아이디어에 대해 '이것을 수행하면 상위 단계의 목적 달성에 기여하는가?'라는 질문을 한다. 만약 이 질문에 대해 '아니오'라는 대답이 나오는 아이디어가 있다면 제거해야 한다.

[단계 5] 전개의 총체적인 타당성을 다시 확인한다.

계통도가 작성되고 나면 도출된 세부 수단들을 모두 실행했을 때 원래 의도한 목표가 달성될 수 있는지 확인한다. 만약 그렇지 않으면 계통도의 미비한 부분을 보완한다.

② **적용사례**

이상의 절차들에 대한 이해를 돕기 위해 〈그림 8.4〉에서는 '사진을 잘 찍는 방법'이란 주제를 가지고 계통도의 작성방법을 설명하였다.

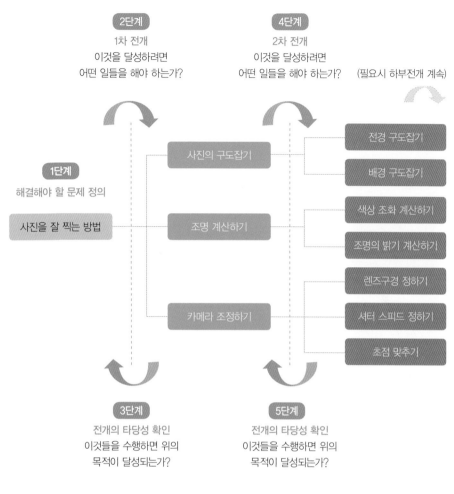

<그림 8.4> 사진 잘 찍는 법을 주제로 작성한 계통도(Straker, 1997 자료를 일부 수정)

(4) 매트릭스도

① 개요

'매트릭스도(Matrix Diagram)'는 두 개 또는 그 이상의 특성, 기능, 아이디어들 사이의 상호관련 정도를 행렬 형태로 나타내는 기법이다. 매트릭스도는 다음과 같은 경우에 자주 사용된다.

- 여러 개선 과제 중 품질개선팀이 우선적으로 추진해야 할 과제를 선택하고자 할 경우
- 한 가지 종류의 특성이 다른 종류의 특성과 어떤 관계에 있는지 이해하고자 할 경우
- 필요한 업무가 누락 또는 중복되지 않도록 조직 전체의 관점에서 업무분담을 명확히 하고자 할 경우
- 달성하고자하는 목표와 그에 필요한 수단 사이의 관련 정도를 알고자 할 경우
- 수행해야 할 업무기능과 필요한 자원들의 관련성을 알고자 할 경우

매트릭스도에서 상관의 정도를 나타내는 일반적 기호는 〈표 8.2〉와 같다.

〈표 8.2〉 매트릭스도에 사용되는 일반적 기호

기호	관계 정도	점수
◎ 또는 ⊙	강한 관계, 일차적 책임	9
○	중간 관계, 2차적 책임	3
△ 또는 ×	약한 관계, 정보만 공유	1

〈표 8.3〉은 전사적 품질경영의 추진을 위한 업무분장을 나타낸 매트릭스도다.

〈표 8.3〉 업무분장을 나타내는 매트릭스도

책임 부분 / 책임 영역	최고경영자	재무관리	마케팅	개발설계	생산관리	제조기술	품질관리	자재관리	현장운영
고객요구 확인			◉						
품질목표 설정	◉			○	○				
제품규격 설계				◉					
제조공정 설계				○	△	◉	△	△	○
규격에 따른 생산			△	○	○	○	△	△	◉
공정능력 결정					△	○	◉	△	○
외주업체 품질인증	◉	○	○	○	○	○	◉	○	○
검사계획 및 시험절차						○	◉	○	
시험 및 검사설비 계획						○	◉		○
품질정보 피드백		○	○	△		△	◉	○	○
불만자료 수집			◉						

[범례] ◉=주관 및 책임, ○=지원 의무, △=기여 가능

(5) 매트릭스데이터 해석도

① 개요

'매트릭스데이터 해석도(Matrix Data Analysis)'는 매트릭스데이터를 쉽게 비교해 볼 수 있도록 그림으로 나타낸 것이다. 마케팅 분야에서 제품이나 서비스의 포지셔닝(positioning)을 비교·결정하기 위해 자주 사용된다. 운송수단별 운임과 속도에 대해 매트릭스데이터 해석도를 작성하면 〈그림 8.5〉와 같다.

여기서는 운임과 운송 속도의 관계만 그래프로 표시하였으나 운임과 안전도, 안전도와 편의성 등과 같은 나머지 관계들에 대해서도 같은 그림을 그릴 수 있다.

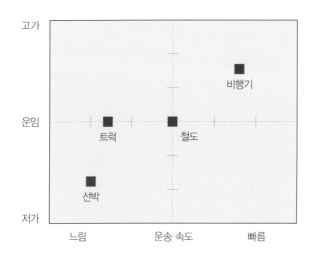

〈그림 8.5〉 운송수단별 운임과 속도를 비교한 매트릭스데이터 해석도

② 적용사례

〈그림 8.6〉은 대학별 학위과정의 교육의 질과 수업료 비교한 매트릭스데이터 해석도다.

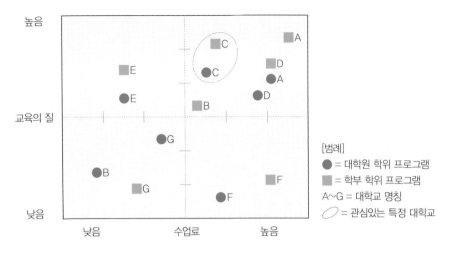

〈그림 8.6〉 대학교육의 질과 수업료를 비교한 매트릭스데이터 해석도

(6) 네트워크도

① 개요

어떠한 임무를 완수하거나 목표를 달성하기 위해서 여러 가지 활동이나 단계를 거쳐야 할 경우, 필요한 활동들의 선후관계를 네트워크로 표시하고 그 일정을 관리하기 위한 기법이 '네트워크도(Network Diagram)'이다. 네트워크도는 '화살도(Arrow Diagram)'라고도 불린다. 이러한 네트워크도를 대규모 프로젝트의 일정관리에 이용할 수 있도록 개발한 것이 PERT/CPM이다. 네트워크도의 일반적 용도는 다음과 같다.

- 프로젝트 완수에 필요한 모든 활동들의 선후관계를 밝히고, 이를 알기 쉽도록 그림으로 나타낸다.
- 프로젝트의 완성일자를 사전에 추정하고, 완성일자를 좌우하는 주경로(critical path)를 찾는다.
- 프로젝트의 진척도를 모니터하면서 일정관리를 추진한다.

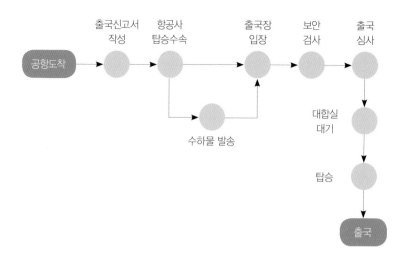

〈그림 8.7〉 공항에서 출국할 때까지의 과정을 나타낸 네트워크도

〈그림 8.7〉은 공항에 도착하여 출국하기까지의 과정을 네트워크도로 나타낸 것이다. 네트워크도의 작성절차는 다음과 같다.

[단계 1] 프로젝트 수행에 필요한 모든 활동들을 세로로 나열한다. 먼저 착수해야 할 선행작업들부터 나열하는 것이 네트워크도 작성에 편리하다.
[단계 2] 나열된 각 활동의 오른쪽에는 소요시간과 직전 선행활동을 기록한다.
[단계 3] 화살표와 마디(○)를 이용하여 네트워크도를 작성한다.
[단계 4] 필요하다면 주경로(critical path)를 구하고 프로젝트의 완료 일자를 추정한다.

② 적용사례

신도시 개발로 인해 주민들의 인구분포가 달라졌기 때문에 시립병원을 이전하기로 하였다. 새로 이전하고자 하는 지역에는 현재 종합병원이 하나도 없다. 시립병원의 이전을 위해서는 새로운 병원을 짓고 사전에 운영준비를 완료해야

활동	내용	소요시간(주)	직전 선행활동
A	관리요원과 의료진 선발	12	-
B	부지 조사와 입지 결정	9	-
C	장비의 선정	10	A
D	최종 건설 및 배치 계획 작성	10	B
E	전기, 수도 등의 유틸리티 연결	24	B
F	간호사 및 기타 운영요원 선발	10	A
G	장비의 구매	35	C
H	병원 건축	40	D
I	정보시스템 개발	15	A
J	장비의 설치	4	E, G, H
K	간호사 및 운영요원 교육	6	F, I, J

한다. 병원 이전 추진팀을 결성하고, 사전에 필요한 활동들을 조사한 결과 〈표 8.4〉와 같은 자료를 얻었다. 이 표에 있는 자료를 이용하여 네트워크도를 그리면 〈그림 8.8〉과 같다. 마디 안에 있는 숫자는 각 활동의 소요시간을 나타낸다.

경로(path)란 네트워크의 시작과 끝을 연결하는 일련의 활동을 말하며, 경로 중 시간이 가장 많이 걸리는 경로를 주경로(critical path)라고 한다. 병원 이전 프로젝트의 주경로와 완료일자를 추정해 보자. 이 네트워크에서는 다음과 같은 5개의 경로가 있다.

- A → I → K (소요시간 12+15+6=33)
- A → F → K (소요시간 12+10+6=28)
- A → C → G → J → K (소요시간 12+10+35+4+6=67)
- B → D → H → J → K (소요시간 9+10+40+4+6=69)

• B → E → J → K (소요시간 9+24+4+6=43)

　A에서 K까지 11개의 활동에 필요한 총소요시간은 175주이지만, 선행관계를 깨뜨리지 않고 동시에 진행시킬 수 있는 병행활동들(예: 활동 A와 B, 활동 I,F,C 등)이 있으므로 실제 소요시간은 훨씬 더 단축될 수 있다.

　병원 이전 프로젝트가 모두 완료되기 위해서는 위에서 정리한 5개의 경로상에 있는 작업이 모두 완료되어야 한다. 따라서 전체 완료일정은 5개 경로 중 소요시간이 가장 긴 경로 'B→ D→ H→ J→ K'에 의해 좌우된다. 이 경로가 '주경로(critical path)'가 되며, 프로젝트의 정상적인 완료시간은 주경로의 소요시간인 69주 이하가 될 수 없다. 또한 주경로상에 있는 활동이 지체되면 전체 완료시간이 지체되므로 주공정상의 활동들을 잘 관리해야만 프로젝트를 순조롭게 끝마칠 수 있다.

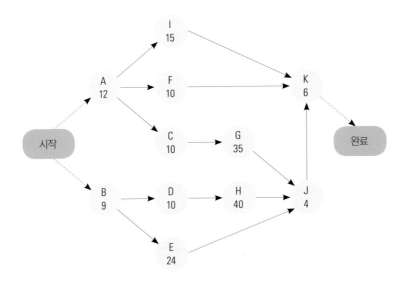

〈그림 8.8〉 병원 이전에 필요한 활동들을 정리한 네트워크도

(7) PDPC

① 개요

어떠한 목표달성을 위해 미리 계획을 수립하고, 계획대로 진행하기 위해 노력하더라도 예기치 못한 일이 발생한다든지 상황이나 여건이 변하여 당초 계획대로 진행할 수 없는 경우가 허다하다. 과거에 경험하지 못했던 새로운 프로젝트의 경우에는 계획된 시간 내에 성공적으로 임무를 완수하기까지 많은 불확실성이 존재한다.

'PDPC(Process Decision Program Chart)'는 프로젝트의 진행과정에서 발생할 수 있는 여러 가지 우발적인 상황들을 상정하고, 그러한 상황들에 대처할 수 있는 대응책들을 미리 마련하고 점검하기 위한 방법이다. 다음과 같은 경우에 PDPC가 주로 이용된다.

- 불확실성이 큰 새로운 과제나 활동을 추진하고자 할 경우 우발적인 상황에 대비하기 위한 계획을 수립한다.
- 생소한 활동을 추진할 경우 봉착할 수 있는 문제를 사전에 도출하고, 그로 인한 피해를 최소화하기 위한 대책을 미리 마련한다.
- 불완전한 계획 때문에 일어날 수 있는 문제점들을 예기하고 그 영향을 따져본다.

일반적으로 PDPC의 작성에는 〈그림 8.9〉와 같은 기호들이 사용된다.

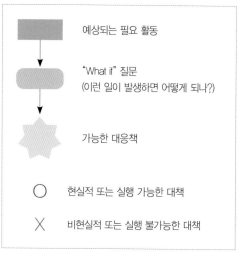

〈그림 8.9〉 PDPC 작성에 사용되는 기호

PDPC의 작성절차는 다음과 같다.

[단계 1] PDPC를 적용하고자 하는 과제의 프로세스와 발생 가능한 우발적 상황을 이해하고 있는 사람들로 팀을 구성한다.

[단계 2] 과제의 최종목표를 기록하고, 그러한 목표를 달성하기 위해 필요한 일차적 활동들을 아래에 가로로 나열한다. 일차적 활동들을 수행하기 위해 필요한 하위 단계의 활동들을 찾아 계통도와 같은 형식으로 전개한다.

[단계 3] 전개 결과 도출된 최하위 활동 각각에 대해 우발적인 상황을 가정하는 'What if' 질문을 한다.('설비가 고장나면?', '필요한 소모품이 제때에 공급이 되지 않으면?' 등과 같이 여러 가지 우발적 상황을 상정하고 질문한다.)

[단계 4] 각각의 'What if' 질문에 대한 대응책을 질문 아래에 쓴다. 또한 그 대응책이 현실적이거나 실행가능하면 'O', 그렇지 않으면 '×' 표를 대응책 밑에 표시한다.

[단계 5] 완성된 PDPC에 수정되어야 할 부분은 없는지 검토한다.

② 적용사례

시청에 각종 증명서류 자동발매기를 설치한다고 가정해 보자. 자동발매기를 설치할 경우 민원인, 시청 직원, 설비 등에 변화가 일어난다. 민원인의 경우 자동발매기를 사용해 보지 못한 사람도 있고, 문맹자도 있을 수 있다.

문맹자의 사용이 불가능하다면 어떤 해결책이 있을까? 증명서류를 발급받지 못하는 일이 있어서는 안 되며, 직원이 대행하거나 문맹자를 위한 특수설비를 제공하는 것은 가능한 대안이 될 수 있다.

자동발매기의 사용방법을 안내해 주는 직원이 있어야 하는데 그 사람이 부재중이라면 어떤 해결책이 있을까? 그렇다고 서비스가 중단되어서는 안 되며, 다른 직원이 대신 안내하는 것은 현실적 대안이 될 수 있다.

자동발매기가 고장난다면 어떤 해결책이 가능한가? 그렇다고 서비스가 중단되어서는 안 되며, 시청 직원이 수작업으로 대신하는 것을 생각해 볼 수 있다. 이러한 상황을 PDPC로 나타내면 〈그림 8.10〉과 같다.

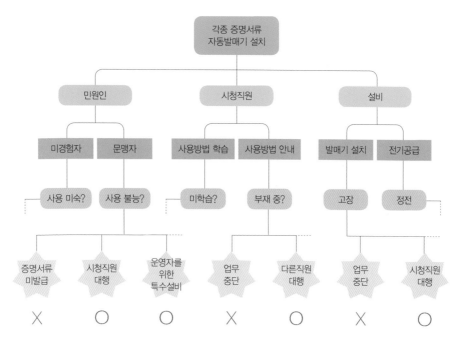

〈그림 8.10〉 증명서류 자동발매기 설치에 대한 PDPC

📚 참고문헌

- 박영택(2000), 「공공행정 부문 Single PPM 품질혁신」, 대한상공회의소 Single PPM 품질혁신 추진 본부.
- 박영택(2005), 「품질기법 핸드북」, 한국품질재단
- 박영택(2013), "품질개선도구: 품질 툴은 사고방식을 바꾸는 생각의 도구", 품질경영. 9월호. pp.38~41.
- 한국표준협회 편(1982), 「신 QC 7가지 도구」, 한국표준협회.
- Straker, D(1997), Rapid Problem Solving with Post-It Notes Paperback, Da Capo Press. (윈윈북스 편집부 역(2004), 「포스트잇 100% 활용법」, 윈윈북스.)
- Tague, N.R.(2013), The Quality Toolbox, Second Edition, ASQ Quality Press.

9장
기타 품질개선 도구

도요타자동차의 개선활동은 '진인(眞因)추구'라는 사고방식 하에 추진된다. 겉으로 드러난 피상적 원인이 아니라 문제의 참된 원인을 찾기 위해서는 '왜(Why)'라는 질문을 5번 반복해야 한다는 것이다. 이것은 '5 Whys'라고 널리 알려져 있다. 근본원인분석(RCA), Why-Why도, How-How도, 로직트리 등은 모두 문제의 참된 원인이나 대책을 찾기 위한 것이다.

Quality is King!

(1) 근본원인분석(RCA)

① 개요

'근본원인분석(RCA, Root Cause Analysis)'은 품질문제를 유발하는 진정한 원인을 찾기 위한 방법이다. 문제의 원인을 찾기 위해 "왜 그런 문제가 발생했는가?"라고 물었을 때 나오는 일차적 대답은 문제의 '근본원인(root cause)'이 아니라 피상적 원인인 경우가 대부분이다. 문제를 일으킨 참된 원인은 그 배후에 있기 때문에 "왜 그런 문제가 발생했는가?"라는 질문을 반복해서 물어야만 진정한 배후 원인을 찾을 수 있다는 것이다.

미국 워싱턴에 있는 토머스 제퍼슨(Thomas Jefferson) 기념관의 예를 보자. 그는 미국의 독립선언서 초안을 만들었으며 3대 대통령을 지냈다.

한때 이 기념관의 석재(石材)가 부식되어 부스러지는 문제가 부각되었다. "왜 석재가 부스러지는가?"라는 물음에 대한 대답은 연마 성분이 포함된 세제로 자주 세척하기 때문이었다. 그러나 이것은 진정한 원인이 아니다. 그렇게 해야만 하는 다른 이유가 있기 때문이다. 배후에 있는 진정한 원인을 찾기 위해서는 다음과 같이 '왜?'라는 질문을 다섯 번 반복해야 한다.

토머스 제퍼슨 기념관, Joe Ravi, Wikimedia CC BY- SA

- 연마 세제로 자주 세척해야 하는 이유는 무엇인가?
  - 새들의 배설물을 제거하기 위해서이다.
- 왜 그렇게 많은 새들의 배설물이 생기는가?
  - 기념관 내에 새들의 먹잇감이 되는 거미가 많기 때문이다.
- 왜 거미가 그렇게 많은가?
  - 거미들의 먹잇감이 되는 작은 날벌레들이 많기 때문이다.
- 왜 작은 날벌레들이 몰려드는가?
  - 관리사무소에서 해질녘에 밝은 조명등을 켜기 때문에 이 불빛을 향해 날벌레들이 몰려든다.

이 사례에서 첫 번째 질문의 대답인 연마 세제의 사용은 문제의 피상적 원인이고 배후에 있는 진정한 원인은 '왜?'를 다섯 번 반복한 후에 나온 조명등 문제이다. 이러한 근본원인 분석을 토대로 조명등의 점등시간을 일몰 후 1시간 뒤로 늦춤으로써 날벌레의 수를 90퍼센트 이상 줄일 수 있었기 때문에 연마 세제의 사용을 대폭 줄일 수 있었다고 한다.

어떤 문제에 대한 피상적 원인보다는 그 배후에 있는 진정한 원인을 찾아야 한다는 '진인(眞因)추구'의 철학은 카이젠('개선'의 일본식 발음으로서 '지속적 개선'이라는 의미로 통용되고 있음)의 중요한 사상 중 하나이다. 일본의 도요타자동차에서는 "왜 그렇게 되었을까?"를 다섯 번 반복해서 물으면 문제의 진정한 원인이 나온다는 것을 '5 Whys'라고 이름을 붙였는데, 이것이 서양에서는 RCA(Root Cause Analysis)라고 불린다. RCA를 의미하는 '5 Whys'에서 숫자 5는 근본원인이 나올 때까지 계속 반복해서 질문하라는 것이지 꼭 '5번' 물으라는 것은 아니다.

② 적용사례

다음은 미국 매디슨시청이 품질경영을 추진하면서 겪었던 사례의 일부다.

정비대기 중인 자동차로 혼잡한 시영정비소는 데밍의 주장을 시험적으로 적용해 볼 만한 곳으로 생각되었다. 시영정비소의 직원들은 시장이 수석보좌관을 대동하고 나타나서 자신들의 문제를 조사하자 놀라움을 감추지 못했다. 그도 그럴 것이 이전에 역대 시장들이 그곳을 찾았던 것은 차량 주유가 필요할 때뿐이었다.

그 후 몇 년 동안 센센브레너 시장이 거듭해서 깨달은 것은 변화가 일어나야 할 일선 현장에 최고책임자가 직접 참여하는 것이 매우 중요하다는 점이었다. 정비소 직원들의 대다수가 회의적인 태도로 임했지만 시장은 노조 지도자인 홈즈 위원장을 만나 시장 자신이 직접 참여하겠다는 것을 진솔하게 토로하고, 그의 참여가 없으면 성공하기 어렵다는 점을 설명하였다. 그러자 그도 참여하기로 동의하였다. 그들은 팀을 구성하여 기술자들의 이야기를 듣고, 또한 정비공정에서 직접 자료를 수집했다. 마침내 정비작업이 지체되는 주된 이유가 정비소에서 필요한 부품들을 제대로 구비하지 못했기 때문이라는 것을 알 수 있었다. 부품관리 담당자에게 문제를 제기했더니 부품 확보에 문제가 야기되고 있는 것은 시 당국이 매년 다양한 모델의 차량을 구입하고 있기 때문이라고 하였다.

시청의 보유차량을 형식·제조업체·모델·연식 등으로 나누어 살펴보았더니 그 종류가 무려 440종이나 되었다. 어째서 이토록 다양하단 말인가? 부품관리자의 말로는 어떤 차량이건 간에 구입 당일의 고시가격이 가장 싼 것을 구매한다는 시 당국의 방침 때문에 그렇게 된 것이라고 했다.

어떤 기술자는 이렇게 말했다. "이것이야말로 상식 이하의 일이다. 놀고 있는 장비들, 2·3류 메이커들에게서는 기대할 수 없는 품질보증, 그리고 싸구려 기계들의 형편없는 신뢰도나 헐값의 매각처분 가격 등을 감안해 볼 때 단순히 값싼 것을 구입한다고 해서 이득이 되는 것은 결코 아니다."

다음으로 그들이 찾아간 곳은 부품구매 담당자였다. 그도 같은 견해를 갖고 있었다. "부품의 종류를 줄이고 신뢰할 수 있는 소수의 공급자들로부터만 납품받는다면, 부품구매 담당자의 업무가 매우 수월해질 것이다. 그런데 구매본부가 이것을 허용하지 않는다." 그래서 구매본부를 찾아갔더니 이런 이야기였다. "그 이야기라면 이미 알고 있다. 한결같이 그러한 점을 호소하고 있기 때문에 잘 알고 있다. 그렇지만 기존의 구매방침을 바꾸기는 어렵다. 감사원이 이를 허용하지 않는다."

감사관의 말은 다음과 같았다. "당신의 주장은 일리가 있다. 그렇지만 시 법무관이 그러한 것을 인가해 주도록 허용하지 않는다." 그래서 법무관을 찾아갔더니 그는 이렇게 말하는 것이었다. "천만에, 그렇게 해도 된다. 품질보증, 정비의 용이성, 부품의 입수용이성, 매각 시의 잔존가치 등에 대한 명세서를 작성하기만 하면 된다. 미리 이러한 점을 분명히 하면 문제될 것이 없다. 실은 당신네들이 줄곧 그렇게 해온 줄 알고 있었다."

이상의 내용을 RCA로 설명하면 다음과 같다.

- **첫 번째 Why: 시영정비소에 입고된 차량의 정비대기 시간이 왜 그렇게 긴가?**
  → 필요한 정비부품이 제대로 구비되어 있지 않기 때문이다.
- **두 번째 Why: 필요한 정비부품이 왜 제대로 구비되지 못했는가?**
  → 시청의 보유차량이 각양각색으로서 무려 440종이나 되기 때문이다.
- **세 번째 Why: 시청에서 보유하고 있는 차량이 왜 각양각색인가?**
  → 구매시점에서 가격이 가장 싼 차량을 구입하기 때문이다.
- **네 번째 Why: 구매 담당자는 왜 차량 가격만을 구매기준으로 삼고 있는가?**
  → 그것은 시청 구매본부의 방침이다.
- **다섯 번째 Why: 구매본부는 왜 가격을 유일한 구매기준으로 삼고 있는가?**
  → 그렇게 하지 않으면 감사에서 문제가 생긴다.
- **여섯 번째 Why: 감사원은 왜 구매 가격만을 문제로 삼는가?**
  → 시 법무관이 다른 것을 허용하지 않기 때문이다.
- **일곱 번째 Why: 시 법무관은 왜 구매가격에만 집착하도록 하는가?**
  → 그렇게 요구한 사실이 없다. 객관적으로 납득할 만한 합당한 이유가 있다면 구매기준은 무엇이든 상관이 없다. 우리는 시 당국이 가장 합당한 기준에 따라 구매하고 있는 것으로 생각해 왔다.

이렇게 '왜(Why)'를 반복한 결과 정비 대기시간이 지나치게 길다는 문제의 진정한 원인이 정비부품의 재고관리 문제가 아니라, 차량의 구매 의사결정 기준에 있다는 것을 알 수 있었다.

(2) Why-Why도

① 개요

앞서 설명한 RCA에서는 '왜'라는 질문 하나에 대답도 하나였지만 하나의 문제를 유발하는 잠재적 원인은 여러 개일 수 있다. 이러한 점을 고려하여 'Why-Why도(Why-Why Diagram)'는 RCA를 계통도 형태로 확장한 것이다.

Why-Why도를 설명하기 위해 우체국 통신판매의 예를 생각해 보자. 우체국에서는 각 지역의 특산품과 각종 상품을 우편으로 판매하는 서비스를 제공하고 있다. 이 서비스는 고객이 물건을 사기 위해 직접 상점에 가야 하는 수고를 덜어줄 뿐 아니라 전화 한 통화로 원하는 상품을 우체국의 체인망을 통해 신속히 배송할 수 있다는 장점이 있다. 그러나 종종 주문품이 분실되는 경우가

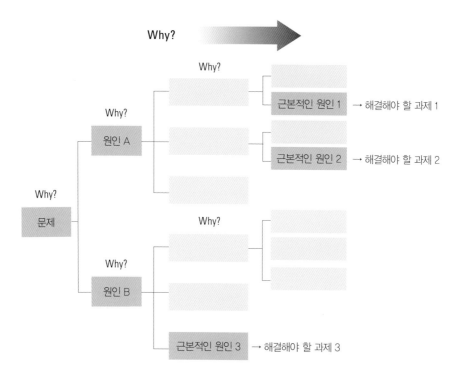

〈그림 9.1〉 Why-Why도의 개념(齋藤嘉則, 1997)

있다. 이러한 문제는 금전적 손해를 발생시키고 우체국 서비스에 대한 소비자들의 불신을 가중시킬 수 있다.

우체국에서는 이러한 피해를 유발하는 주문품 분실문제를 해결하기 위한 원인규명에 나섰다. 〈그림 9.2〉는 이 문제에 대한 원인을 규명하기 위한 가상적 Why−Why도이다.

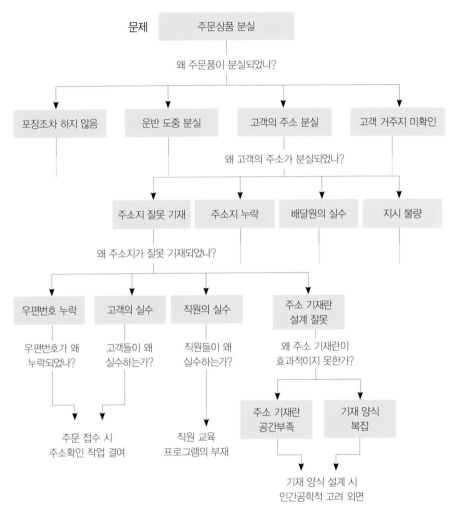

〈그림 9.2〉 통신판매 제품의 분실문제를 분석한 Why−Why도

② 적용사례

　어떤 회사에서는 최근 몇 개월 동안 영업사원 1인당 매출액이 지속적으로 줄어들고 있었다. 〈그림 9.3〉은 이 문제의 원인을 찾기 위해 작성한 Why–Why도이다.

　인당 매출액 감소의 직접적 원인으로는 유통망의 약화, 상품력의 저하, 영업사원의 영업력 저하가 있을 수 있는데 그 중에서도 영업력 저하가 주된 원인으로 생각되었다. 영업력이 저하되는 원인에 대해 다시 조사하였더니 영업사원의 거래선 방문횟수 감소와 1회 방문당 영업성과 저하라는 두 가지가 문제가 지적되었다. 따라서 이 회사는 두 문제를 해결하기 위한 개선활동에 착수하기로 하였다.

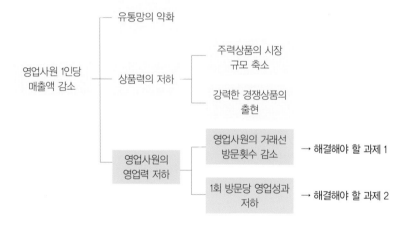

〈그림 9.3〉 매출액 감소의 원인분석을 위한 Why–Why도(齋藤嘉則, 1997 자료를 일부 수정)

(3) How-How도

① 개요

'How-How도(How-How Diagram)'는 품질관리 신7가지 도구 중 하나로 소개한 계통도와 동일하다. How-How도의 특징은 전개를 통해 문제를 논리적으로 이해하는데 목적을 두지 않고, 주어진 목표달성을 위한 구체적 수단을 찾기 위해 사용한다. 정해진 목표달성을 위해 '어떻게(How)'라는 질문을 반복하여 계속 전개함으로써, 목표달성을 위한 구체적인 실천방안들을 도출하고 도출된 방안에 대한 유용성과 현실성을 검토한다.

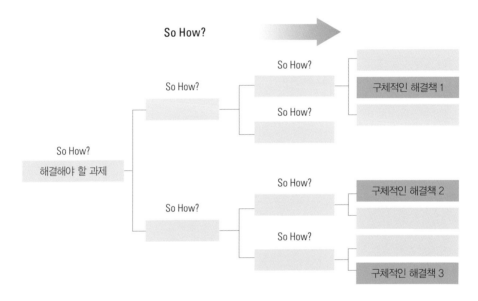

〈그림 9.4〉 How-How도의 개념(齋藤嘉則, 1997)

② 적용사례

〈그림 9.5〉는 '어떻게 하면 살을 뺄 수 있을까' 하는 것을 주제로 작성한 How-How도이다. 여기서는 3차 전개까지만 실시했지만 더 세부적인 방안이 필요하다면 4차, 5차 전개를 실시할 필요가 있다.

〈그림 9.5〉 살 빼는 방법을 찾기 위한 How-How도(齋藤嘉則, 1997 자료를 일부 수정)

(4) 로직트리

'Why-Why도'와 'How-How도'는 모두 로직트리의 한 가지 형태이다. '로직 트리(Logic Tree)'란 분석대상 과제를 'MECE(미시)'의 사고방식에 기초해서 나무 모양으로 분해·정리하는 기술로서, 원인파악이나 해결책을 구체화하는 데 유용하다. 배후에 있는 근본원인을 찾기 위해 사용하는 로직트리를 'Why-Why도'라고 하는 데 반해, 목표달성을 위한 구체적인 수단을 도출하기 위해 사용하는 로직트리를 'How-How도'라고 한다.

로직트리를 이용하여 하부전개를 수행할 때 가능한 한 'MECE 원칙'을 지켜

<〈그림 9.6〉 로직트리의 기본형태(齋藤嘉則, 1997)

야 한다. 'MECE(Mutually Exclusive and Collectively Exhaustive)'란 전체를 부분으로 나눌 때 나누어진 각 부분들이 '서로 중복되지 않으면서(mutually exclusive)', 분류에서 '누락된 부분이 없도록(collectively exhaustive)' 하는 것을 말한다. "중복도 누락도 없어야 한다"는 MECE 원칙이 준수되면 전체를 부분으로 나누어 보더라도 문제가 없다. 따라서 로직트리 작성시 MECE 원칙에 얽매일 필요는 없지만 이 원칙이 잘 지켜질수록 좋은 결과를 얻을 가능성이 높다.

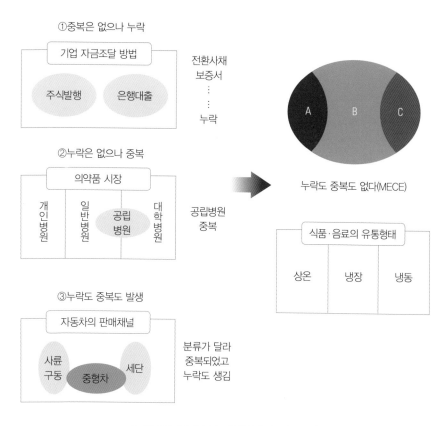

<그림 9.7> MECE의 개념(齋藤嘉則, 1997)

📚 **참고문헌**

- 박영택(2000), 「공공행정 부문 Single PPM 품질혁신」, 대한상공회의소 Single PPM 품질혁신 추진 본부.
- 박영택(2005), 「품질기법 핸드북」, 한국품질재단
- 齋藤嘉則(1997), 「問題解決プロフェッショナル: 思考と技術」, ダイヤモンド社. (서한섭, 이정훈 역 (2009). 「맥킨지식 사고와 기술」, 거름.)

IV부
설계품질의
확보

10장
품질기능전개
(QFD)

전통적으로 품질관리란 불량이나 결함을 줄이기
위한 활동이라고 생각해 왔다. 그러나 무결점(ZD)
이 고객만족을 보장하지 못한다. 현대적 품질경영
에서는 품질이란 '고객을 만족시키는 능력'이라고
정의한다. 따라서 무결점이란 품질의 필요조건이
지 충분조건은 아니다.

Quality is King!

10.1 품질기능전개 개요

(1) 순차적 설계와 동시공학

설계 단계에 지출되는 비용은 총 생애비용(LCC, Life Cycle Cost)의 일부에 불과하지만 설계가 잘못되면 이후 생산 및 사용 등과 같은 하류(下流)에서 발생하는 비용이 급격하게 늘어난다. 〈그림 10.1〉은 제품 라이프사이클의 각 단계에서 설계 변경에 소요되는 비용의 상대적 크기를 개념적으로 나타낸 것인데, 변경 시점이 늦어지면 늦어질수록 그에 소요되는 비용이 기하급수적으로 늘어나는 것을 보여준다.

설계 변경이 일어나는 근본적 이유는 〈그림 10.2〉에 나타낸 바와 같이 조직의 각 부분이 기능별로 업무를 분담하고 기능별 순서에 따라 순차적으로 일을 수행하기 때문이다. 기능별로 업무를 분담하고 순차적으로 업무를 진행하는 것이 논리적으로 타당해 보이지만, 부문 간 보이지 않는 의사소통 장벽 때문에 하류 단계로 내려갈수록 고객의 요구사항이 점점 더 왜곡되는 문제가 발생한다.

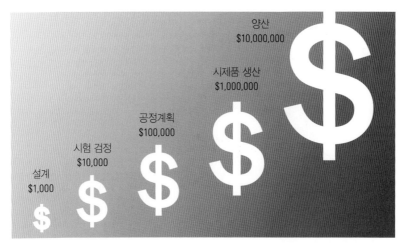

〈그림 10.1〉 제품 라이프사이클 단계별 변경 비용

개념 설계　　　성능 규격　　　설계 규격　　　제조 규격

고객　　　상품 기획　　　개발 설계　　　제조 설계　　　제품 생산

〈그림 10.2〉 의사소통 장벽이 존재하는 순차적 설계

　순차적 설계의 문제점을 극복하기 위해서는 부문 간 의사소통 장벽을 없애야 한다. 의사소통 장벽을 제거하는 가장 확실한 방법은 '순차적' 설계방식 대신 관계자들 모두가 한자리에 모여 함께 의논하는 '병행' 설계를 실시해야 한다. 일반적으로 이러한 병행 설계의 개념을 '동시공학(Concurrent Engineering)'이라고 한다.

　상품기획 부문에서 사용하는 용어와 제품설계 부문에서 사용하는 용어가 다르듯이 업무 기능별로 사용하는 용어부터가 다르다. 따라서 동시공학을 실천하기 위해서는 업무기능이 다른 사람들이 원활하게 의사소통할 수 있는 도구가 필요하다. 이러한 도구가 바로 품질기능전개(QFD)라는 품질기법이다.

상품 기획　　　제품 생산

고객

개발 설계　　　제조 설계

〈그림 10.3〉 동시공학의 개념

(2) 품질기능전개의 효용

'품질기능전개(QFD,Quality Function Deployment)'란 신제품 개념 정립, 설계, 부품계획, 공정계획, 그리고 생산계획과 판매에 이르기까지 모든 단계를 통해 고객의 요구가 최종 제품과 서비스에 충실히 반영되도록 함으로써 고객만족을 실현하려는 방법이다.

QFD의 기본개념은 고객의 요구사항을 제품의 기술특성으로 변환하고, 이를 다시 부품특성과 공정특성, 그리고 생산에서의 구체적인 사양과 활동으로까지 변환하는 것이다. QFD의 전체적인 목적은 신제품의 개발기간을 단축하고 동시에 제품의 품질을 향상시키는 것이다. 이러한 목적을 달성하기 위해 신상품 개발의 초기단계부터 마케팅, 기술 및 생산 부서가 서로 밀접하게 협력해야 한다.

QFD는 1960년대 후반 일본의 아카오요지(赤尾洋二)에 의해 연구되기 시작하여, 1972년 미쓰비시중공업의 고베조선소에서 원양어선 제작에 처음 사용되었다. 엄격한 정부의 규제조항과 고객의 요구사항을 설계과정에서 동시에 고려하기 위한 수단으로 미쓰비시의 기술자들이 사용했던 행렬형태의 도표가 QFD

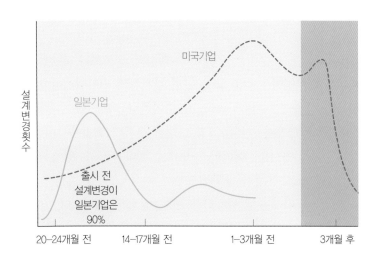

〈그림 10.4〉 일본 자동차 업체와 미국 자동차 업체의 설계변경 비교

의 시초가 되었다. 1970년대 중반부터 도요타와 그 부품업체들에 의해 QFD는 더욱 발전되었다. 도요타는 QFD의 사용을 통하여 1977년부터 1984년 사이에 생산 직전 단계까지의 비용을 60% 가량 절감하였으며, 시장 출고까지의 기간도 3분의 1 가량 단축하였고, 제품의 품질 또한 향상시킬 수 있었다.

품질기능전개가 전 세계적으로 널리 알려지게 된 계기는 1988년 MIT의 하우저(J.R. Hauser) 교수 등이 「하버드 비즈니스 리뷰」에 '품질주택(The House of Quality)'이라는 제목의 논문을 통해 품질기능전개를 소개한 것이었다.

〈그림 10.4〉는 이 논문에 소개된 것인데 일본 자동차업체와 미국 자동차업체의 설계변경 횟수와 기간을 비교한 것이다. 일본 업체는 미국 업체보다 설계변경 횟수가 상당히 적지만 이보다 더 중요한 것은 설계변경이 훨씬 더 상류에서 이루어진다는 점이다. 설계변경 시점이 하류로 갈수록 변경에 소요되는 비용이 기하급수적으로 증가한다는 것은 〈그림 10.1〉을 통해 이미 설명한 바 있다.

10.2 품질주택(HOQ)

품질주택(HOQ) 또는 품질표란 QFD의 핵심적 부분이다. 특히 신제품 개발 시 각기 고유한 업무영역을 갖고 있는 관련 부서간의 커뮤니케이션을 촉진하여 효과적이고 체계적인 논의가 가능하도록 도와준다. 예를 들어, 신제품 개발을 위해 최고경영자와 마케팅, 기술, 그리고 생산 부서의 책임자들이 한자리에 모였다면, 이들은 무엇에 관해 어떠한 방법으로 이야기할 수 있을 것인가? 바로 여기에서 HOQ가 그 유용성을 발휘하게 된다.

다음은 제품계획 단계에서 사용되는 HOQ에 대한 설명이다. 〈그림 10.5〉와 같이 HOQ는 주택모양을 하고 있으며 구체적인 작성절차는 아래와 같다. (다음 설명문의 번호는 〈그림 10.5〉 내의 번호와 일치하므로 대조하면서 읽으면 이해가 빠르다.)

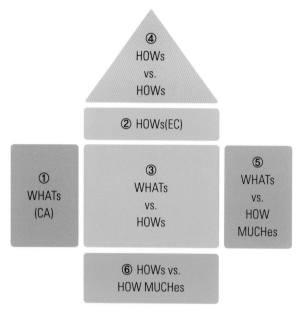

〈그림 10.5〉 HOQ의 구조

① 고객 요구속성(CA, Customer Attributes)

HOQ의 왼쪽에 위치하고 이 부분은 "무엇을(What)을 설계에 반영할 것인가?"를 나타낸다. 여기서 반영해야 할 그 '무엇(What)'은 '고객의 요구속성(CA)'이다. CA를 '고객의 소리(VOC, Voice of Customer)' 또는 '요구품질'이라고도 한다. 고객의 요구속성들의 중요도가 모두 동일한 것은 아니므로 CA의 오른쪽 옆에는 이들의 '상대적 중요도'를 표시하는 별도의 칸이 있다.

CA는 고객이 사용하는 언어로 표현되기 때문에 정성적이며 모호한 경우가 많다. 이들 정보는 설문조사, 개별면담, 전시회 참가, 계획된 실험 등 여러 가지 방법을 통해 얻을 수 있다. 이 단계는 QFD의 활용에 있어 매우 중요하며 전체 노력의 절반 가량이 이와 같이 고객집단을 규정하고 그들의 요구사항을 추출하는 데 소요된다.

② 기술특성(EC, Engineering Characteristics)

HOQ의 위쪽에 위치하고 있는 이 부분은 '고객 요구속성(CA)을 어떻게 (How) 반영할 것인가?'를 나타낸다. 여기서 반영하는 방법인 '어떻게(How)'는 적어도 하나 이상의 CA에 영향을 미치는 '기술특성(EC)'을 말한다. 이 기술특성들은 설계자가 결정할 수 있는 변수들이기 때문에 '설계특성(DC, Design Characteristics)'이라고도 한다. CA와 달리 EC는 제품이 완성된 후 정량적으로 측정할 수 있는 것으로서 제품에 대한 고객의 인식에 직접 영향을 주는 것이라야 한다. 일본사람들은 이 기술특성이 고객의 요구사항을 대변한다고 해서 '대용(代用)특성'이라고도 한다.

③ CA와 EC의 관계

HOQ의 몸체인 이 부분은 '무엇(What)과 어떻게(How)의 관계', 즉 'CA와 EC의 관계'를 나타내는 행렬이다. 이 행렬의 내부 요소들은 CA와 EC간의 상관관계(양, 음)와 상관강도(강, 약)를 표시한다. 이와 같은 관계도의 작성은 CA와 EC의 설정이 적절히 되었는지 점검하는 기회를 제공하기도 한다. 즉, 비어 있는 행이나 열이 있다면 이것은 CA나 EC의 설정에 문제가 있음을 나타낸다. 예를 들어 비어 있는 열은 중요한 CA의 누락 또는 의미 없는 EC의 포함 등을 나타내는 것이다.

④ EC 간의 상호관계

HOQ의 지붕에 해당하는 부분에는 '어떻게(How)와 어떻게(How)의 상호관계', 즉 'EC들 간의 상호관계'를 나타낸다. 이 상호관계에는 한 가지 기술적 특성(EC)을 개선하면 다른 특성(EC)이 악화되는 '상충관계'가 포함될 수 있다. 상충관계는 '기술적 모순'이라고도 하는데, 예로서 "강도를 개선하고자 하면 무게가 무거워진다"는 것을 들 수 있다. 이러한 상충관계를 근본적으로 해결할 수 있다면 획기적인 품질향상이 이루어지기 때문에 잠재적인 연구개발의 기회가 되기도 한다.

⑤ 고객 인지도 비교

HOQ의 오른쪽에 위치한 이 부분은 "무엇(What)이 얼마만큼(How Much) 충족되고 있는가?", 즉 'CA의 충족정도'를 나타낸다. 여기서는 앞서 도출한 CA 별로 자사제품과 경쟁제품들에 대한 고객 인지도를 비교한다. 이것은 설계자의 판단이 아니라 고객이 내린 평가를 토대로 작성되기 때문에 필요한 자료는 주로 고객설문을 통해 얻는다. 대개의 경우 고객 평가는 5점 척도로 표현된다.

⑥ EC값 비교 및 목표설정

HOQ의 아래쪽에 위치한 이 부분은 "어떻게(How)라는 부분을 얼마만큼(How Much) 충족시킬 것인가?", 즉 'EC의 충족수준'을 나타낸다. 이 부분에는 자사제품 및 주요 경쟁제품에 대한 현재의 EC값들이 기록된다. 이 자료는 대개의 경우 실제 제품의 EC값 측정을 통해 얻을 수 있다. 또한 그 아래쪽에는 EC의 목표치가 기록된다. EC의 목표치는 앞서 작성된 HOQ의 모든 정보를 이용하여 설계되는 제품이 고객의 요구사항을 가장 잘 만족시킬 수 있도록 정해진다. 앞서 실시한 CA와 EC 간의 연관관계의 강도와 각 CA의 상대적인 중요도를 곱하여 각 EC별로 가중합(weighted sum)이 산출된다. 높은 가중합을 가진 EC들이 중요한 기술특성으로 간주되며 이들의 목표수준 설정에 초점이 맞추어진다. 이 단계에서는 EC 상호간의 관계도 고려되어야만 한다.

10.3 HOQ 적용사례

다음은 자동차 문짝(door)의 품질향상을 위한 QFD의 적용사례를 통해 HOQ의 작성과정을 설명하고 있다.

① 고객 요구속성(CA)

이 단계는 크게 고객집단의 정의, 고객 요구속성의 수집 및 분류, 요구속성의 중요도 설정으로 나누어진다. 고객의 요구속성을 수집하는 절차는 요구의 유도, 요구의 예상, 요구의 검증과 타당성의 확인 단계로 나누어진다. 수집된 요구속성의 원시정보는 간결하고도 명확한 표현의 언어정보로 변환한 다음 친화도 등을 통해 2~4차 정도 하부로 전개하여 구체화한다. 구체화된 각 요구속성이 도출되고 나면 각각의 요구속성에 대한 상대적인 중요도를 결정한다.

일반적으로 고객의 요구는 '훌륭한 맵시'나 '좋은 승차감' 등과 같이 정성적이고 주관적이다. 이러한 고객 요구속성을 설계에 반영하기 위해서는 기술적인 설계특성으로 변환해야 한다. 이를 위해서는 〈표 10.1〉에 나타낸 것처럼 고객 요구속성을 '전개'해야 한다. 품질분야에서 '전개(deployment)'란 상위 목적을 달성하기 위한 구체적인 하위 수단들을 찾는 것을 말한다.

고객 요구속성의 도출 결과는 〈그림 10.6〉에서와 같이 HOQ의 왼쪽에 나타

〈표 10.1〉 자동차 문짝에 대한 고객 요구속성의 전개

1차	2차	3차	
뛰어난 조작성과 사용성	개폐 용이성	·바깥에서 닫기 쉬움 ·언덕 위에서도 열린 상태 유지 ·바깥에서 열기 쉬움	·문짝이 다시 튀어 나오지 않음 ·안에서 닫기 쉬움 ·안에서 열기 쉬움
	차단성	·비가 새지 않음 ·도로소음의 차단 ·세차 시 물이 새지 않음 ·바람소리 차단	·문이 열려 있을 때 빗방울이나 눈이 차 안으로 들어오지 않음 ·덜컹거리지 않음
	팔걸이	·부드럽고 편안함 ·위치가 맞음	
근사한 외관	내장 처리	·자재 색상이 바래지 않음 ·매력적임(플라스틱처럼 보이지 않음)	
	청결성	·청소가 쉬움 ·문짝에서 윤활제가 묻어나오지 않음	
	적합성	·연결패널 사이의 간격이 일정함	

낸다. 일반적인 적용사례들에서는 30~100가지의 속성이 포함되지만, 본 예에서는 '닫기 쉬움', '언덕에서도 열린 상태의 유지', '비가 새지 않음', '소음의 차단' 등과 같은 몇 가지만을 나열하였다

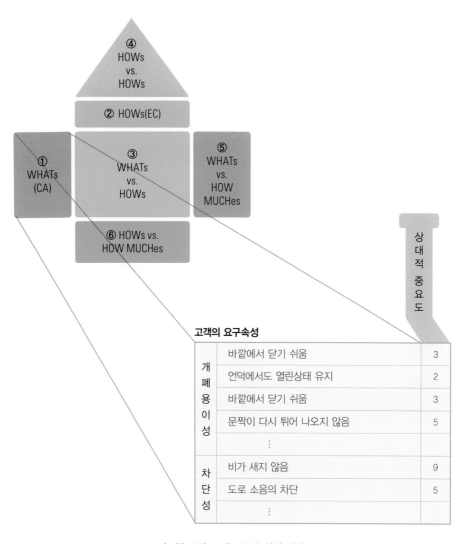

〈그림 10.6〉 고객 요구속성의 결정

② 기술특성(EC)

고객의 요구속성을 구체적으로 어떻게 구현할 것인가를 결정하기 위해 기술 팀은 고객의 요구속성을 기술특성으로 변환해야 한다. 예를 들면 '소음 차단'이 라는 고객의 요구속성으로부터 도출될 수 있는 기술특성은 '밀폐성'과 '도로소 음 감소' 등이 된다. 도출된 기술특성들은 유사한 것끼리 분류되어 〈그림 10.7〉 에서와 같이 HOQ의 위쪽에 위치하게 된다. 기술특성 아래 표시된 '↑' 또는 '↓' 기호는 그 기술특성을 증가 또는 감소시키는 것이 바람직하다는 것을 의미한다.

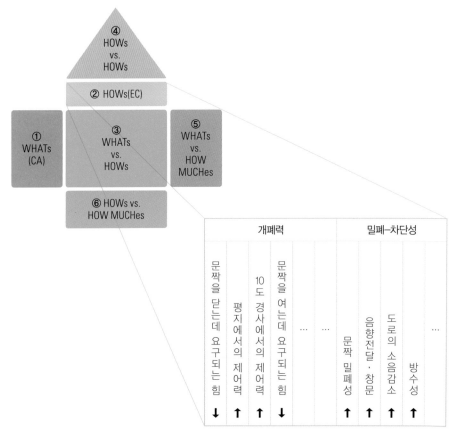

〈그림 10.7〉 기술특성의 결정

③ CA와 EC의 관계

이 단계에서는 각 기술특성이 고객의 요구속성에 미치는 영향을 평가하여 HOQ의 몸통 부분에 표시하게 되는데, 설계팀은 전문가와 고객의 의견, 실험 및 통계분석 자료 등을 이용하여 그 관계를 도출한다. 일반적으로 기술특성과 고객 요구속성의 상관관계와 강도를 나타내기 위해서 숫자나 기호를 사용한다. 본 예에서는 양의 관계에는 플러스(+), 음의 관계에는 마이너스(–) 표시를 하였다. 또한 강한 상관관계에는 진하게 '+', '–' 기호를 표시하였다. 예를 들어 〈그림 10.8〉에서 '바깥에서 문을 닫기 쉬워야 한다'는 고객의 요구속성과 '문을 닫는데 요구되는 힘을 줄인다'는 기술특성은 강한 양의 관계를 나타낸다.

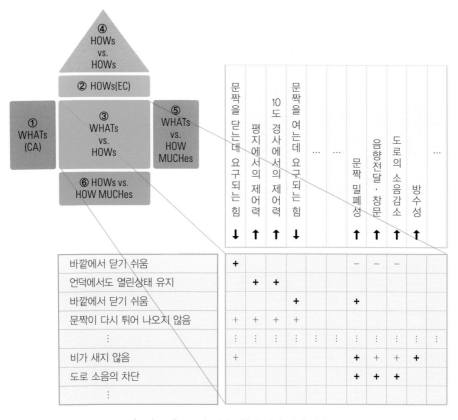

〈그림 10.8〉 요구속성과 기술특성의 관계 결정

④ EC 간의 상호관계

고객 요구속성의 충족을 위해 어떤 하나의 기술특성을 변경하였을 경우, 이것이 다른 기술특성들에 어떤 영향을 줄 것인가? 예를 들어, 파워 윈도우의 모터를 작게 하면 문의 무게가 가벼워져 문을 닫는데 요구되는 힘은 감소하지만, 유리창을 오르내리는 속도가 느려지는 문제가 발생한다. 이와 같이 HOQ의 지붕에 위치한 관계도는 기술특성 간의 상관관계를 나타낸다. 파워 윈도우 모터의 예에서와 같이 기술특성들 간에 모순이 발생할 경우에는 상호절충(trade-off)을 하거나 모순을 근본적으로 해결하기 위한 혁신적 해결책을 찾아야 된다. 이와 같이 기술특성 간의 상호관계는 설계자에게 중요한 정보를 제공한다.

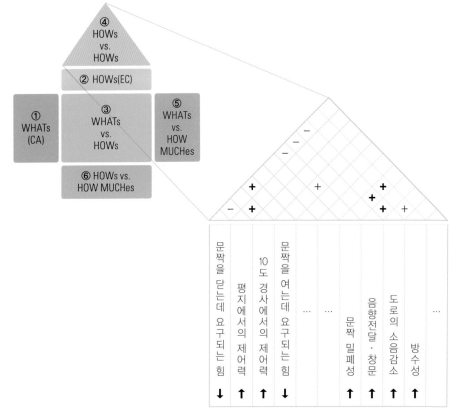

〈그림 10.9〉 기술특성들 상호간의 관계 결정

⑤ 고객 인지도 비교

경쟁우위를 확인하기 위해서 〈그림 10.10〉과 같이 자사제품과 경쟁사 제품에
대한 고객 인지도를 비교한다. 이러한 비교 정보는 HOQ의 오른쪽에 표시된다.
마케팅 분야에서는 이것을 '지각지도(perceptual map)'라고 하는데, 제품의 전
략적 위치를 확인하기 위해 자주 사용한다. HOQ에 지각지도를 접목함으로써
품질요소들을 기업의 전략적 관점과 연결시킬 수 있다.

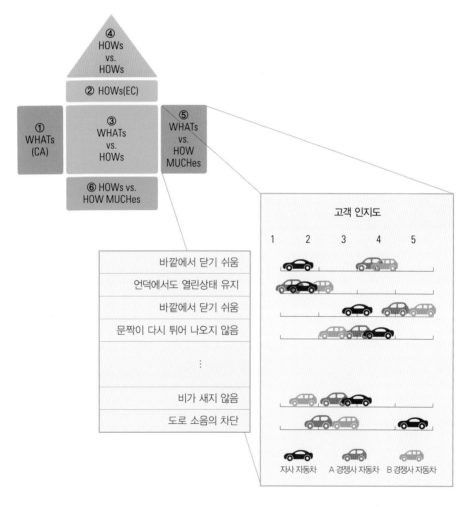

〈그림 10.10〉 경쟁사에 대비한 고객의 인지도 결정

⑥ EC값 비교 및 목표설정

자사와 경쟁사 제품에 대한 기술특성의 비교 정보는 HOQ 아래쪽에 표시된다. 고객 요구속성과 그 중요도, 기술특성과 그들 간의 상호관계, 고객 요구속성과 기술특성의 관계, 고객 인지도, 각 기술특성에 대한 비교수준과 그 중요도, 고객불만 정보, 마케팅 정보, 기술적 난이도, 비용 추정치 등과 같은 여러 사항을 함께 고려하여 가능한 범위 내에서 고객의 요구를 최대한 만족시킬 수 있도록 기술특성의 목표치를 설정한다.

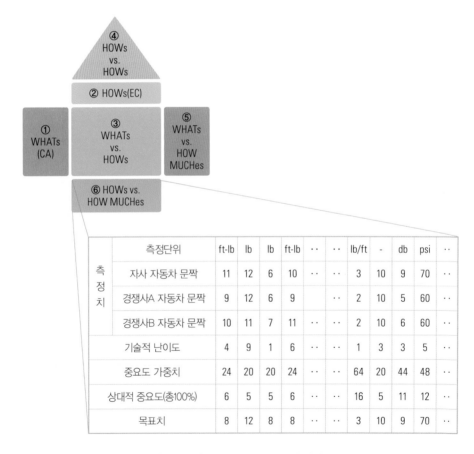

	측정단위	ft-lb	lb	lb	ft-lb	··	··	lb/ft	-	db	psi	··
측정치	자사 자동차 문짝	11	12	6	10	··	··	3	10	9	70	··
	경쟁사A 자동차 문짝	9	12	6	9	··	··	2	10	5	60	··
	경쟁사B 자동차 문짝	10	11	7	11	··	··	2	10	6	60	··
기술적 난이도		4	9	1	6	··	··	1	3	3	5	··
중요도 가중치		24	20	20	24	··	··	64	20	44	48	··
상대적 중요도(총100%)		6	5	5	6	··	··	16	5	11	12	··
목표치		8	12	8	8	··	··	3	10	9	70	··

〈그림 10.11〉 EC값 비교 및 목표치 결정

지금까지 설명한 과정을 모두 거치면 〈그림 10.12〉와 같이 HOQ가 완성된다.

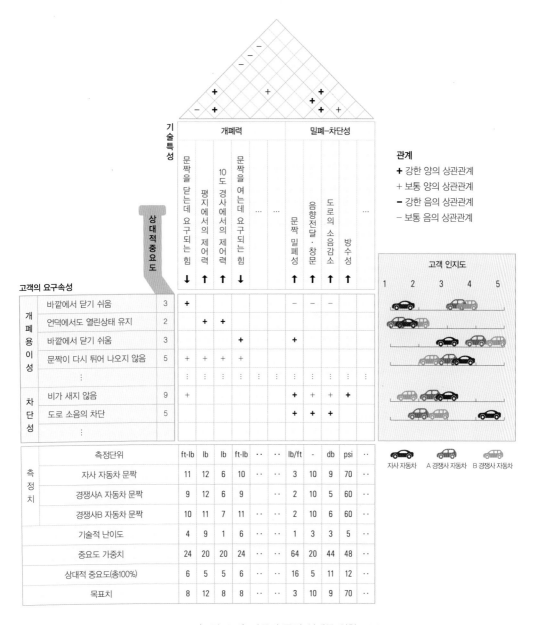

〈그림 10.12〉 자동차 문짝 설계를 위한 HOQ

📖 참고문헌

- 박영택(1997), "품질기능전개의 확장에 대한 연구", 품질경영학회지, 25권 4호, pp.27-49.
- 박영택(2013), "품질기능전개: 품질 목표, 무결점이 아니다", 품질경영, 6월호, pp.78-81.
- 赤尾洋二(2005),「品質展開入門」, 日科技連出版社.
- 大藤正, 赤尾洋二, 小野道照(1990),「品質展開法(1)」, 日科技連出版社.
- 大藤正, 赤尾洋二, 小野道照(1990),「品質展開法(2)」, 日科技連出版社.
- Akao, Y.(1997), "QFD: Past, Present, and Future", Proceedings of the International Symposium on QFD.
- Hauser J. R. and Clausing D.(1988), "The house of quality", Harvard Business Review, May-June, pp.63-73.
- Hauser, J. R.(1993), "How Puritan-Bennett used the house of quality", Sloan Management Review, Spring, pp. 61-70.

11장
당연적 품질과 매력적 품질

오늘날 대부분의 소비자들은 상품의 미비한 부분에 대해서는 불만을 가지면서도 충분한 경우에는 당연하다고 여기고 별다른 만족감을 갖지 않는 경향이 있다. 이에 반해 기대하지도 않았던 다른 어떤 특성이 제공될 때 크게 만족하고 기뻐하지만, 그것이 제공되지 않는다고 해도 별 불만을 느끼지 않는다. 이것은 물리적 충족도와 주관적 만족도가 비례하지 않는다는 것을 보여준다. 일본 동경이과대학의 교수였던 카노는 이러한 개념을 당연적 품질과 매력적 품질로 정리하였다.

Quality is King!

11.1 카노모델

(1) 품질의 이원적 인식

'동기-위생 이론'으로 널리 알려진 허즈버그(F. Herzberg)의 연구에 의하면 직무에 만족을 주는 요인과 불만족을 유발하는 요인은 별개이다. 기업 정책이나 작업조건 등과 같은 직무의 환경적 요인이 나쁘면 불만족을 초래하지만 이것이 개선된다고 해서 직무만족이 창출되지는 않는다. 반면, 성취감이나 역량개발 등과 같은 직무의 내재적 요인이 충족되면 만족도가 높아지지만 이러한 것들이 충족되지 않는다고 해서 불만족이 초래되지 않는다.

즉, 직무만족을 창출하는 동기요인(motivator)과 불만족을 유발하는 위생요인(hygiene factor)이 다르다는 것이다. 여기서 '위생'이라는 용어가 사용된 것은 의학에서 위생이란 말이 예방적인 의미와 환경적인 의미를 갖고 있기 때문이다.

직무만족에 대한 이러한 이원적(二元的) 인식이 상품이나 서비스의 만족에 영향을 주는 품질에도 적용되지 않을까? 이러한 생각을 가장 먼저 한 사람은 일본 동경이과대학에 재직하였던 카노(狩野紀昭, Kano Noriaki) 교수였다.

품질에 대한 전통적 정의가 표현상의 차이는 있지만 대개 '요구조건의 충족'이라는 객관적 측면과 '사용자 만족'이라는 주관적 측면 중 하나를 따르고 있다. 이러한 생각의 이면에는 요구조건에 대한 물리적 충족도가 높을수록 주관적인 만족도도 높아질 것이라는 생각이 자리잡고 있다. 이것은 물리적 충족도와 주관적 만족도의 관계가 선형적(일차원적) 비례관계라는 것이다. 그러나 만약, '동기-위생 이론'의 개념이 품질에도 적용된다면 무엇이든지 많이 충족시켜 줄수록 만족도가 더 높아질 것이라는 막연한 생각이 잘못된 것이라는 것을 알 수 있다.

(2) 품질특성의 종류

허즈버그의 '동기–위생(M–H) 이론'에서 착상을 한 카노 교수는 품질특성을 다음과 같이 분류하였다.

(i) 매력적 품질특성(A, Attractive quality attribute)

동기요인에 대응하는 품질특성으로서 충족이 되면 만족을 주지만 그렇지 않더라도 불만족을 유발하지 않는 요인을 말한다. 일반적으로 고객은 이러한 품질특성의 존재를 모르거나 기대하지 못했기 때문에 충족이 되지 않더라도 불만을 느끼지 않는다. 예를 들어 스마트폰에 자동차 키나 집 열쇠 등으로 쓸 수 있는 만능 키(key) 기능이 들어 있다고 가정해 보자. 만약 이러한 기능이 제공된다면 고객의 만족도가 높아지겠지만 그렇지 않다고 해서 불만이 초래되는 것은 아닐 것이다. 이 경우 스마트폰의 만능 키 기능은 매력적 품질특성이 된다.

(ii) 일원적 품질특성(O, One–dimensional quality attribute)

종래의 일원적 품질인식이 적용되는 품질특성으로서 충족이 되면 만족, 충족이 되지 않으면 불만을 일으키는 특성을 말한다. 스마트폰의 배터리 용량과 같이 충족도가 올라갈수록 만족도도 따라서 증가하는 요인은 일원적 품질특성이 된다.

(iii) 당연적 품질특성(M, Must–be quality attribute)

위생요인에 대응하는 품질특성으로서 충족이 되면 당연한 것으로 받아들이기 때문에 별다른 만족감을 주지 못하는 반면, 충족이 되지 않으면 불만을 일으키는 특성을 말한다. 예를 들어 스마트폰의 경우 통화 연결이 잘 되면 당연한 것으로 생각하지만 그렇지 않으면 크게 불만족할 것이다. 이 경우 스마트폰의 통화 연결성은 당연적 품질특성이 된다.

〈그림 11.1〉은 이상과 같은 품질의 이차원적 인식을 나타낸 것이다. 이

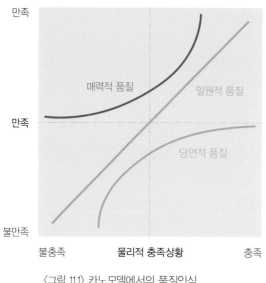

<그림 11.1> 카노모델에서의 품질인식

러한 3가지 주요한 품질특성 외에도 다음과 같은 두 가지 특성이 더 존재할 수 있다.

(iv) 무관심 품질특성(I, Indifferent quality attribute)

충족 여부가 만족과 불만족에 영향을 미치지 않는 특성을 말한다. 예를 들어 스마트폰 화면에 3D 기능이 있더라도 사용자들이 이를 사용할 필요성을 느끼지 못한다면 이 기능은 무관심 품질특성이 된다.

(v) 역(逆)품질특성(R, Reverse quality attribute)

충족이 되면 오히려 불만을 일으키고, 충족이 되지 않으면 만족하는 요인으로서 일원적 특성에 반대되는 요인을 말한다. 예를 들어 스마트폰의 화면을 측면에서도 쉽게 볼 수 있도록 화면 인지각도를 넓힌다고 가정해 보자. 그러나 고객은 주변의 다른 사람들이 쉽게 자신의 화면을 엿볼 수 있기 때문에 사생활이 침해받는다고 생각할 수 있다. 이 경우 화면 인지각도가 넓으면 넓을수록 오히려 고객 불만이 커지기 때문에 역(逆)품질특성이 된다.

(3) 품질특성의 분류방법

카노는 품질특성을 분류하기 위한 설문지 조사법을 제시하였다. 설문지의 모든 문항은 긍정적 질문과 부정적 질문의 짝으로 되어 있다. 예를 들어 스마트폰의 인터넷 접속 속도가 어떤 품질특성인지 알아보기 위한 질문은 다음과 같은 한 쌍의 질문으로 구성된다.

Ⅰ. 만약, 스마트폰의 인터넷 속도가 빠르다면 어떤 느낌이 들겠습니까?
   ① 마음에 든다.
   ② 당연하다.
   ③ 아무런 느낌이 없다.
   ④ 하는 수 없다.
   ⑤ 마음에 안 든다.

Ⅱ. 만약, 스마트폰의 인터넷 속도가 느리다면 어떤 느낌이 들겠습니까?
   ① 마음에 든다.
   ② 당연하다.
   ③ 아무런 느낌이 없다.
   ④ 하는 수 없다.
   ⑤ 마음에 안 든다.

이상과 같은 한 쌍의 질문 중 "만약 인터넷의 속도가 빠르다면 어떤 느낌이 들겠습니까?"라는 긍정적(또는 충족) 질문에 '마음에 든다'라는 답변을 선택하고, "만약 인터넷의 속도가 느리다면 어떤 느낌이 들겠습니까?"라는 부정적(또는 불충족) 질문에 '마음에 안 든다'라는 답변을 선택하였다면, 인터넷의 속도가 빠를수록 만족도가 높아진다는 의미이므로 일원적 품질특성으로 분류되어야 한다.

〈표 11.1〉은 이러한 분류를 위한 평가표이다. '인터넷 속도'의 경우 "속도가 빠르다면?" 이라는 긍정적 질문에는 "①마음에 든다"라고 답하고, "속도가 느리다면?"이라는 부정적 질문에 "⑤마음에 안든다"라고 답을 할 때, 〈표 11.1〉에서 이 답변에 해당하는 칸에는 일원적 품질을 의미하는 'O'가 표시된 것을 볼 수

〈표 11.1〉 품질속성 분류를 위한 평가이원표

불충족		부정적 질문에 대한 대답					
		① 마음에 든다	② 당연 하다	③ 아무런 느낌이 없다	④ 하는 수 없다	⑤ 마음에 안 든다	⑥ 기 타
충족	① 마음에 든다	S	A	A	A	O	
긍정적 질문에 대한 대답	② 당연하다	R	I	I	I	M	
	③ 아무런 느낌이 없다	R	I	I	I	M	
	④ 하는 수 없다	R	I	I	I	M	
	⑤ 마음에 안 든다	R	R	R	R	S	
	⑥ 기타						

[범례] 기호의 설명

O(일원적 평가) – 충족되면 만족, 불충족되면 불만을 느낀다.

A(매력적 평가) – 충족되면 만족, 불충족되면 $\begin{cases} 하는\ 수\ 없다 \\ 아무런\ 느낌이\ 없다 \\ 당연하다 \end{cases}$

M(당연적 평가) – 충족되면 $\begin{cases} 당연하다 \\ 아무런\ 느낌이\ 없다 \\ 하는\ 수\ 없다 \end{cases}$, 불충족되면 불만을 느낀다.

I(무관심 평가) – 충족되든 불충족되든 불만이나 만족을 느끼지 않는다.
R(역 평가) – 충족되면 오히려 불만을 느끼고 불충족되면 만족한다.
S(회의적 대답) – 일반적인 평가로서는 생각할 수 없는 회의적(sceptical) 답변.

있다.

역품질 'R'의 경우 일원적 품질과 움직이는 방향이 반대이므로 긍정적 질문이 부정적 질문이 되도록(또한, 부정적 질문이 긍정적 질문이 되도록) 질문의 표현을 바꾸면 일원적 품질로 분류가 된다. 앞서 예로 든 스마트폰 화면인지 각도의 경우, "만약 스마트폰의 화면 인지각도가 넓다면 어떤 느낌이 들겠습니까?"라는 긍정적 질문을 "만약 스마트폰의 화면 인지각도가 좁다면 어떤 느낌이 들겠습니까?"라는 형태로 바꾸면 역품질로 분류된 특성이 일원적 품질로 바뀌게 된다.

회의적(sceptical) 품질 'S'는 '이럴 경우 마음에 든다'라는 답변과 아울러 '그 반대의 경우도 마음에 든다'(또는 '이럴 경우 마음에 안 든다'라는 답변과 아울러 '그 반대의 경우도 마음에 안 든다')고 답한 것이기 때문에 이해하기 힘든 응답을 말한다. 응답자가 불성실하게 답변했거나 질문 방법이 잘못되어 응답자가 질문의 내용을 이해하지 못할 경우 이러한 결과가 나올 수 있다.

카노모델을 적용할 경우 동일한 품질요소에 대한 사람들의 평가가 각기 다를 수 있다. 예를 들어 곡면 스마트폰의 경우 동영상을 많이 보는 사람은 화면 몰입도가 높기 때문에 이를 '매력적' 특성이라고 대답할 수 있다. 그러나 스마트폰으로 동영상을 거의 보지 않는 사람들의 경우에는 이것에 '무관심'하거나 아니면 주머니에 넣으면 몸에 밀착되지 않는다는 이유로 '역품질'로 평가할 수 있다. 따라서 카노모델에서는 가장 많은 응답자들이 선택한 유형을 해당 품질의 대표 특성이라고 분류한다.

예를 들어 스마트폰의 곡면 디스플레이의 경우 100명의 응답자 중 40명이 매력적, 39명이 무관심, 21명이 역품질로 평가했다면 카노모델에서는 이를 매력적 품질특성으로 분류한다. 그러나 응답 빈도수의 차이가 단 1%(100명 중의 한 사람)인데 이렇게 분류하는 것이 통계적으로 의미가 있을까? 전체 응답자 수가 매우 많지 않다면 1%의 차이는 통계적으로 의미가 없다. 응답 최빈값만 사용하는 이러한 문제를 해결하기 위해 나온 것이 '범주강도'의 개념이다.

Lee와 Newcomb(1997)은 최빈(最頻)값의 비율과 그 다음으로 많은 차빈(次頻)값의 비율 차이를 '범주강도(CS, Category Strength)'라고 정의하였다. 그들은 최빈값과 차빈값의 차이가 대략 6% 이상일 때만 통계적으로 유의하다고 볼 수 있으므로, 범주강도가 6% 이하면 '혼합(C, combination)' 특성으로 분류하였다. 앞서 예로든 곡면 디스플레이의 경우 범주강도가 1%이므로 '매력적' 특성과 '무관심' 특성이 혼합된 것으로 볼 수 있다.

(4) 카노모델 적용사례

스마트폰의 품질특성을 파악하기 위해 국내 스마트폰 제조업체들의 홈페이지 게시판과 안티 홈페이지 등 8곳을 방문하여 고객의 목소리(VOC)를 수집하였다. 이들 중 유사한 VOC들을 묶어서 분류한 결과 다음과 같은 21가지 품질특성을 도출할 수 있었다.

- 통신료 : 통신서비스 이용요금
- 통화 연결성 : 전화가 끊어지지 않고 잘 연결되는 정도
- 배터리 용량 : 한 번 충전으로 사용 가능한 시간
- 메모리 용량 : 그림, 동영상 등의 파일 저장공간의 크기
- 화질 : 스마트폰 화면의 색조나 선명도 등의 화질
- 두께 : 스마트폰의 두꺼운 정도
- 무게 : 스마트폰의 무거운 정도
- 통화 안정성 : 통화가 임의로 잘 끊어지지 않는 정도
- 인터넷 속도 : 스마트폰으로 웹 접속 시 연결 속도
- 카메라 해상도 : 스마트폰에 내장된 카메라의 해상도
- 음질 : 오디오 또는 동영상 소리의 질
- 배터리 안전성 : 배터리 과열로 인한 화재나 폭발 가능성의 정도
- 기기 내충격성 : 내충격성이 크면 떨어뜨려도 잘 파손되지 않음
- 보안성 : 악성코드 감염, 개인정보 유출 및 악용 방지
- 전자파 차단 : 스마트폰에서 방출되는 전자파가 차단되는 정도
- 음성인식 기능 : 음성으로 원하는 작업을 수행할 수 있는 범위

- 앱 다양성 : 앱 스토어에서 검색 가능한 프로그램의 다양한 정도
- 앱 구동속도 : 응용 프로그램이 빠르게 실행되는 정도
- 앱 구동안정성 : 애플리케이션 사용 중에 임의로 작동이 멈추지 않음
- 다중작업 기능 : 웹 서핑 중에 문자메시지나 다른 앱 등의 동시 사용이 가능
- 3D 기능 : 사물이 입체적으로 보이는 실감영상 기능

이 21가지 품질특성의 분류를 위해 서울 및 경기 지역의 대학생 331명을 대상으로 설문조사를 실시하였다. 〈표 11.2〉는 설문 참여자에 대한 정보이다.

〈표 11.2〉 스마트폰 품질특성 분류를 위한 설문 응답자 정보

전체 응답자	남성	여성	스마트폰 사용시간			
			1시간 미만	1~2시간	2~3시간	3시간 이상
331	234 (71%)	97 (29%)	48 (14%)	58 (18%)	67 (20%)	158 (48%)

331명의 설문 응답자 중 남성이 234명(71%), 여성은 97명(29%)이었다. 스마트폰을 하루 3시간 이상 사용하는 사람이 응답자의 절반에 가까운 48%로 나타났다. 또한 2~3시간 사용이 20%, 1~2시간 사용이 18%, 그리고 1시간 미만 사용은 14%로 나타났다.

〈표 11.3〉의 분류 결과를 보면 응답자들은 '통화 연결성', '통화 안정성', '배터리 안전성', '보안성', '앱 구동 안정성', '다중작업' 등과 같은 안전 및 통신의 기본기능들은 모두 당연적 품질이라고 평가하였다. 여기서 '당연하다'는 의미는 아무렇게나 해도 좋다는 것이 아니라 충족되지 않는다면 큰 불만이 야기된다는 것을 의미한다.

'카메라 해상도'는 매력적 특성으로 분류되었는데 이 설문의 조사 당시 내장 카메라의 해상도가 좋은 스마트폰이 시장에서 인기를 끌고 있었다. 이것은 품질특성의 분류 결과와 부합하는 것이다. 또한 '3D 기능'과 '음성인식 기능'은 무관심 특성으로 분류되었는데 이 특성들은 다음에 설명할 '품질의 동태성' 관점에서 향후 매력적 품질로 바뀔 가능성을 배제할 수 없다.

<表 11.3> 스마트폰 품질특성의 분류 결과

품질요소	매력적	일원적	당연적	무관심	역품질	회의적	합계	분류
통신료	85 (25.7%)	104 (31.4%)	115 (34.7%)	25 (7.6%)	1 (0.3%)	1 (0.3%)	331	C(M/O)
통화 연결성	16 (4.8%)	65 (19.6%)	221 (66.8%)	25 (7.5%)	2 (0.6%)	2 (0.6%)	331	M
배터리 용량	107 (32.4%)	149 (45.0%)	56 (16.9%)	18 (5.4%)	0 (0%)	1 (0.3%)	331	O
메모리 용량	110 (33.2%)	105 (31.7%)	40 (12.1%)	75 (22.7%)	1 (0.3%)	0 (0%)	331	C(A/O)
화질	67 (20.2%)	156 (47.1%)	74 (22.4%)	33 (10.0%)	1 (0.3%)	0 (0%)	331	O
두께	122 (36.9%)	109 (32.9%)	40 (12.1%)	58 (17.5%)	0 (0%)	2 (0.6%)	331	C(A/O)
무게	130 (39.3%)	119 (36.0%)	27 (8.2%)	51 (15.4%)	3 (0.9%)	1 (0.3%)	331	C(A/O)
통화 안정성	19 (5.7%)	80 (24.2%)	207 (62.5%)	22 (6.6%)	1 (0.3%)	2 (0.6%)	331	M
인터넷 속도	75 (22.7%)	156 (47.1%)	75 (22.7%)	25 (7.6%)	0 (0%)	0 (0%)	331	O
카메라 해상도	132 (39.9%)	104 (31.4%)	36 (10.9%)	58 (17.5%)	1 (0.3%)	0 (0%)	331	A
음질	85 (25.7%)	127 (38.4%)	62 (18.7%)	56 (16.9%)	1 (0.3%)	0 (0%)	331	O
배터리 안전성	6 (%)	73 (%)	226 (%)	25 (%)	0 (0%)	1 (0.3%)	331	M
기기 내충격성	50 (15.1%)	135 (40.8%)	126 (38.1%)	20 (6.0%)	0 (0%)	0 (0%)	331	C(O/M)
보안성	29 (8.8%)	93 (28.1%)	172 (52.0%)	37 (11.2%)	0 (0%)	0 (0%)	331	M
전자파 차단	87 (26.3%)	93 (28.1%)	79 (23.9%)	72 (21.8%)	0 (0%)	0 (0%)	331	C(O/A)
음성인식 기능	107 (32.3%)	31 (9.4%)	10 (3.0%)	183 (55.3%)	0 (0%)	0 (0%)	331	I
앱 다양성	111 (33.5%)	114 (34.4%)	53 (16.0%)	52 (15.7%)	1 (0.3%)	0 (0%)	331	C(O/A)
앱 구동 속도	60 (18.1%)	138 (41.7%)	94 (28.4%)	39 (11.8%)	0 (0%)	0 (0%)	331	O
앱 구동 안정성	16 (5.05%)	102 (32.18%)	165 (52.05%)	34 (10.73%)	0 (0%)	0 (0%)	331	M
다중작업	86 (25.98%)	82 (24.77%)	133 (40.18%)	30 (9.06%)	1 (0.3%)	0 (0%)	331	M
3D 기능	141 (42.99%)	25 (7.62%)	2 (0.61%)	160 (48.78%)	2 (0.6%)	1 (0.3%)	331	I

[범례] A: 매력적 특성, O: 일원적 특성, M: 당연적 특성, I: 무관심 특성, C: 혼합 특성

11.2 품질특성의 전략적 활용

(1) 만족지수와 불만족지수

'동기-위생이론'에서는 동기요인과 위생요인이 독립적으로 작용하여 어떤 면에서는 직무에 만족하고 다른 면에서는 직무에 불만족할 수 있지만 카노모델에서는 그렇지 않다. 예를 들어 스마트폰의 경우 통화 연결성과 같은 당연적 특성이 충족되지 못하면 다른 매력적 특성이 있더라도 고객은 만족할 수가 없다.

효과적인 품질경쟁을 위해서는 당연적 품질의 충족이 선행되어야 한다. 전략적 관점에서 당연적 품질특성의 충족은 고객에게 상품을 판매하기 위한 하나의 자격조건이라고 볼 수 있다. 따라서 일원적 특성을 개선하거나 매력적 특성을 부가하기 전에 당연적 품질특성들은 모두 충족되어야 한다. 당연적 특성을 모두 충족시킨 후 일원적 특성을 경쟁자보다 더 높은 수준으로 개선하거나 매력적 특성을 부가할 수 있다면 경쟁우위를 확보할 수 있다.

개별 품질특성들의 변화가 고객만족에 얼마나 영향을 미치는지를 평가하는 척도로서 '고객만족계수(CSC, Customer Satisfaction Coefficient)'라는 지표가 있다. Berg 등(1993)이 제안한 이 지표는 다음과 같은 '만족지수(SI, Satisfaction Index)'와 '불만족지수(DI, Dissatisfaction Index)'로 구성되어 있다.

$$만족지수\,(SI) = \frac{A + O}{A + O + M + I}$$

$$불만족지수\,(DI) = -\frac{M + O}{A + O + M + I}$$

여기서 A, O, M, I 는 카노모델의 설문에 응한 응답자 중 해당 품질특성을 각각 매력적, 일원적, 당연적, 무관심 특성으로 분류한 응답자 수를 나타낸다.

만족지수의 분자에 포함된 매력적(A) 특성과 일원적(O) 특성은 그것이 개선 또는 충족될 경우 만족한다고 응답한 사람의 수라고 볼 수 있으므로, 만족지수가 1에 가까울수록 그 특성의 개선 또는 충족이 고객 만족도를 더 크게 증가시킨다고 볼 수 있다. 마찬가지로 불만족지수의 분자에 포함된 당연적(M) 특성과 일원적(O) 특성은 그것이 악화 또는 불충족될 경우 불만족한다고 응답한 사람의 수라고 볼 수 있으므로 불만족지수가 −1에 가까울수록 그 특성의 악화 또는 불충족이 고객 불만족을 더 크게 초래한다고 볼 수 있다.

만족지수(SI)와 불만족지수(DI)의 절댓값을 좌표축으로 하는 평면 위에 품질 특성들의 (DI값, SI값)을 타점한 그래프를 'SI−DI 다이어그램'이라고 한다. 이 다이어그램의 4개 모서리의 의미는 다음과 같다.

- 오른쪽 위 모서리 : SI값과 DI값이 모두 1이므로 충족 시에는 모두가 만족하고, 불충족 시에는 모두가 불만을 갖는다. 따라서 이 모서리는 '일원적(O)' 특성이 된다. 또한 이 모서리에 가까워질수록 일원적 특성이 강하다고 볼 수 있다.
- 오른쪽 아래 모서리 : SI값이 0, DI값이 1이므로 충족된다고 만족도가 늘

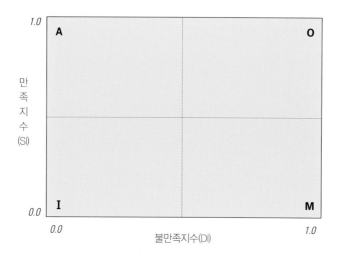

〈그림 11.2〉 SI−DI 다이어그램

어나지는 않지만 충족되지 않으면 모두가 불만을 갖는다. 따라서 이 모서리는 '당연적(M)' 특성이 된다. 또한 이 모서리에 가까워질수록 당연적 특성이 강하다고 볼 수 있다.

- 왼쪽 위 모서리: SI값이 1, DI값이 0이므로 충족 시에는 모든 사람이 만족하나 충족되지 않는다고 불만이 생기지는 않는다. 따라서 이 모서리는 '매력적(A)' 특성이 된다. 또한 이 모서리에 가까워질수록 매력적 특성이 강하다고 볼 수 있다.
- 왼쪽 아래 모서리: SI값과 DI값이 모두 0이므로 충족되든 불충족되든 만족도에 아무런 영향이 없다. 따라서 이 모서리는 '무관심(I)' 특성이 된다. 또한 이 모서리에 가까워질수록 무관심 특성이 강하다고 볼 수 있다.

따라서 이 다이어그램을 작성하면 각 품질특성이 어떤 유형의 경향을 갖는지 쉽게 눈으로 볼 수 있다. 〈그림 11.3〉은 대학생들을 대상으로 카노모델을 이용하여 스마트폰의 품질특성을 분류하고, 분류 결과를 SI-DI 다이어그램으로 나타낸 것이다.

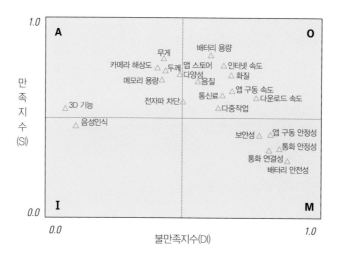

〈그림 11.3〉 SI-DI 다이어그램의 예

(2) 품질의 동태성

카노모델을 사용할 때 명심해야 할 사항 중 하나는 품질특성들이 '동태성(動態性)'을 갖고 있다는 것이다. 예를 들면 손가락으로 스마트폰의 이미지를 확대하거나 축소하는 '핀치 투 줌(pinch to zoom)' 기술이 처음 도입되었을 때에는 매력적 품질특성이었지만 이제는 이 기능이 스마트폰의 보편적 기능 중 하나가 되었으므로 당연적 품질특성으로 바뀌었다.

카노의 연구에 의하면 품질특성은 시간이 경과함에 따라 '매력적 특성 → 일원적 특성 → 당연적 특성'으로 퇴화하는 '진부화(陳腐化)' 현상을 보인다고 한다. 따라서 경쟁우위를 확보하고 지속가능한 성장을 위해서는 제품 및 서비스 개발 담당자들이 새로운 매력적 특성을 찾아내어 구현하고, 일원적 특성의 충족 정도를 높이려는 노력을 계속하지 않으면 안 된다. 또한 무관심 특성 중 상당수는 시대에 너무 앞서갔거나 기술의 완성도가 낮기 때문일 수 있으며, 시간이 지나면서 매력적 특성으로 변해갈 수 있다. 그러므로 품질의 진부

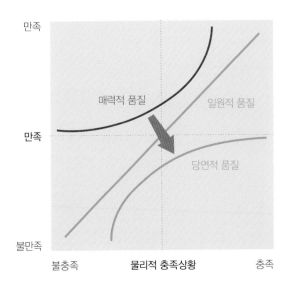

〈그림 11.4〉 품질특성의 진부화

화 현상과 무관심 특성의 매력적 변화 등을 세심하게 관찰하기 위한 '환경주시 (environmental scanning)'를 게을리 하지 말아야 한다.

예를 들어 항공택배의 도입 초기에는 익일(翌日)배송이라는 빠른 배달 속도가 매력적 특성이었지만 지금은 이것이 보편화되어 당연적 품질로 퇴화하였다. 페덱스와 같은 항공택배사는 환경주시를 통해 바이오제품과 같이 주의를 요하는 특송품의 배달이 늘어나는 추세를 감지하고 새로운 매력적 품질특성으로 저온배송이나 냉각 포장 등의 서비스를 도입하였다.

참고문헌

- 박영택(2013), "당연적 품질과 매력적 품질: 품질은 다다익선이 아니다", 품질경영. 8월호, pp.46–49.
- 신유근 (1987), 「조직행위론」, 다산출판사.
- 狩野紀紹 外 3人(1984), "魅力的品質と當り前品質", 品質. Vol.14, No.2, pp.39–48.
- Berger et. al.(1993), "Kano's methods for understanding customer–defined quality", Center for Quality of Management Journal, Vol. 2, No. 4, pp.2–36.
- Lee, M.C. and Newcomb, J.F.(1997), "Appling the Kano methodology to meet customer requirements: NASA's microgravity science program", Quality Management Journal, Vol. 4, No. 3, pp. 95–106.

12장
다구찌
품질공학

"뿌리깊은 나무는 바람에 흔들리지 아니하니." 훈
민정음으로 쓴 최초의 작품인 용비어천가의 내용
중 가장 잘 알려진 구절이다. 다구찌의 사상을 이
에 비유해 설명하면 바람은 '노이즈'이고 뿌리깊게
심는 것은 '강건설계'이다. 노이즈인 바람을 원천적
으로 제거하는 것은 불가능하거나 돈이 많이 들어
가므로, 노이즈는 그대로 두고 그 대신 노이즈에
영향을 적게 받도록 뿌리를 깊게 심자는 것이다.

Quality is King!

12.1 손실함수

(1) 손실함수의 개념

다구찌 겐이치(田口玄一, 1924~2012)는 종래의 방법과 다른 관점에서 품질을 보고, 품질을 향상시키기 위해 전통적인 접근방법과는 다른 각도로 접근할 것을 주장하였다. 다구찌 방법의 핵심은 두 가지로 볼 수 있는데 그것은 '손실함수(loss function)'와 '강건설계(robust design)'이다. 먼저 손실함수에 대해 살펴보자.

손실함수가 무엇인지 이해하기 위해서는 우선 품질에 대한 기존의 개념과 다구찌의 개념이 어떻게 다른지 살펴볼 필요가 있다. 전통적으로 품질은 고객을 만족시키는 바람직한 속성이라고 정의되었다. 그러나 다구찌는 품질을 '손실'이라는 관점에서 바라보고 손실을 줄여야만 더 좋은 품질을 얻을 수 있다고 보았다. 다구찌는 "품질이란 물품이 출하된 다음 사회에 주는 손실이며, 다만 기능 그 자체에 따른 손실은 제외된다"라고 정의하고 있다. 여기서 손실이란 제품이 완전하지 못함으로써 발생하는 낭비나 비용 또는 잠재적인 손해 등을 모두 포함한다. 다구찌는 이러한 자신의 관점을 설명하기 위해 다음과 같은 예를 들고 있다.

와이셔츠를 깨끗이 입으려면 세탁을 하거나 다림질을 해야 한다. 사람들은 보통 와이셔츠를 약 80회 정도 세탁하여 입은 후 버린다고 한다. 현재 세탁을 맡기면 1회에 약 4천 원 정도가 든다. 한 벌의 와이셔츠 세탁비는 32만 원이라는 결과가 된다. 만약 오염이나 구김을 절반으로 줄여주는 새로운 와이셔츠가 개발된다면, 그것은 소비자의 세탁비 부담을 16만 원 덜어준다. 이 새로운 와이셔츠의 제조원가가 1만 원 더 높더라도 그것을 2만 원 더 비싸게 팔면 제조자는 1만 원의 이익을, 소비자는 14만 원의 이익을 누리게 된다. 그뿐 아니라 세탁횟수가 절반으로 줄어들기 때문에 세탁 후의 더러워진 물이나 세탁시의 소음도 절반이 된다. 결국 공해를 반감시키고 물이나 세제 등의 자원도 절반만 소요된다.

기존 관점과 다구찌 관점의 차이를 좀 더 구체적으로 살펴보기 위해, 생산한 제품에 대한 양/불량의 판정에 따라 발생하는 손실을 생각해 보자. 전통적 기준에 따르면 생산품의 특성치가 규격상한과 규격하한의 사이에 들어가면 양품(합격품), 규격 허용범위를 벗어나면 불량품(불합격품)으로 판정한다. 예를 들어 지름 10cm인 포탄을 생산할 때 규격하한이 10-0.02=9.98cm, 규격상한이 10+0.02=10.02cm라고 한다면 생산된 포탄의 지름이 9.98cm와 10.02cm 사이에 들어가면 합격, 9.98cm보다 작거나 10.02cm보다 크면 불합격으로 처리한다.

이러한 전통적 관점으로 볼 때 규격하한과 규격상한 사이에 들어간 양품은 비용(즉, 손실)을 발생시키지 않지만 그 사이를 벗어난 불량품은 폐기비용이나 수리비용과 같은 비용을 발생시키므로 생산자에게 손실이 된다. 따라서 생산자는 어떻게 하든지 규격범위 내에 들어가는 제품을 만드는 것을 목표로 한다. 이것은 마치 축구경기에서 공을 골대 안에만 넣으면 점수로 인정되는 것과 같으므로 '골대(goal post) 모형'이라고도 한다. 〈그림 12.1〉은 손실에 대한 이러한 전통적 관점을 나타낸다.

전통적인 골대모형의 관점에서 한 가지 생각해 볼 점은 "골대 안의 어느 부분에 속하더라도 손실이 없다는 것이 현실적으로 타당한가" 하는 문제이다. 축구라면 그렇지만 규격에 맞추어야 하는 품질경쟁에서는 그렇지 않다. 앞서 예로

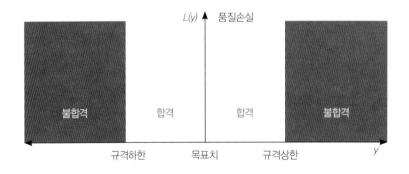

〈그림 12.1〉 전통적 손실함수

든 포탄의 직경 문제를 생각해 보자. 생산품의 오차가 허용치를 경계로 한쪽은 전혀 손실이 없고 다른 한쪽은 상당한 손실이 발생한다는 것은 납득하기 힘들 것이다.

다구찌의 관점으로 볼 때는 생산한 제품이 목표치를 정확하게 충족시키지 않는 이상 그 제품은 손실을 발생시킨다. 전통적 관점에서는 생산한 제품이 불량품으로 판정되지만 않으면 폐기비용이나 수리비용 등을 발생시키지 않으므로 생산자에게 손실이 생기지 않는다. 그러나 품질특성치가 규격범위 내에 있다고 하더라도 목표치와 일치하지 않으면 고객에게 불편을 야기하는 등의 다른 손실을 수반한다.

예를 들어 고객이 와이셔츠를 입을 경우, 목둘레나 소매 길이가 원하는 치수보다 다소 크거나 작은 것을 입을 수는 있어도 고객들은 자기가 원하는 정확한 치수를 보다 선호한다. 따라서 생산자는 규격범위 내에 들어가는 것을 목표로 하지 말고 목표치에 정확히 맞추려고 노력해야 한다. 〈그림 12.2〉는 손실에 대한 이러한 다구찌의 관점을 나타낸 것이다.

다구찌는 간단한 수학이론을 이용하여 제품의 특성치가 목표치에서 벗어나면 벗어날수록 〈그림 12.2〉에 나타낸 것과 같이 손실은 대략 2차함수 형태로 증가한다고 주장하였다.

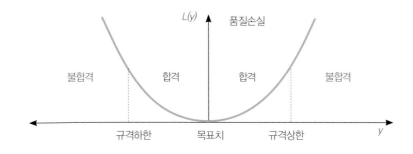

〈그림 12.2〉 다구찌의 2차함수형 손실함수

다구찌가 주장한 '2차함수형 손실함수(quadratic loss function)'는 다음과
같이 표현된다.

$$L(y) = k \cdot (y-m)^2$$

여기서 　　　$L(y)$ = 손실의 크기
　　　　　　k = 품질손실계수(상수)
　　　　　　m = 품질특성의 목표치
　　　　　　y = 생산된 제품의 품질특성치

이 식은 손실의 크기 $L(y)$가 목표치를 벗어난 오차 $(y-m)$의 제곱에 비례한
다는 것을 의미한다. 다구찌는 자신이 제안한 손실함수가 전통적 관점에 비해
더 현실적이라는 것을 설명하기 위해 〈그림 12.3〉과 같은 TV 색상밀도의 분포
를 예로 들었다.

소니의 일본 도쿄공장(Sony-Japan)에서 만든 TV는 색상밀도가 허용오차

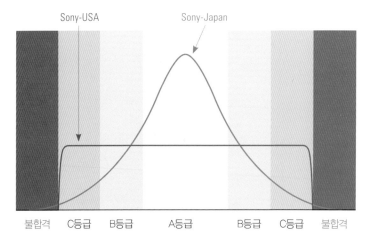

〈그림 12.3〉 TV의 색상밀도 분포

를 벗어난 D등급도 조금 있었으나 대부분이 목표치에 근접하는 A등급이었다. 이에 반해 미국 샌디에이고공장(Sony-USA)의 생산품은 전량 모두 규격범위 내에 들어가기는 하였으나 색상밀도의 분포가 규격범위 내에 골고루 퍼져 있는 일양(uniform)분포의 형태를 취하고 있었기 때문에 A, B, C등급품의 비율이 비슷하게 나왔다.

　미국공장에서 생산된 제품은 전량 규격을 충족시키는 양품이지만 실제로 소비자들은 불량품이 조금 나오더라도 생산된 제품의 대부분이 A등급품인 일본공장의 제품을 더 선호하였다고 한다. 불량이 나오지 않는 미국공장 제품보다 불량이 나오는 일본공장 제품을 더 선호한다는 사실은 전통적 개념으로는 설명할 수 없는 것이다. 이것은 규격범위 내에 들어가기만 하면 손실이 전무하다고 간주하는 전통적 손실함수의 개념보다 규격범위 내에 있다고 하더라도 목표치와 완전히 일치하지 않으면 손실이 존재한다고 보는 다구찌의 손실함수가 더 큰 효용을 갖고 있음을 보여주는 것이다.

(2) 손실함수의 유형

　앞의 예에서는 품질특성치가 목표치보다 크지도 작지도 않아야 바람직한 경우를 나타낸 것이다. 그러나 모든 경우가 그런 것은 아니다. 제품의 품질특성은 보통 망목(望目), 망소(望小), 망대(望大) 특성의 세 가지로 구분된다.

- 망목특성 : 제품의 길이, 무게, 두께 등과 같이 목표치가 주어진 경우 품질특성치가 목표치에 가까울수록 좋은 특성을 말한다. 망목특성 중에서 손실의 방향에 따라 크기가 다른 비대칭 망목특성이 있을 수 있다. 예를 들어 신발의 치수는 목표치에 가까울수록 좋으므로 망목특성이지만 원하는 치수보다 조금 큰 신발은 조금 작은 신발보다 불편이 덜하다. 이처럼 목표치에 모자라서 발생하는 오차와 목표치를 넘어서서 발생하는 오차가 초래하는 손실의 크기가 다를 경우에는 비대칭 망목특성이 된다.

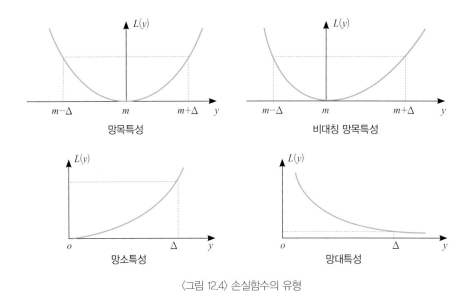

<그림 12.4> 손실함수의 유형

- 망소특성 : 배기가스량, 마모량, 처리시간, 불순물의 함량, 균열, 소음 등과 같이 특성치의 값이 작으면 작을수록 좋은 특성을 말한다.
- 망대특성 : 인장강도, 접착강도, 사용수명, 효율, 내구성 등과 같이 크면 클수록 좋은 특성을 말한다.

12.2 강건설계

(1) 강건설계의 개념

'강건설계(Robust Design)'의 개념을 이해하기 위해서는 먼저 '노이즈(noise, 잡음)'의 개념을 알아둘 필요가 있다. 노이즈란 제품특성에 변동을 초래하는 원인으로서 통제가 불가능하거나 통제가 가능하다고 하더라도 이를 통제하기 위해서는 지나치게 많은 돈이 들어가는 경우를 말한다. 일반적으로 잡음은 다음과 같은 3가지 종류로 나눌 수 있다.

- 외부잡음(Outer Noise) : 온도, 습도, 기압 등과 같은 외부 사용 환경조건 등에 의한 제품특성의 변동
- 내부잡음(Inner Noise) : 제품사용에 따라 발생하는 마모나 열화 등에 의한 제품특성의 변동
- 제품 간 잡음(Between Product Noise) : 작업자, 재료, 작업조건 등과 같이 제조상의 문제 때문에 발생하는 제품 간의 특성 불균일

강건설계란 제품의 특성이 노이즈에 둔감하도록(즉, 노이즈에 의한 영향을 받지 않거나 덜 받도록) 설계하자는 개념이다. 다구찌의 강건설계를 설명하기 위해 잡음에 대한 기존의 접근방법과 다구찌의 접근방법이 어떻게 다른지 살펴보기로 하자.

기존에는 제품에 변동을 일으키는 노이즈가 존재하면 그 노이즈를 제거하거나 차단하기 위해 생산공정을 재설계하는 것이 보통이었다. 이럴 경우 문제의 원인을 제거한다는 면에서 바람직해 보일 수도 있으나 실제로는 재설계에 의한 고비용이 문제가 된다. 이에 반해 강건설계의 개념은 노이즈는 그대로 두고 노이즈에 의한 영향을 없애거나 줄일 방법을 찾자는 것이다. 다음의 예는 노이즈에 둔감한 강건설계의 개념을 적용할 경우 전통적 접근방법보다 비용이 더 적게 드는 것을 보여준다.

일본의 한 타일회사는 가마

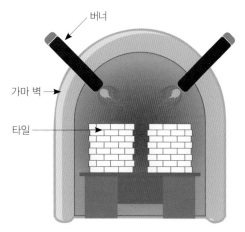

〈그림 12.5〉 가마의 형태

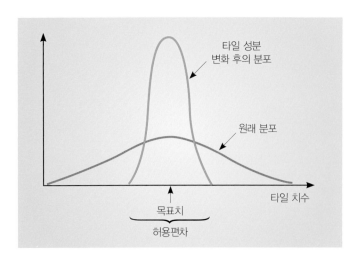

〈그림 12.6〉 타일 치수의 분포

안에서 구워져 생산되는 타일에 치수불량이 많이 발생하는 문제로 고민을 하고 있었다. 똑같은 크기의 타일을 가마 속에 넣어도, 구워져 나온 타일의 크기가 균일하지 않아서 많은 양을 치수불량으로 폐기해야 했다.

가마 내의 온도분포가 균일하지 않기 때문에 굽는 위치에 따라 타일의 변형율이 달라지는 것이 문제라는 것을 알았다. 손쉽게 생각할 수 있는 해결책은 가마 내의 온도가 균일하도록 가마 자체를 재설계하는 것이었다. 이 방법은 장기적으로 볼 때 기존방식보다 비용이 덜 들지 모르지만 가마의 재설계 비용이 많이 든다.

이 문제의 해결에 나선 품질개선팀은 가마를 재설계하지 않고도 문제를 해결할 방법을 모색하였다. 타일 내의 석회석 성분 비율을 약간 변경하면 온도차에 의한 영향을 덜 받는다는 것을 알아내었다. 이 방법은 비용이 적게 들면서도 가마를 재설계하는 것 못지않게 그 효과가 좋았다.

〈그림 12.6〉은 개선 전·후의 타일 치수를 비교한 것이다.

(2) 강건설계의 절차

노이즈에 둔감한 강건설계의 실현을 위해 다구찌는 다음과 같은 3단계 절차를 제시하고 있다.

〈그림 12.7〉 강건설계의 3단계 절차

① 시스템설계(System Design)

이상적인 조건 하에서 고객의 요구를 충족시키는 제품 원형(prototype)을 설계하는 단계로서 기술, 공정, 재료, 잠정적인 파라미터값 등을 선정하는 것이 포함된다. 개념설계(Concept Design)라고도 한다.

② 파라미터설계(Parameter Design)

다구찌방법의 핵심적인 부분으로서 노이즈에 둔감하도록 파라미터의 수준 (즉, 설계변수의 값)을 결정하는 단계이다. 파라미터설계의 개념을 이해하기 위해 〈그림 12.8〉에 나타낸 '파라미터 다이어그램(P-diagram)'을 보자.

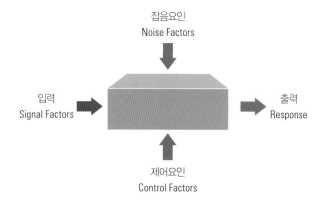

〈그림 12.8〉 파라미터 다이어그램

실내 냉방시스템 설계를 예로 들면 파라미터 다이어그램의 각 요소는 다음과 같다.

- 입력(signal factors): 온도조절 장치에 입력한 희망온도
- 출력(response): 실제 실내온도
- 잡음요인(noise factors): 외부온도, 실내에 있는 사람 수, 창문의 개폐 여부 등과 같이 설계자가 통제할 수 없는 파라미터
- 제어요인(control factors): 에어컨의 용량, 설치 위치, 단열재의 재질 등과 같이 설계자가 결정할 수 있는 설계 파라미터(design parameters)

파라미터설계란 잡음요인에 영향을 적게 받도록 제어요인을 선택하고 선택된 제어요인의 값을 결정하는 것이다. 앞서 설명한 타일 치수불량 문제에서는 제어요인으로 석회석 성분의 비율을 선택하고 최적 비율을 결정한 것이다. (일반적으로 제어요인은 여러 개이다. 타일치수 문제에서도 석회석의 성분 비율은 여러 제어요인 중의 하나이다.)

파라미터설계에 고려되는 제어요인들의 최적수준을 결정하기 위해서는 많은 실험이 필요하다. 예를 들어 5개의 제어요인에 대해 각각 3개의 수준을 고려한다면 최적 수준의 조합을 결정하기 위해서는 모두 243(=3^5)회의 실험이 필요하다. 이처럼 많은 실험을 하는 것이 현실적으로 불가능하기 때문에 다구찌 방법에서는 직교배열(orthogonal arrays)을 이용하여 비교적 적은 횟수의 실험으로 최적해에 가까운 해결책을 도출한다.

제어요인의 최적조합 결정에는 다음과 같은 SN비(signal-to-noise ratio)가 이용된다.

$$SN비 = \frac{신호입력이\ 출력에\ 전달된\ 힘}{노이즈가\ 출력에\ 전달된\ 힘} = \frac{신호의\ 힘}{노이즈의\ 힘}$$

노이즈의 영향력이 작아질수록 SN비가 커지므로 더 강건한(robust) 설계가

된다. SN비의 계산공식은 품질특성의 종류(망목, 망대, 망소)별로 다르다.

③ 허용차설계(Tolerance Design)

파라미터설계가 끝나고 나면 제어요인들의 허용오차를 결정해야 한다. 출력변수에 영향을 많이 미치는 주요 제어인자들을 확인하고 이들에 대해서는 상대적으로 엄격하게 허용차를 관리할 필요가 있다.

12.3 품질공학

품질손실을 최소화하기 위해 수행하는 모든 관리활동의 체계를 '품질공학(Quality Engineering)'이라고 한다. 〈그림 12.9〉에 나타낸 것처럼 품질공학은 제품이 제조라인에 투입되기 이전의 강건설계와 제조라인에 투입된 이후의 통계적 공정관리 모두를 포함하는 개념이다.

원류관리의 관점에서 볼 때 제품이 제조단계에 투입되기 이전의 오프라인 품

〈그림 12.9〉 품질공학의 개요

질관리가 제조라인상에서 이루어지는 온라인 품질관리보다 훨씬 더 중요하다.

연간 매출액이 1조 원이 넘는 우리나라의 대표적 중견기업인 휴맥스의 최고 경영자는 국내 한 경제신문과의 인터뷰에서 디지털 셋톱박스에 대한 자신의 사업경험을 다음과 같이 토로한 적이 있다(임도헌, 2007).

처음에는 잘 나갔지요. 당시 국내에는 수요가 없어 유럽 시장을 노렸는데 1996년 처음 수출에 성공했죠. 3개월 만에 수출액이 3천만 달러에 달했어요. '대박이다' 싶었는데 이게 웬걸, 다음 해에 절반이 반품돼 들어온 거예요. 1년 내내 고장 난 제품 고치러 돌아다니느라 시간 다 보냈어요.

벤처기업의 착각 중 하나가 '자본은 없어도 기술력은 뛰어나다'는 거예요. 우리도 예외가 아니었고. 실상은 기술력도 모자랐던 거지요. 날씨가 조금만 안 좋아도 수신이 안 되니 누군들 좋아하겠어요.

반품이 들어온 제품들을 수리하면서 단점을 보완한 신제품을 개발해 1997년 말에 내놨어요. 그런데 이 제품이 히트를 쳤어요. 아마 몇 달만 늦게 나왔어도 망했을 텐데. 품질이 안정되면서 고객이 갈수록 늘어났지요. 이후 꾸준히 신제품을 내놓으면서 차츰 업계를 선도하는 업체로 부상한 거죠.

그의 경험담은 품질이 사업의 흥망을 좌우한다는 것을 잘 보여준다. "날씨가 조금만 안 좋아도 수신이 안 되니 누군들 좋아하겠어요"라는 그의 말을 상기해 보자. 날씨라는 환경 노이즈에 둔감하도록 강건설계를 하지 못했기 때문에 큰 위기를 겪었다는 것이다.

참고문헌

- 박영택(1994), "품질의 현대적 의미", 품질경영학회지, 22권 2호, pp.177-192.
- 임도원(2007), "CEO들의 세상사는 이야기: 변대규 휴맥스 사장", 한국경제신문, 3월 2일.
- Phadke, M.S.(1989), Quality Engineering Using Robust Design, Prentice Hall.
- Taguchi, G. and Clausing, D.(1990), "Robust Quality", Harvard Business Review, January-February, pp.65-75.

통계적 품질관리와 신뢰성

13장
통계적 사고와 방법

수리통계학을 정립한 영국의 수학자 칼 피어슨은 "통계는 과학의 문법"이라고 했지만 영국의 수상을 지낸 벤저민 디즈레일리는 "이 세상에 3가지 종류의 거짓말이 있다 — 거짓말, 새빨간 거짓말, 그리고 통계"라고 했다. 이것은 잘 쓰면 약이지만 잘못 쓰면 독이 되는 통계의 양면성을 표현한 것이다.

Quality is King!

13.1 통계의 기본적 척도

(1) 대푯값

우리나라 1인당 국민총소득(GNI)은 2천 5백만 원이 조금 넘는다고 한다. 이 것을 4인 가족 기준으로 환산하면 연소득이 1억 원을 넘어선다는 의미인데 대다수 사람들은 이를 사실로 받아들이기 힘들 것이다. 통계로 나타난 1인당 국민소득이 우리의 인식과 상당한 차이를 보이는 가장 큰 이유는 부의 편재(偏在) 현상 때문이다. 다음 예를 통해 이를 설명해 보자.

2012년 총선에 출마한 927명의 국회의원 후보들의 평균 재산은 약 40억 원 정도로 나타났다. 이들 중 가장 큰 재력가 한 사람의 개인 재산은 나머지 후보들 모두의 재산 총액보다 더 많기 때문에 최고 재력가 1인만 제외하면 총선 후보들의 평균 재산이 통계치의 절반 이하로 떨어진다. 이처럼 다른 데이터 값들과 현저하게 떨어진 이상치(outlier)가 있거나 데이터의 쏠림 현상이 있을 때에는 평균값이 일반적 인식과는 상당히 차이날 수 있다.

통계에서 모집단의 특성을 하나의 수치로 나타낸 값을 대푯값이라고 한다. 우리는 보통 대푯값으로서 평균값을 사용하지만 앞서 설명한 예는 평균값이 대푯값으로서 적절하지 못한 경우가 있다는 것을 보여준다.

일반적으로 대푯값으로 사용되는 척도에는 다음과 같은 3가지가 있다.

① 평균값(mean)
우리가 일반적으로 사용하는 단순 산술평균으로서 통계적 분포에 치우침이나 이상치가 없을 때 대푯값으로서 적합하다.

② 중앙값(median)
데이터 값들을 크기순으로 정렬했을 때 정중앙에 위치하는 값을 말하며 통계적 분포에 치우침이나 이상치가 있을 경우 대푯값으로서 적합하다.

③ 최빈값(mode)

데이터 중 출현 빈도가 가장 많은 값을 말한다. 2010년 기준의 통계청 자료에 따르면 우리나라 가구당 평균 구성원 수는 2.7명이며, 구성원 수의 비율은 1인 가구 23.9%, 2인 가구 24.3%, 3인 가구 21.3%, 4인 가구 22.5%, 5인 이상 가구가 8.1%로 나타났다. 이 경우 가구당 구성원 수의 평균값은 2.7명이지만 최빈값은 구성원 비율이 가장 높은 2명이 된다.

이상과 같은 3가지 종류의 대푯값을 설명하기 위해 어떤 직장에 근무하는 25명의 직원들의 월급을 가상적으로 나타낸 〈그림 13.1〉을 보자. 이 그림에 따르면 조사된 25명 중 최하 월급인 100만 원을 받는 사람이 무려 10명이나 되지만 최고 2천 250만 원의 월급을 받는 사람도 있다.

이 데이터를 가지고 평균값을 계산하면 285만원이 되므로 이 직장의 월평균 급여는 285만 원이 된다. 그러나 중앙값은 월급 수준이 중간(즉, 25명 중 13번째)에 위치한 150만 원이 된다. 또한 월급이 100만 원인 사람이 가장 많으므로 최빈값은 100만 원이 된다.

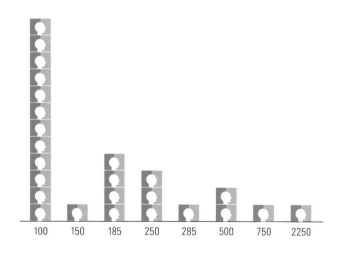

〈그림 13.1〉 월평균 소득수준의 가상 데이터(단위: 만 원)

(2) 산포도(散布度)

산포도란 대푯값을 중심으로 데이터 값들이 얼마나 흩어져 있는지를 나타내는 척도이다. 산포도의 척도 중 가장 간단한 것은 최댓값과 최솟값의 차이를 나타내는 '범위(range)'이다. 그러나 이상치가 존재할 경우 이것이 범위에 큰 영향을 미치기 때문에 통계적 방법에서는 산포도의 척도로서 범위 대신 '표준편차(standard deviation)'를 널리 사용하고 있다.

여기서 '편차(deviation)'란 평균값과의 차이를 의미한다. 즉, 데이터 값이 평균값에서 많이 떨어져 있을수록 편차는 커진다. 통계 분야에서는 편차 제곱의 평균을 '분산(variance)'이라고 하고, 분산의 제곱근을 표준편차라 한다.

일반적으로 어떤 모집단에서 추출한 샘플들을 측정한 데이터의 대푯값(즉, 중심치)과 이들이 대푯값을 중심으로 흩어져 있는 정도를 나타내는 산포도를 알면 대략 모집단의 분포를 짐작할 수 있다. 이 때문에 통계적 방법에서는 기본적으로 대푯값과 산포도를 먼저 계산한다.

(3) 치우침

일반적으로 대푯값과 산포도를 알면 모집단의 분포 형태를 어느 정도 짐작할 수 있지만 그렇지 않는 경우도 있다. 〈그림 13.2〉에 나타낸 두 분포는 모양

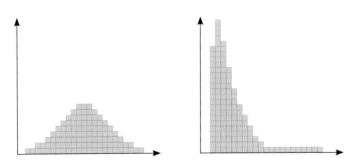

〈그림 13.2〉 평균과 표준편차가 동일한 두 분포

이 매우 다르지만 평균값과 표준편차는 동일하다. 왼쪽의 분포는 치우침이 없는 좌우 대칭형이지만 오른쪽의 분포는 봉우리가 왼쪽으로 많이 치우쳐 있다.

따라서 모집단의 특성을 잘 이해하려면 대푯값과 산포도뿐 아니라 치우침(bias)도 알아야 한다. 대푯값과 산포도 및 치우침을 쉽게 알 수 있도록 한눈에 보여주는 그래프가 다음에 설명할 박스플롯이다.

13.2 박스플롯

(1) 박스플롯의 개념

'박스플롯(Box Plot)'을 좀 더 정확히 표현하면 '상자 수염 그림(Box and Whisker Plot)'이라고 하는데 그 이유는 그림의 모양이 상자 아래와 위로 수염을 붙인 것 같기 때문이다. 이제부터 박스플롯의 구성 원리를 차근차근 살펴보자.

〈그림 13.3〉에서 Q_1, Q_2, Q_3는 데이터를 크기순으로 정렬했을 때 이를 사등분하는 경계값인 사분위수(四分位數)를 나타낸다. 여기서 Q_1 이하의 면적, Q_1

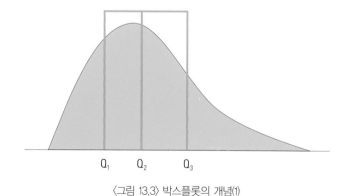

〈그림 13.3〉 박스플롯의 개념(1)

<그림 13.4> 박스플롯의 개념(2)

에서 Q_2 사이의 면적, Q_2에서 Q_3 사이의 면적, Q_3 이상의 면적이 모두 전체 면적의 25%로 동일하므로 Q_2는 앞서 설명한 중앙값이 된다.

　〈그림 13.4〉는 〈그림 13.3〉의 상자 부문을 반시계방향으로 90도 회전시킨 그림이다. 두 개의 상자가 붙어 있는 것과 같은 모양의 이 그림은 마치 여닫이문을 문틀에 고정하는 경첩과 같은 모양을 하고 있다. 여기서 두 상자가 맞닿은 Q_2(즉, 경첩이 접히는 부분)는 중앙값이다. 또한 Q_2를 기준으로 모집단의 분포를 상반부와 하반부로 나누면, Q_1(1사분위수)은 하반부의 중간값, Q_3(3사분위수)는 상반부의 중간값이 된다.

　만약 모집단의 분포 형태가 중앙값 Q_2를 중심으로 좌우 대칭이라면 윗 상자와 아랫 상자의 높이가 같아지는 데 반해 모집단의 분포 형태의 치우침이 클수록 두 상자의 높이 차가 커진다.

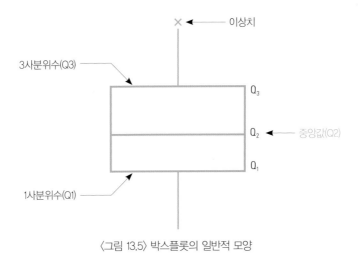

〈그림 13.5〉 박스플롯의 일반적 모양

박스플롯에서는 어떤 데이터가 다른 많은 데이터로부터 상당히 떨어져 있을 경우, 이 데이터가 이상치(異常値)인지 아닌지 판단하기 위해 〈그림 13.5〉와 같이 상자 아래위로 수염을 붙인다. 만약 어떤 데이터가 수염을 벗어난 위치에 있으면 이상치라고 판정한다. 참고로 수염의 길이가 어떻게 결정되는지 보자. 아랫수염의 하한(下限)과 윗수염의 상한(上限)은 다음과 같다.

- 하한(lower limit) = $Q_1 - 1.5(Q_3 - Q_1)$
- 상한(upper limit) = $Q_3 + 1.5(Q_3 - Q_1)$

모집단이 정규분포를 따를 경우 평균값에서 표준편차의 3배(3σ) 범위를 벗어나면 통상적으로 이상치라고 판단하기 때문에 박스플롯에서도 이에 맞추어 위의 식과 같이 수염 길이의 한계를 정하였다.

박스플롯에서 아랫수염은 박스의 하단(Q_1)에서부터 하한을 벗어나지 않은 데이터 중 하한에 가장 가까운 값까지, 또한 윗수염은 박스의 상단(Q_3)에서부터 상한을 벗어나지 않은 데이터 중 상한에 가장 가까운 값까지 연결한 직선이 된다.

(2) 박스플롯의 판독

지금까지 설명한 박스플롯의 이해를 돕기 위해 다음과 같은 예를 생각해 보자. 기존 공정의 수율을 높이기 위해 품질 개선활동을 추진하였다. 개선활동 전과 후의 수율을 각각 30번씩 측정하고, 이를 토대로 박스플롯을 작성하였더니 〈그림 13.6〉과 같이 나타났다. 개선활동의 성과가 있었다고 판단해도 될까?

먼저 개선 전과 후의 수율을 비교해 보기 위해 대푯값(즉, 경첩이 접히는 부분의 위치)을 보자. 개선 전에는 수율의 중앙값이 90% 정도였으나 개선 후에는 92.5% 정도로 높아진 것을 볼 수 있다.

또한 수율의 산포를 보기 위해 상자 높이를 비교해 보면 개선 후의 상자 높이가 매우 낮아졌으므로 개선 후에는 높아진 수율 수준이 비교적 일관되게 유

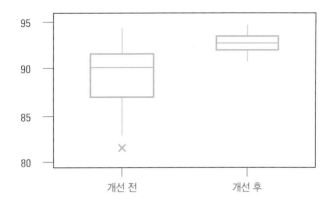

〈그림 13.6〉 품질 개선활동 전·후의 수율 비교

지된다는 것을 알 수 있다. 또한 개선 전에는 수율의 분포가 아래쪽으로 길게 늘어지는 치우침이 있었으나 개선 후에는 상하 대칭 형태로 바뀌었다. 따라서 박스플롯을 통해 볼 때 개선활동의 성과가 뚜렷하다는 것을 쉽게 알 수 있다.

참고로 개선 전의 박스플롯을 보면 수염을 벗어난 이상치가 존재하는 것을 볼 수 있다. 이처럼 수율이 다른 측정치들에 비해 현저하게 낮은 이유는 사고 나 정전 등의 특별한 이유 때문일 수도 있고, 아니면 데이터의 측정 오류나 입 력 오류일 수도 있다. 이상치가 나온 원인을 분석한 결과 재발 방지가 가능하다 면 이상치는 통계적 계산이나 비교에서 제외하지만 그렇지 않다면 이상치도 비 교분석에 포함시켜야 한다.

이상에서 설명한 바와 같이 박스플롯을 통해 통계적인 판단을 직관적으로 할 수 있으나 보다 객관적인 판단을 위해서는 통계적인 가설검정이 필요하다.

📚 **참고문헌**

- 배도선 외 6인(2006), 「최신 통계적 품질관리」, 개정판, 영지문화사.
- 박영택(2013), "통계적 사고와 방법: 샘플이라는 창문을 통해 모집단을 들여다보는 방법", 품질경영, 11월호, pp.32-35.

14장
공정능력
지수

만약 경영진에게 나의 주장을 몇 마디로 요약해 주어야 한다면 "산포를 줄이지 않으면 안 된다"라 고 말하겠다. 이것은 현대적 품질경영의 초석을 놓 은 데밍 박사의 말이다. 산포관리가 이루어지지 않 으면 품질이 안정화될 수 없기 때문이다. 공정능력 지수는 프로세스의 산포관리 능력을 평가하는 기 본적 척도이다.

Quality is King!

14.1 산포관리

산포관리가 얼마나 중요한지 설명하기 위해 다음과 같은 가상적인 사례를 생각해 보자.

[사례] 전수검사도 무용지물?

국내 중소기업인 SKK사에서는 세계적인 A기업으로부터 "협력업체 후보로 선정되었으니 품질평가에 필요한 시료 1,000개를 보내 달라"는 제의를 받았다. 무엇보다 판로가 중요한 중소기업으로서는 이보다 더 중요한 기회를 잡기 어렵다. 세계적 기업의 협력업체가 되기만 하면 회사가 폭발적으로 성장할 것이다.

사장은 품질부장을 불러서 철저한 품질검사를 통해 규격에 맞는 양품만 골라서 보내라고 신신당부하였다. 품질부장은 자사의 생산품 중에서 규격에 맞는 제품 1,000개를 선별하고, A사에 보내기 전에 규격 충족 여부를 다시 확인하였다.

규격을 충족하는 양품으로만 골라 보냈으니 기쁜 소식이 곧 올 것이라고 모두가 기대하였다. 그러나 실망스럽게도 결과는 반대였다. '품질수준 미달로 거래할 수 없다'는 통보였다. 사장은 품질부장을 불러 그렇게 신신당부를 했건만 어떻게 일을 이 모양으로 망쳤느냐고 질책하였다. 시쳇말로 '꼭지가 돈' 품질부장은 아무리 생각해도 영문을 알 수 없었다.

어떻게 이런 일이 일어날 수 있었을까? 우리는 다음과 같은 추론을 해볼 수 있다.

SKK사에서 생산된 제품의 품질특성치는 〈그림 14.1〉에 나타낸 것과 같이 산포가 커서 규격하한(LSL)과 규격상한(USL)을 벗어난 제품이 많을 것이다.

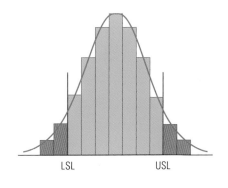

〈그림 14.1〉 SKK사에서 생산한 제품

그런데 사장의 지시를 받은 품질부장은 어떻게든 거래를 성사시키기 위해 〈그림 14.2〉와 같이 규격을 벗어나는 제품은 모두 걸러내고, 규격을 충족시키는 제품들만 골라서 A사에 보냈을 것이다.

A사에서는 납품받은 시료 1,000개의 품질특성을 자체적으로 측정하고, 측정된 데이터를 이용하여 히스토그램을 그렸더니 〈그림 14.2〉가 복원되었을 것이다.

이를 토대로 A사는 〈그림 14.3〉에 나타낸 것처럼 다음과 같은 결론을 내렸을 것이다.

"SKK사가 규격을 벗어나는 것들은 모두 걸러내고 규격을 충족시키는 제품만 우리에게 보냈다. 따라서 우리가 받은 1,000개의 시료는 모두 규격을 충족하지만 SKK사의 산포관리 능력은 부족하다."

그럴듯한 추론이다. 만약 이러한 추론이 옳다면 SKK사가 A사와의 거래를 충족시키기 위해 어떻게 대응했어야 할까?

규격을 벗어난 불량품의 사전 선별을 A사가 눈치 채지 못하도록 하면 될 것이다. 이를 위해서는 〈그림 14.4〉에 나타낸 것처럼 규격을 충족시키는 제품들 중 일부를 추가적으로 더 빼내면 될 것이다.

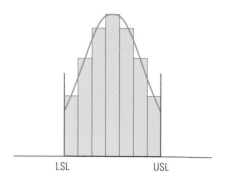

〈그림 14.2〉 SKK사가 납품한 제품

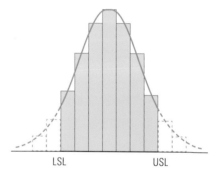

〈그림 14.3〉 A사에서 추론한
SKK사의 산포관리 능력

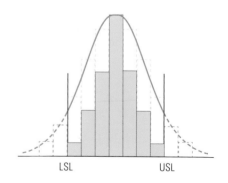

〈그림 14.4〉 산포관리 능력의 부족을
감추기 위한 추가 선별

이처럼 규격 내에 들어가는 것들도 추가적으로 더 선별해 내면 산포관리 실력이 좋은 것으로 위장할 수 있다. 그러나 이렇게까지 하려면 상당한 손실이 수반된다. SKK사는 '엄청난 희생을 각오하고 산포관리 능력이 높은 것으로 위장하든지' 아니면 '산포관리 능력을 실제로 높이든지' 양자택일을 해야 한다. 물론 대답이야 자명하지 않은가.

14.2 공정능력의 평가

제조공정의 산포관리 능력을 '공정능력(process capability)'이라고 한다. 다시 말해 공정능력이란 제조공정이 얼마나 균일한 품질의 제품을 생산할 수 있는지를 반영하는 공정의 고유능력을 지칭한다. 〈그림 14.5〉에 나타낸 바와 같이 제품의 품질특성이 정규분포를 따르는 경우에는 거의 대부분(99.73%)이 공정평균(μ)을 중심으로 $\pm 3\sigma$범위(즉, 6σ범위) 내에 포함된다.

생산품들의 품질특성치가 균일하게 나올수록(즉, 품질특성치의 산포 크기를 나타내는 σ값이 적을수록) 공정의 산포관리 능력이 우수하다. 따라서 공정의

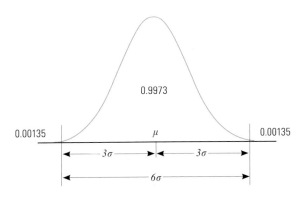

〈그림 14.5〉 품질특성이 정규분포를 따를 경우 품질특성치의 분포

산포관리 능력이 높을수록 산포의 크기를 나타내는 σ값이 작아지므로 분포의 형태가 뾰족해진다.

'공정능력지수(process capability index)'는 규격의 산포허용 범위에 비추어 산포관리를 얼마나 잘 하는지 평가하는 척도로서 다음과 같이 정의된다.

$$\text{공정능력지수} \quad C_P = \frac{USL - LSL}{6\sigma}$$

여기서,

USL = 규격상한(upper specification limit)

LSL = 규격하한(lower specification limit)

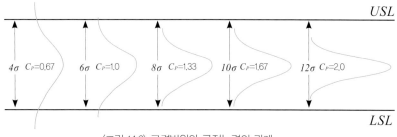

〈그림 14.6〉 규격범위와 공정능력의 관계

〈그림 14.6〉은 공정능력지수 값에 따라 품질특성치의 산포가 어떻게 변하는지 나타낸 것이다. 이를 보면 공정능력지수 값이 커질수록 규격범위를 벗어나는 제품이 나올 확률이 적어지는 것을 쉽게 알 수 있다. 〈표 14.1〉은 공정능력지수 값에 따라 규격한계를 벗어나는 제품이 나올 확률을 정리한 것이다.

일반적으로 공정능력지수를 토대로 공정능력을 〈표 14.2〉와 같이 평가한다.

망목특성의 경우에는 규격상한과 규격하한이 모두 존재하지만 망대특성이나 망소특성의 경우는 상·하한 중 하나만 있다. 예를 들어 인장강도와 같이 특성치가 클수록 좋을 경우에는 규격상한이 없는 반면, 반응시간과 같이 작을수록 좋을 경우에는 규격하한이 없다.

<표 14.1> 공정능력지수별 백만단위당 불량수

공정능력지수	백만단위당 불량수(ppm)
0.67	45,400
1.00	2,700
1.33	63
1.67	0.57
2.00	0.002

<표 14.2> 공정능력 평가표

공정능력지수	공정능력의 평가
$C_P \geq 1.33$	공정능력이 충분함
$1.33 > C_P \geq 1$	공정능력이 있음
$1 > C_P \geq 0.67$	공정능력이 부족함
$0.67 > C_P$	공정능력이 없음

이처럼 한쪽 규격만 있는 경우에는 품질특성 분포의 한쪽만 고려하여 공정 능력지수를 다음과 같이 수정할 수 있다.

- 규격상한만 있을 경우의 공정능력지수

$$C_P = \frac{USL - \mu}{3\sigma}$$

- 규격하한만 있을 경우의 공정능력지수

$$C_P = \frac{\mu - LSL}{3\sigma}$$

이상의 설명에서는 모두 공정중심이 목표치에 맞추어져 있다고 가정하였으나 <그림 14.7>에서와 같이 한쪽으로 치우친 경우도 적지 않다. 이 경우에는 공정중심에서 가까운 쪽 규격을 벗어난 불량이 대부분이다.

따라서 공정중심에서 가까운 쪽의 품질특성 분포만 고려하여 다음과 같이 공정능력지수를 계산한다.

$$C_{Pk} = Min\left[\frac{USL - \mu}{3\sigma}, \frac{\mu - LSL}{3\sigma}\right]$$

일반적으로 공정중심이 한쪽으로 치우쳐져 있을 경우에는 공정능력지수를 나타내는 기호를 C_p 대신 C_{pk} 라고 쓴다.

〈표 14.3〉은 지금까지 설명한 공정능력지수를 요약한 것이다.

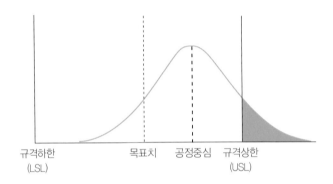

규격하한 (LSL)　　목표치　　공정중심　　규격상한 (USL)

〈그림 14.7〉 공정중심이 치우친 경우

〈표 14.3〉 공정능력지수 계산공식

구분	공정능력지수
양쪽 규격 모두 존재하는 경우	$C_P = \dfrac{USL - LSL}{6\sigma}$
규격상한만 존재하는 경우	$C_P = \dfrac{USL - \mu}{3\sigma}$
규격하한만 존재하는 경우	$C_P = \dfrac{\mu - LSL}{3\sigma}$
공정중심이 치우친 경우	$C_{Pk} = (1-k) \cdot C_P$

📖 **참고문헌**

- 박영택(2013), "통계적 공정관리: 산포를 줄여야 품질수준이 높아진다", 품질경영, 12월호.
- 배도선(1992), 「최신 통계적 품질관리」, 영지문화사.
- 한국표준협회, 「통계적 품질관리」, 전문교육과정 교재.

15장
관리도

관리도란 제조공정의 산포관리를 위한 대표적 수단이다. 그런데 '관리상태'라고 하면 '더 이상 개선할 것이 없는 상태'라고 생각하는 사람들이 많다. 그러나 이것은 틀린 생각이다. 간단히 말해 관리상태란 평소의 산포관리 수준이 유지된다는 의미일 뿐이다. 따라서 관리상태를 유지하는 일은 현장의 책무인 반면 관리상태를 더 높은 수준으로 끌어올리는 것은 경영진의 책무이다.

Quality is King!

15.1 관리상태와 이상상태

(1) 산포의 발생원인

일반적으로 생산공정의 관리목표는 설계품질에 부합하는 제품을 만들어 내는 것이다. 그런데 동일한 조건 하에서 동일한 작업자들이 동일한 작업을 반복하더라도 생산된 제품의 품질에는 반드시 산포(변동)가 생기기 마련이다. 이러한 산포를 발생시키는 원인은 크게 다음과 같은 두 가지로 분류할 수 있다.

첫째, 생산조건이 엄격히 관리되고 있는 공정에서도 일상적으로 발생하는 산포로서 기존의 관리수준으로는 줄이기 힘든 불가피한 산포이다. 이러한 산포의 발생 원인을 '우연원인'이라고 하는데, 식별하기 어려울 정도의 원·부자재나 생산설비의 제반 특성 차이, 작업자의 숙련도 차이, 작업표준의 허용범위 내에 있는 작업조건 및 작업환경의 변화 등이 여기에 속한다.

둘째, 평상시와 다른 특별한 이유가 포함된 경우로서 그냥 넘기기에는 문제가 되는 산포이다. 평상시와 다른 이러한 산포의 발생 원인을 '이상원인'이라고 한다. 불량 원·부자재의 사용, 생산설비의 이상 또는 고장, 작업자의 부주의, 측정 오차 등이 여기에 속하는데, 이러한 산포의 발생 원인은 이유를 알 수 있기 때문에 제거할 수 있으므로 '가피원인(可避原因)'이라고도 한다. 이러한 이상원인들은 만성적으로 존재하는 것이 아니라 돌발적(또는 산발적)으로 발생하며 품질의 변동에 크게 영향을 미치므로 우선적으로 제거해야 한다.

(2) 공정의 두 가지 상태

생산공정이 우연원인의 영향만 받는다면 현재의 상태가 계속 유지되므로 앞으로 생산될 제품의 품질도 예측할 수가 있다. 이처럼 품질의 변동이 우연원인에 의해서만 발생할 경우 '관리상태(under control)' 또는 '안정상태'에 있다고

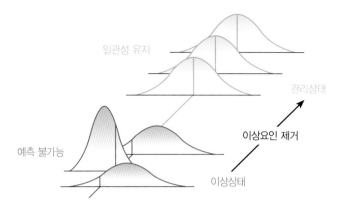

일관성 유지

관리상태

예측 불가능

이상요인 제거

이상상태

〈그림 15.1〉 관리상태와 이상상태

한다.

　일반적으로 생산공정은 작업시간의 대부분이 관리된 상태로 가동되고 있다. 그러나 이상원인이 하나라도 발생하면 공정은 관리상태를 이탈한 '이상상태(out of control)'가 되어 불량 발생이 늘어나고 앞으로 생산될 제품의 품질 또한 예측하기 어렵다. 따라서 품질변동의 원인을 파악하고 이상원인에 대해 일선 현장에서 즉시 조치하여 더 이상 재발하지 않도록 해야 한다. 또한 현상유지에 만족하지 말고 우연원인의 유지/감소를 위해 생산설비 및 작업방법의 개선, 작업자의 교육·훈련, 작업환경의 개선 등을 통한 품질향상을 지속적으로 추진해야 한다.

15.2 관리도의 기본개념

(1) 공정상태의 판단

　공정의 상태를 나타내는 품질 특성치(데이터)를 이용하여 품질변동에 영향

〈그림 15.2〉 관리도와 공정상태

(a)관리상태

(b)이상상태

을 끼치는 원인을 판별하고, 이상상태가 발생할 경우 신속한 조처를 통해 공정을 관리상태로 복구시킬 수 있는 통계적 방법이 있다면 매우 편리할 것이다. 이러한 필요에 부합하는 것이 바로 관리도이다.

'관리도(Control Chart)'란 〈그림 15.2〉와 같이 우연원인으로 인한 산포와 이상원인으로 인한 산포를 구분할 수 있도록 중심선 상·하에 관리한계선을 표시한 후, 공정의 상태를 나타내는 특성치(측정치)를 타점하고 이를 연결한 꺾은 선 그래프를 말한다. 관리도에서 타점치들이 모두 관리한계선 내에 있으면 '관리상태', 그렇지 않으면 '이상상태'라고 판단한다. 따라서 관리도를 작성하면 시간경과에 따라 공정의 산포가 어떻게 변하는지 쉽게 알 수 있다.

공정이 관리된 상태라면 〈그림 15.2〉의 왼쪽 그래프와 같이 거의 모든 점들이 관리한계선 안에 랜덤하게 타점된다. 이 경우 공정의 상태가 우연원인에 의해서만 영향을 받기 때문에 공정관리상 특별한 조처를 취할 필요가 없다. 이에 반해 관리한계선 밖으로 점들이 자주 타점되면 공정상태가 안정적으로 관리되지 못한다고 볼 수 있다. 즉, 우연원인뿐 아니라 이상원인도 공정상태에 영향을 미치고 있기 때문에 품질상 문제가 발생한다고 보는 것이다. 이런 경우에는 이상원인을 규명하고 적절한 관리 및 기술적 조처를 취해야 한다. 이처럼 관리도의 사용목적은 공정의 이상 유무를 신속히 판단하고 이상원인으로 인한 불량이 대량으로 발생하기 전에 미리 필요한 조처를 취할 수 있도록 하는 데 있다.

(2) 관리한계선의 결정

관리도에는 다음과 같은 3개의 관리선이 존재한다.

- 중심선(*CL*, Center Line): 실선으로 표시
- 관리상한선(*UCL*, Upper Control Limit): 점선으로 표시
- 관리하한선(*LCL*, Lower Control Limit): 점선으로 표시

공정의 상태를 판별하는 기준인 관리한계선은 어떻게 결정하는 것이 합리적일까? 통상적으로 공정에서 나오는 제품의 품질 특성치의 산포 척도인 시그마(σ)값을 이용하여 다음과 같이 결정한다.

- 관리상한선(*UCL*) = 공정중심치(μ) + *3σ*
- 관리하한선(*LCL*) = 공정중심치(μ) − *3σ*

이처럼 공정중심에서 ±*3σ* 범위를 관리한계선으로 결정하는 것을 슈하트(W.A. Shewhart)의 '*3σ* 관리도'라고 한다. 공정이 관리상태에 있을 경우 공정에서 제조되는 제품의 특성치를 취하여 히스토그램을 그려보면 거의 정규분

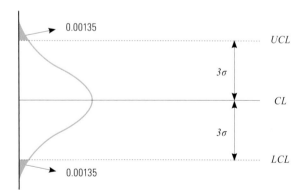

〈그림 15.3〉 관리한계선과 타점치의 분포

포를 따른다. 데이터가 정규분포를 따를 경우 ±3σ 범위 내에 들어갈 확률은 99.73%이다. 따라서 공정이 안정상태를 유지하더라도 타점치가 관리한계선 밖으로 벗어날 확률은 0.27% 정도 존재한다. 따라서 관리한계선을 기준으로 공정의 이상 유무를 판단할 경우 어느 정도의 판단 과오는 피할 수 없다. 이런 과오를 구체적으로 살펴보면 다음과 같다.

첫째, 공정이 실제로 관리상태를 유지하고 있음에도 불구하고 관리한계선 밖으로 나간 타점치가 있기 때문에 이를 이상상태라고 오판하는 것을 '1종 과오 (type1 error)'라고 한다. 3σ 관리도에서 1종 과오의 크기는 0.27% 정도이다.

둘째, 공정의 상태가 실제로 변하였는데도 불구하고 타점치들이 모두 관리한계선 내에 있기 때문에 관리상태가 유지되고 있다고 오판하는 것을 '2종 과오 (type2 error)'라고 한다.

1종 과오를 줄이려면 관리한계선의 범위를 넓히면 되지만 그렇게 할 경우 2종과오가 커지는 문제가 있다. 이처럼 한쪽 과오를 줄이려면 다른 쪽 과오가 커지기 때문에 3σ 관리도에서는 1종 과오를 0.27% 허용하는 기준을 적용한다.

(3) 관리상태의 개선

돌발적인 문제의 발생으로 인해 이상상태가 발생하면 이를 신속히 탐지하고 원상 복구하여 평소의 관리상태로 되돌리는 것은 현장의 책무이다. 이를 위해 오랫동안 통계적 공정관리에서 사용해 온 기법이 '관리도'이다. 그러나 앞서 설명한 바와 같이 관리상태의 유지만으로는 프로세스의 관리가 충분치 못한 경우가 있다.

관리상태를 개선하여 산포관리의 수준을 더욱 높이려면 품질의 변동을 초래한 이유를 알기 힘든 '우연요인'의 발생과 영향을 줄여야 한다. 이것은 식스시그마와 같이 전문가 중심의 과학적 접근을 필요로 한다. 사내에 품질전문가를 양성하고 그들이 제대로 활동할 수 있도록 뒷받침하는 것은 경영진의 책무이다.

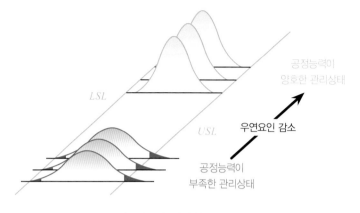

<그림 15.4> 관리상태의 개선

15.3 관리도의 종류

(1) 관리도의 분류

관리도는 사용되는 데이터의 종류에 따라 계량형 관리도와 계수형 관리도로 나누어진다.

- 계량형 데이터 : 길이나 무게처럼 연속적 값을 갖는 변수(continuous variable)에 대한 측정치
- 계수형 데이터 : 불량개수나 등급 구분처럼 이산적 값을 갖는 변수(discrete variable)에 대한 측정치

계량형 관리도에는 $\bar{x}$-R 관리도, $\bar{x}$-σ 관리도, $\tilde{x}$-R 관리도, x 관리도 등이 있는데, 이 중 가장 기본이 되는 것은 $\bar{x}$-R 관리도이다. 일반적으로 계량형 관리도에는 정규분포를 적용한다. x 관리도는 데이터의 발생 간격이 길 때 개별 데이터를 그대로 이용하는 관리도로서 많이 사용되지는 않는다. 또한 계수형 관리

<표 15.1> 관리도의 종류

	데이터의 종류	관리도	적용분포
계량형 관리도	길이, 무게, 강도, 화학성분, 압력, 무게, 비율, 원단위, 생산량	$\bar{x}$-R관리도(평균치와 범위의 관리도) $\bar{x}$-σ관리도(평균치와 표준편차의 관리도) $\tilde{x}$-R관리도(중앙치와 범위의 관리도) x 관리도(개별 데이터의 관리도)	정규분포
계수형 관리도	제품의 불량률	p관리도	이항분포
	불량개수	pn관리도	
	결점수 (검사단위가 같을 때)	c관리도	포아송분포
	단위당 결점수 (검사단위가 다를 때)	u관리도	

도에는 p 관리도, pn 관리도, c 관리도, u 관리도 등이 있는데 이 중 가장 기본이 되는 것이 p 관리도이다.

(2) 계량형 관리도

계량형 관리도에서 가장 기본이 되는 '$\bar{x}$-R 관리도(평균치와 범위의 관리도)'의 활용에 대해 살펴보자. $\bar{x}$-R 관리도는 관리항목으로서 길이, 무게, 시간, 인장강도, 순도, 비율 등과 같이 양을 측정할 때 사용한다(한국산업규격 KS A 3201). $\bar{x}$-R 관리도는 평균치의 변화를 관리하는 $\bar{x}$ 관리도와 산포의 변화를 관리하는 R 관리도로 구성된다.

● $\bar{x}$-R 관리도의 작성순서
① 데이터를 수집한다.
일정기간 동안 측정한 데이터를 대상으로 샘플크기(n) 4~5개 정도 규모

의 군(群)을 약 20~25개 정도 형성하고, 이들에 대한 측정치를 데이터시트 (data sheet)에 기입한다. 데이터시트에는 품명, 샘플 추출방법, 측정방법 등 추후 문제가 발생할 경우 원인분석에 필요한 사항들도 함께 기입한다.

이해를 돕기 위해서 내경(內徑) 연마공정에서 $\bar{x}$-R 관리도를 적용한 예를 보기로 한다(표 15.2 참조).

② 각 군의 평균치 $\bar{x}$를 계산한다.

③ 각 군에서(데이터 값이 가장 큰 측정치와 가장 작은 측정치의 차이인) 범위 R을 계산한다.

④ 관리도 용지에 〈그림 15.5〉에 나타낸 것처럼 세로축에 $\bar{x}$와 R의 눈금을 매기고, 가로축에는 샘플군의 번호를 기입한다.

⑤ $\bar{x}$의 평균인 총평균 $\bar{\bar{x}}$를 계산한다.

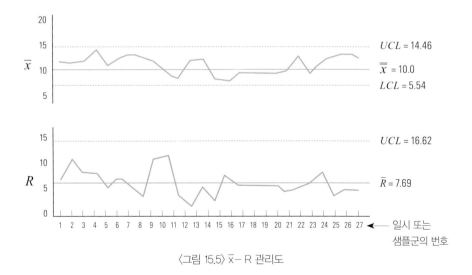

〈그림 15.5〉 $\bar{x}$－ R 관리도

일시	샘플군 번호	측정치					계 Σx	평균 $\bar{x}$	범위 R
		x_1	x_2	x_3	x_4	x_5			
	1	9	13	16	7	9	54	10.8	9
	2	14	9	13	16	3	55	11.0	13
	3	13	11	6	16	9	55	11.0	10
	4	14	12	10	20	12	68	13.6	10
	5	6	7	12	11	13	49	9.8	7
	6	12	10	15	16	7	60	12.0	9
	7	17	11	16	11	10	65	13.0	7
	8	14	11	10	15	10	60	12.0	5
	9	16	13	9	3	14	55	11.0	13
	10	15	1	8	7	8	39	7.8	14
	11	5	6	7	5	10	33	6.6	5
	12	12	10	10	12	12	56	11.2	2
	13	11	14	10	15	8	58	11.6	7
	14	9	6	5	6	7	33	6.6	4
	15	4	8	4	2	11	29	5.8	9
	16	10	8	7	3	9	37	7.4	7
	17	4	7	8	6	11	36	7.2	7
	18	4	6	11	7	8	36	7.2	7
	19	7	9	3	8	10	37	7.4	7
	20	5	11	11	5	11	43	8.6	6
	21	10	9	14	14	16	63	12.6	7
	22	8	6	12	8	4	38	7.6	8
	23	6	14	9	16	10	55	11.0	10
	24	11	10	15	14	12	62	12.4	5
	25	12	16	14	13	10	65	13	6
	26	14	13	12	13	8	60	12	6
	27								
	28								
	29								
	30								
						계		260.2	200

$\bar{x}$ 관리도

$UCL = \bar{\bar{x}} + A_2\bar{R}$
$= 10 + 0.58 \times 7.69 = 14.46$

$LCL = \bar{\bar{x}} - A_2\bar{R}$
$= 10 - 0.58 \times 7.69 = 5.53$

R관리도

$UCL = D_4\bar{R}$
$= 2.11 \times 7.69$
$= 16.22$

$LCL = D_3\bar{R} = -$

$\bar{\bar{x}} = 10.0, \ \bar{R} = 7.69$

n	A_2	D_4	D_3
4	0.73	2.28	—
5	0.58	2.11	—

⑥ R의 평균인 $\bar{R}$를 계산한다.

⑦ 중심선 $\bar{\bar{x}}$ 와 $\bar{R}$를 관리도 용지에 각각 실선으로 그린다.
   ($\bar{\bar{x}}$는 $\bar{x}$ 관리도의 중심선, $\bar{R}$는 R관리도의 중심선이 된다.)

⑧ 관리한계선의 값을 계산한다.
   $\bar{x}$ 관리도는
   $$UCL = \bar{\bar{x}} + A_2\bar{R}$$
   $$LCL = \bar{\bar{x}} - A_2\bar{R}$$

   R관리도는
   $$UCL = D_4\bar{R}$$
   $$LCL = D_3\bar{R}$$

〈표 15.2〉의 자료로 계산하면
   $\bar{x}$ 관리도는
   $$UCL = \bar{\bar{x}} + A_2\bar{R} = 10.0 + 0.58 \times 7.69 = 14.46$$
   $$LCL = \bar{\bar{x}} - A_2\bar{R} = 10.0 - 0.58 \times 7.69 = 5.53$$

   R관리도는
   $$UCL = D_4\bar{R} = 2.11 \times 7.69 = 16.22$$
   $$LCL = D_3\bar{R} = (0) \times 7.69 = 0 \ (즉, LCL은 \ 고려하지 \ 않는다.)$$

⑨ $\bar{x}$ 관리도 및 R관리도상에 관리상한선(UCL)과 관리하한선(LCL)을 점선으로 그린다.

⑩ 관리도상에 $\bar{x}$ 와 R의 값을 군번호 순서대로 타점한다.

⑪ 관리도를 보고 제조공정의 관리상태를 판단한다. 타점치 중에서 관리한계선 밖으로 나간 것이 있을 때에는 이상원인이 발생했다고 간주하고 그 원인을 찾아서 조처한다. (점이 한계선상에 있는 경우도 이상상태로 본다.)

⑫ 관리한계선 밖으로 나간 점을 제거하고 관리선을 재계산한다. 한계선을 벗어난 점에 대한 발생 원인이 밝혀지면 재발방지를 위한 적절한 조처를 취하고, 이상치로 판정된 데이터를 제외한 후 ⑤~⑩까지의 순서에 따라 관리선을 재계산한다.

$\bar{x}$ - R 관리도는 공정 평균에 대한 $\bar{x}$ 관리도와 산포에 대한 R관리도가 결합된 것이다. 이러한 경우에는 두 개의 관리도를 동시에 보고 해석해야 효율적인 공정의 관리가 가능하다.

(3) 계수형 관리도

계수형 관리도의 기본이 되는 'p 관리도(불량률 관리도)'는 품질특성을 불량률로 보고, 불량률이 통계적으로 안정되어 있는가를 판정하기 위한 관리도이다.

● p 관리도의 작성순서
① 불량률로 나타나는 데이터를 수집한다.
  층별(層別)된 모집단에서 추출된 검사개수 n과 불량개수 pn에 대한 데이터가 필요하다.

② 데이터를 군으로 구분한다.
  군의 크기는 20~100개 정도로 하되, 각 군에 불량개수가 평균 1~5개 정도가 들어가도록 잡는 것이 좋다.

③ 각 군의 불량률 p를 계산한다.

$$p = \frac{pn}{n} = \frac{불량개수}{검사개수}$$

④ 평균불량률 $\bar{p}$를 계산한다.

$$\bar{p} = \frac{\sum pn}{\sum n} = \frac{총불량개수}{총검사개수}$$

⑤ 관리도 용지에 〈그림 15.6〉과 같이 불량률 p를 검사순으로 타점하고 평균불량률을 $\bar{p}$를 실선으로 나타낸다. 이것이 중심선이 된다.

⑥ 관리한계를 계산한다.

$$관리상한선\ UCL = \bar{p} + 3\sqrt{\frac{\bar{p}(1-\bar{p})}{n}}$$

$$관리하한선\ LCL = \bar{p} - 3\sqrt{\frac{\bar{p}(1-\bar{p})}{n}}$$

⑦ 관리도상에 관리한계를 점선으로 기입한다.

군별로 샘플의 크기(n)가 일정하면 상·하의 관리한계선도 일직선이 되지만, n의 크기가 샘플군마다 다를 경우에는 관리한계선이 요철(凹凸)형으로 나타난다.

⑧ 작성된 관리도를 보고 공정이 이상상태라고 판단되면 필요한 조처를 취한다.

⑨ 관리한계선 밖으로 나간 점을 제거하고 ④~⑨까지의 순서로 관리선을 다시 계산한다.

● p관리도의 작성 예

〈표 15.3〉에 제시된 데이터 시트에는 완구 제조업체에서 나온 규격 불량 개수와 불량률에 관한 자료를 정리한 것이다. 이 자료를 이용하여 p관리도 를 작성한 것이 〈그림 15.6〉이다. 샘플군의 크기가 일정하지 않으므로 관리 한계선이 요철형으로 나타나는 것을 볼 수 있다.

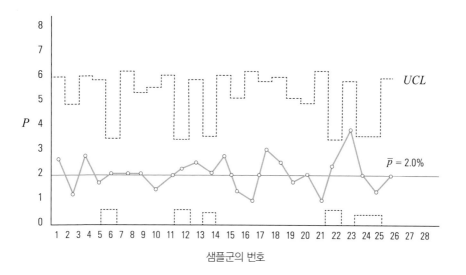

〈그림 15.6〉 p 관리도

〈표 15.3〉 p 관리도 데이터 시트

샘플군 번호	샘플 크기 n	불량 개수 pn	불량률 $p(\%)$	$A=\dfrac{3}{\sqrt{n}}$	$A\times\sqrt{\bar{p}(1-\bar{p})}$ (%)	UCL $\bar{p}+A\sqrt{\bar{p}(1-\bar{p})}$ (%)	LCL $\bar{p}-A\sqrt{\bar{p}(1-\bar{p})}$ (%)
1	113	3	2.7	0.282	4.0	6.0	−
2	250	3	1.2	0.190	2.7	4.7	−
3	110	3	2.7	0.286	4.0	6.0	−
4	125	2	1.6	0.268	3.8	5.8	−
5	850	17	2.0	0.103	1.4	3.4	0.6
6	100	2	2.0	0.300	4.2	6.2	−
7	150	3	2.0	0.245	3.4	5.4	−
8	140	2	1.4	0.254	3.5	5.5	−
9	112	2	1.8	0.283	4.0	6.0	−
10	900	20	2.2	0.100	1.4	3.4	0.6
11	125	3	2.4	0.268	3.8	5.8	−
12	750	16	2.1	0.110	1.5	3.5	0.5
13	110	3	2.7	0.286	4.0	6.0	−
14	160	2	1.3	0.237	3.3	5.3	−
15	100	1	1.0	0.300	4.2	6.2	−
16	135	4	3.0	0.258	3.6	5.6	−
17	120	3	2.5	0.274	3.8	5.8	−
18	180	3	1.7	0.224	3.1	5.1	−
19	200	4	2.0	0.212	3.0	5.0	−
20	100	1	1.0	0.300	4.2	6.2	−
21	870	20	2.3	0.102	1.4	3.4	0.6
22	132	5	3.8	0.261	3.7	5.7	−
23	750	15	2.0	0.110	1.5	3.5	0.5
24	760	10	1.3	0.109	1.5	3.5	0.5
25	110	2	1.8	0.286	4.0	6.0	−
계	7,452 $\sum n$	149 $\sum pn$					

$$\bar{p}=\sum pn/\sum n=149/7{,}452=0.0199 ≒ 2.0\%$$

$$\sqrt{\bar{p}(1-\bar{p})}=\sqrt{0.02(1-0.02)}=\sqrt{0.0196}=0.140 ≒ 14.0\%$$

15.4 관리상태의 판정조건

관리도를 제대로 활용하기 위해서는 정상상태와 이상상태를 잘 판단하여야 한다. 정상상태와 이상상태를 판정하기 위한 조건을 좀 더 자세히 살펴보자.

(1) 정상상태의 판정조건

관리도에서 타점치들이 모두 관리상한선(UCL)과 관리하한선(LCL) 사이에 있다고 해서 공정이 정상상태라고 판정하지는 않는다. "점의 배열에 습관성이 없다"는 한 가지 조건이 더 충족되어야 한다. 왜냐하면 점의 배열에 습관성이 있다는 것은 타점치들의 변동이 우연요인 때문만은 아니라는 것을 의미하기 때문이다.

공정이 정상상태라고 판정하기 위해서는 〈그림 15.7〉의 왼쪽 관리도와 같이 타점치들이 모두 관리한계선 내에 있고, 중심선에 가까울수록 상대적으로 점의 수가 많아야 한다. 이 관리도의 타점치들을 평행 이동시킨 오른쪽 그림은 평균이 중심선(CL)과 일치하고, 모양이 정규분포 형태이다.

〈그림 15.7〉 정상상태의 관리도와 점의 분포

(2) 이상상태의 판정조건

앞서 정상상태의 판정조건은 "관리한계선을 벗어난 점이 없고, 점의 배열에 특별한 습관성이 없다"라는 것을 설명하였다. 따라서 관리도에서 관리한계선을 벗어난 점이 있거나, 점의 배열에 습관성이 있으면 공정이 이상상태라고 판정한다. 공정이 이상상태라고 판정하기 위한 조건을 좀 더 자세히 정리하면 다음과 같다.

- **관리한계선을 벗어난 점이 있다.**
  관리한계선 상에 점이 있더라도 이상상태라고 판단한다.
- **점의 배열에 습관성이 있다.**
  관리한계선을 벗어난 점이 없더라도 점의 배열에 습관성이 있으면 이상상태라고 판단한다. 점의 배열에 나타나는 습관성을 분류하면 다음과 같다.

① 런(run)이 나타날 경우 : 길이 9 이상

타점치들이 중심선의 위 또는 아래 중 어느 한쪽에 연속해서 몰리는 경우를 런(run) 또는 연(連)이라고 한다. 예전에는 길이 7의 런이 발생할 경우 이상상태라고 보았으나 개정된 KS A 규격에서는 이상상태의 판정기준을 길이 9로 변경하였는데 그 이유는 다음과 같다.

하나의 타점치가 중심선 위쪽과 아래쪽에 위치할 확률이 0.5라고 할 때, 길

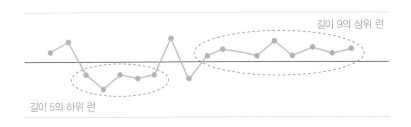

〈그림 15.8〉 런(run)이 나타나는 관리도

이 9의 런이 발생할 확률은 0.195%(; $0.5^9 = 0.00195$)이다. 런은 중심선 위쪽과 아래쪽 두 곳에서 발생할 수 있으므로 길이 9의 런이 발생할 확률은 2× 0.195% = 0.39%가 되는데, 이는 3σ 관리도를 설계할 때 정상상태를 이상상태로 오판할 확률을 0.27% 허용하는 기준과 근접하기 때문이다.

② 추세(trend)가 나타날 경우 : 길이 7 이상

점의 배열에 상승 또는 하강 경향이 뚜렷이 나타나는 경우에는 관리한계선을 벗어난 점이 없더라도 이상상태일 가능성이 높다. 일반적으로 7개의 점들이 연속해서 상승 또는 하강하면 이상상태라고 판단한다.

타점치 배열이 상승 또는 하강 추세를 보이는 이유에는 공구의 점진적 마모나 작업자의 피로 누적 등이 포함될 수 있다.

〈그림 15.9〉 추세(trend)가 나타나는 관리도

③ 점들이 중심선 한 쪽에 많이 몰려 있는 경우

런의 길이가 9개 미만이라도 중심선 한쪽에 점들이 많이 몰리면 공정이 정상상태가 아닐 가능성이 높다. 일반적으로 연속된 11개의 점 중 10개 이상, 14개의 점 중 12개 이상, 17개의 점 중 14개 이상이 중심선 한쪽에 있을 때 이상상태라고 판단한다.

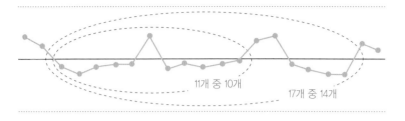

〈그림 15.10〉 중심선 한쪽에 많은 점들이 몰려 있는 관리도

④ 점들이 관리한계선 가까이 많이 있는 경우

관리한계선을 벗어난 점이 없더라도 관리한계선 가까이 많은 점들이 있으면 공정이 정상상태가 아닐 가능성이 높다. 일반적으로 연속된 3개의 점 중 2개 이상, 7개의 점 중 3개 이상이 2σ에서 3σ 사이에 있으면 이상상태라고 판단한다.

참고적으로 기술하면 3σ관리도에서 임의의 타점이 중심선 위쪽에 있는 2σ에서 3σ 사이 영역과 아래쪽에 있는 2σ에서 3σ 사이 영역에 위치할 확률은 각각 0.02145이다. 따라서 임의의 타점이 2σ에서 3σ 사이의 영역에 위치할 확률은 $0.0429(=2\times0.02145)$이며, 연속된 3개의 점 중 2개가 2σ에서 3σ 사이에 있을 확률은 $_3C_2 \cdot 0.0429^2 \cdot (1-0.0429) = 0.0053$이 된다. 이것은 3σ 관리도를 설계할 때 정상상태를 이상상태로 오판할 확률을 0.27% 허용하는 기준에 근접한다.

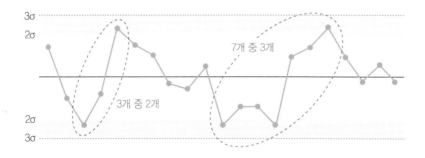

〈그림 15.11〉 관리한계선 가까이 있는 점들이 많은 관리도

⑤ 점의 배열에 주기성이 있을 경우

관리한계선을 벗어난 점이 없더라도 점의 배열에 주기성이 나타나면 공정이 정상상태가 아닐 가능성이 높다. KS A 규격에서는 연속된 14개의 점이 교대로 증감을 반복하면 주기성이 있다고 판정하고 있으나, 주기성에 대해서는 이상 여부를 판정하기 위한 일반적 기준이 없으므로 주관적으로 판단한다.

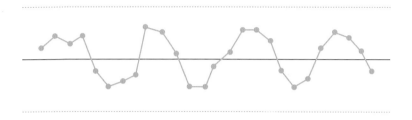

〈그림 15.12〉 점의 배열에 주기성이 있는 관리도

〈그림 15.13〉에서와 같이 점들의 절반 이상이 관리한계선 밖으로 나가 있거나, 대부분의 점들이 중심선 부근에 몰려 있는 경우에는 이상요인의 존재보다는 관리도의 작성방법에 문제가 있을 가능성이 크다. 이를 테면 샘플 군(群) 구분이나 데이터의 층별(層別) 방법에 문제가 있는 경우가 대부분이다. 샘플 군 내의 산포 발생 원인에는 가능한 한 우연요인만 포함되도록 샘플링검사를 계획해야 한다.

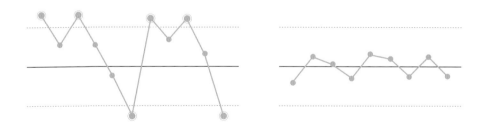

〈그림 15.13〉 공정의 이상 여부 판단에 주의가 필요한 관리도

■■ 참고문헌

- 박영택(2013), "통계적 공정관리: 산포를 줄여야 품질수준이 높아진다", 품질경영, 12월호.
- 배도선 외 6인(2006), 「최신 통계적 품질관리」, 개정판, 영지문화사.
- 염경철, 정영배(2009), 「개정된 KSA·ISO가 적용된 통계적 품질관리」, 성안당
- 이순룡(1993), 「품질경영론」, 법문사.
- 한국표준협회, 「통계적 품질관리」, 전문교육과정 교재.

16장
샘플링검사

샘플링검사와 관리도는 통계적 품질관리의 양대 기둥이다. 높은 수준의 품질을 보증하기 위해서는 전수검사가 좋지만, 전수검사에 들어가는 비용은 논외로 하더라도 파괴검사와 같은 경우에는 전수 검사를 실시할 수가 없다. 적은 수의 샘플을 가지고 사용자와 생산자를 동시에 보호하는 샘플링검사 방법은 통계학이 창조한 예술의 세계와도 같다.

Quality is King!

16.1 샘플링검사와 검사특성곡선

(1) 샘플링검사의 특징

　'샘플링검사(Sampling Inspection)'는 로트(lot)에서 샘플(시료)을 추출하여 검사하고, 그 결과를 판정기준과 비교하여 로트의 합격여부를 결정하는 것을 말한다. 브레이크의 작동실험이나 고압용기의 내압시험 등과 같이 안전에 매우 중요하거나 고가 보석의 감정처럼 경제적 가치가 높은 품목의 검사에는 전수검사가 불가피하지만 샘플링검사가 필요한 경우도 많다. 샘플링검사가 효과적으로 적용될 수 있는 경우는 다음과 같다.

- 파괴검사를 해야 하는 경우
- (전수검사를 하지 못해서 발생하는) 불량품의 합격 처리로 인해 초래되는 비용이 전수검사 비용보다 더 적을 경우
- 검사항목이 많은 경우
- 유사한 품목이 많기 때문에 샘플링검사만으로도 전수검사와 비슷한 효과를 얻을 수 있는 경우
- 검사 자동화가 이루어지지 않은 경우

　검사대상 제품을 전량 검사하는 전수검사에 비해 샘플링검사는 다음과 같은 장점이 있다.
- 검사대상이 많지 않으므로 다수의 검사 인력이 필요치 않고 검사 비용도 적게 든다.
- 전수검사의 경우 검사 대상의 과다로 인한 피로와 권태가 검사 오류를 유발할 수 있으나 샘플링검사의 경우에는 그러한 오류가 줄어든다.
- 불합격 로트의 퇴짜는 제조업자에게 품질향상을 위한 자극이 된다.

이와 같은 장점이 있는 반면에 다음과 같은 단점도 있다.
- 나쁜 품질의 로트를 합격시키고 좋은 품질의 로트를 불합격시킬 위험을 배제할 수 없다.
- 효율적인 샘플링검사를 계획하는 데 많은 시간과 노력이 든다.

(2) 검사특성곡선(OC곡선)

샘플링검사의 중요한 관심사는 좋은 품질의 로트와 나쁜 품질의 로트를 어떻게 구별하는가 하는 것이다. 샘플링검사의 로트품질 판별능력은 'OC곡선(Operating Characteristic Curve, 검사특성곡선)'으로 설명할 수 있다. OC곡선이란 〈그림 16.1〉에 나타낸 것처럼 로트의 불량률과 합격확률과의 관계를 보여주는 곡선이다.

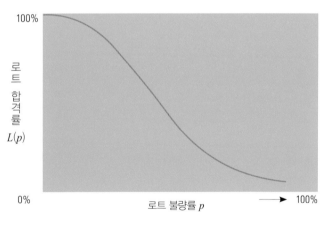

〈그림 16.1〉 OC곡선의 일반적 형태

OC곡선의 가로축은 로트의 불량률을 나타내고 세로축은 로트의 합격확률을 나타낸다. 모든 OC곡선은 기본적으로 다음과 같은 3가지 공통점이 있다.

- 불량품이 하나도 없는 불량률 0의 로트는 검사오류가 없는 한 100% 합격하기 때문에 OC곡선의 왼쪽 끝 높이는 1이다.
- 양품이 하나도 없는 불량률 100%의 로트는 검사오류가 없는 한 100% 불합격하기 때문에 OC곡선의 오른쪽 끝 높이는 0이다.
- 가로축에 표시한 로트의 불량률이 커질수록 합격확률이 낮아지기 때문에 OC곡선은 오른쪽으로 갈수록 낮아진다. (높이가 왼쪽 끝에서 1로 시작해서 오른 쪽 끝으로 가면 0으로 낮아진다.)

샘플링 검사는 샘플을 통해 전체 로트의 품질을 판단하기 때문에 불량률이 낮은 로트가 불합격될 수 있는 반면 불량률이 높은 로트가 합격될 수도 있다. 그것은 품질이 좋은 로트라도 우연히 샘플 속에 불량품이 상대적으로 많이 들어갈 수도 있고, 나쁜 로트라도 샘플로 뽑히는 것은 거의 대부분 양품일 수도 있기 때문이다.

〈그림 16.2〉와 같은 OC곡선이 적용된다면 불량률 1%인 상대적으로 좋은 로트가 불합격될 확률이 5%정도 있는 반면 불량률 5%의 나쁜 로트가 합격될 확률도 10% 정도 존재한다.

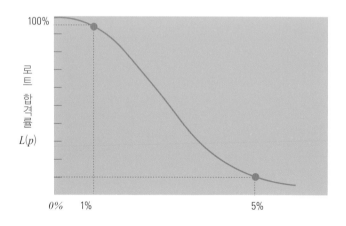

〈그림 16.2〉 OC곡선의 예

16.2 샘플링검사의 종류

(1) 샘플링검사의 분류

샘플링검사는 품질특성의 표시방법, 유형, 형식에 따라 다음과 같이 구분된다.

① 품질 특성치의 표시방법에 따른 분류
- 계수형 샘플링검사
  - 불량개수나 결점수 등과 같은 계수형 품질 특성치를 사용하는 검사 방식.
- 계량형 샘플링검사
  - 길이, 무게, 인장강도 등과 같은 계량형 품질 특성치를 사용하는 검사 방식.

② 유형에 따른 분류
- 규준형 샘플링검사
  - 일반적으로 생산자는 좋은 품질의 로트가 불합격되는 것을 피하고 싶은 반면 소비자는 나쁜 품질의 로트가 합격되는 것을 피하려 한다. 이러한 양측의 요구를 동시에 만족시키고자 하는 검사 방식.
- 선별형 샘플링검사
  - 검사에서 불합격되는 로트에 대해 전수검사를 실시하여 불량품을 선별해내는 검사 방식. 불합격된 로트에 대해서는 전수검사를 실시해야 하므로 파괴검사의 경우에는 사용할 수 없다.
- 조정형 샘플링검사
  - 다수의 공급자로부터 로트를 연속적으로 구입하는 경우, 공급자가 제공하는 로트의 품질수준에 따라 검사를 까다롭게 또는 수월하게 조정함으로써 공급자에게 품질향상에 대한 자극을 주고자 하는 방식.

- 연속생산형 샘플링검사
  - (이미 만들어진 로트를 대상으로 하는 것이 아니라) 컨베이어를 이용하는 흐름생산에서와 같이 제품이 하나씩 연속적으로 생산되는 경우에 적용하는 검사 방식.

③ **형식에 따른 분류**
- 1회 샘플링검사
  - 일정량의 샘플을 뽑아 검사를 실시하고 검사성적에 따라 합격 또는 불합격 판정을 내리는 방식.
- 2회 샘플링검사
  - 상대적으로 적은 양의 샘플을 뽑아서 검사를 실시한 후 검사성적이 아주 좋으면 합격, 아주 나쁘면 불합격 판정을 내린다. 첫 번째 검사에서 합격 또는 불합격 판정이 나오지 않을 경우 추가적으로 일정량의 샘플을 더 뽑아서 검사를 실시한 후 합격 여부를 판정하는 방식.
- 다회 샘플링검사
  - 2회 샘플링검사에서는 늦어도 2차 샘플링 검사에서는 합격여부에 대한 최종 판정이 이루어진다. 다회 샘플링검사는 합격여부에 대한 최종 판정이 2차를 넘어갈 수 있을 경우를 말한다. 이처럼 여러 단계의 검사를 하는 목적은 합격여부 판정에 필요한 평균샘플개수를 줄이는데 있다.

〈표 16.1〉 샘플링검사 방식의 분류

품질특성 표시	유형별	형식별
계수	규준형	1회
	선별형	2회
계량	조정형	다회
	연속생산형	축차

- 축차 샘플링검사
  - 로트의 합격여부 판정을 위해 여러 차례 샘플을 취하는 다회 샘플링
    검사의 개념을 확장한 것이다. 매번 샘플을 한 개만 추출하여 검사하
    고 누적 검사성적에 따라 합격, 불합격, 추가 검사의 3가지 중 하나를
    선택하는 방식.

〈표 16.1〉에는 지금까지 설명한 샘플링검사 방식을 요약한 것이다. 품질특성
표시, 유형, 형식에서 각각 하나를 선택하여 결합하면 하나의 검사 방식이 된
다. (예: 계수 규준형 2회 샘플링검사, 계량 조정형 1회 샘플링검사 등)

(2) 규준형 샘플링검사

① 규준형 샘플링검사의 설계

샘플링검사 방식 중 기본이 되는 계수 균준형 1회 샘플링 검사에 대해 살펴
보자. 규준형 샘플링검사는 OC곡선을 기초로 '좋은 품질의 로트가 불합격되는
것을 피하려고 하는 생산자의 요구'와 '나쁜 품질의 로트가 합격되는 것을 피하

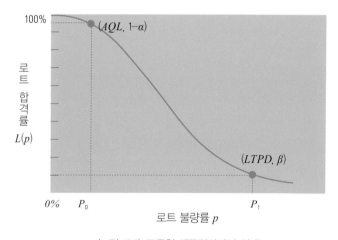

〈그림 16.3〉 규준형 샘플링검사의 설계

려고 하는 소비자의 요구'를 동시에 만족시키고자 하는 샘플링검사 유형이다.

규준형 샘플링검사를 적용하기 위해서는 가능한 한 합격시키고 싶은 '좋은 로트'와 가능한 한 불합격시키고 싶은 '나쁜 로트'의 기준을 먼저 정해야 한다. 샘플링검사에서는 이 기준을 AQL과 $LTPD$라고 한다. 이를 설명하면 다음과 같다.

- AQL(Acceptable Quality Level, 합격품질수준)
  - 가능한 한 합격시키고 싶은 로트 불량률의 상한으로서 보통 p_0로 표시한다. (즉, 불량률이 p_0보다 낮은 로트는 합격시키고 싶다는 의미.)
- $LTPD$(Lot Tolerance Percent Defective, 로트허용불량률)
  - 가능한 한 불합격시키고 싶은 로트 불량률의 하한으로서 보통 p_1으로 표시한다. (즉, 불량률이 p_1보다 큰 로트는 불합격시키고 싶다는 의미.)

불량률이 p_0보다 낮은 좋은 로트가 불합격될 확률을 '생산자 위험(α)', 불량률이 p_1보다 큰 나쁜 로트가 합격될 확률을 '소비자 위험(β)'이라고 한다. 규준형 샘플링검사에서는 통상적으로 생산자 위험 5%와 소비자 위험 10%를 감수하도록 한다. 물론, 판정의 정확도를 높이기 위해 생산자위험과 소비자위험을 더 줄일 수는 있지만 이 경우 검사에 필요한 샘플의 수가 늘어나는 문제가 있다.

② 샘플링 검사표의 활용

샘플링 검사를 실시할 때 원하는 검사 방식을 선택하고 난 후 샘플 수와 합격판정개수를 이론식에 따라 일일이 계산하는 일은 너무 번거롭다. 이 때문에 〈표 16.2〉와 같은 샘플링 검사표를 이용하는 것이 일반적이다. 계수 규준형 1회 샘플링검사인 KS A 3102 규격의 이용방법을 살펴보자.

이 방식은 생산자와 소비자의 요구를 동시에 만족시킬 수 있도록 설계된 것으로서, 검사대상 로트로부터 n개의 샘플을 뽑아서 검사를 실시하고 발견된 불량개수가 합격판정개수 c개 이하이면 로트를 합격시키고, c개를 초과하면 불합

〈표 16.2〉 계수규준형 1회 샘플링 검사표

각 칸의 위 숫자는 시료의 크기 n, 아래 숫자는 합격판정개수 c를 나타낸다.

p_1(%) ＼ p_0(%)	0.71~0.90	0.91~1.12	1.13~1.40	1.41~1.80	1.81~2.24	2.25~2.80	2.81~3.55	3.56~4.50	4.51~5.60	5.61~7.10	7.11~9.00	9.01~11.2	11.3~14.0	14.1~18.0	18.1~22.4	22.5~28.0	28.1~35.5	p_0(%)
0.090 ~ 0.112	*	400 1	↓	←	↓	→	60 0	50 0	←	↓	↓	←	↓	↓	↓	↓	↓	0.090 ~ 0.112
0.113 ~ 0.140	*	↓	300 1	↓	←	↓	→	↑	40 0	←	↓	↓	←	↓	↓	↓	↓	0.113 ~ 0.140
0.141 ~ 0.180	*	500 2	↓	250 1	↓	←	↓	→	↑	30 0	↓	↓	←	↓	↓	↓	↓	0.141 ~ 0.180
0.181 ~ 0.224	*	*	400 2	↓	200 1	↓	↓	↓	↑	25 0	↓	↓	←	↓	↓	↓	↓	0.181 ~ 0.224
0.225 ~ 0.280	*	*	500 3	300 2	↓	150 1	↓	←	↓	→	↑	20 0	←	↓	←	↓	↓	0.225 ~ 0.280
0.281 ~ 0.355	*	*	*	400 3	250 2	↓	120 1	↓	↓	↓	↑	15 0	←	↓	↓	↓	←	0.281 ~ 0.355
0.356 ~ 0.450	*	*	*	500 4	300 3	200 2	↓	100 1	↓	↓	↓	↑	15 0	←	↓	↓	↓	0.356 ~ 0.450
0.451 ~ 0.560	*	*	*	*	400 4	250 3	150 2	↓	80 1	↓	←	↓	→	10 0	↓	↓	↓	0.451 ~ 0.560
0.561 ~ 0.710	*	*	*	*	500 6	300 4	200 3	120 2	↓	60 1	↓	←	↓	→	↑	7 0		0.561 ~ 0.710
0.711 ~ 0.900	*	*	*	*	*	400 6	250 4	150 3	100 2	↓	50 1	↓	→	↓	→	↑	5 0	0.711 ~ 0.900
0.901 ~ 1.12	*	*	*	*	*	*	300 6	200 4	120 3	80 2	↓	40 1	↓	←	↓	↓	↑	0.901 ~ 1.12
1.13 ~ 1.40	*	*	*	*	*	500 10	↓	250 6	150 3	100 2	60 2	↓	30 1	↓	←	↓	↑	1.13 ~ 1.40
1.41 ~ 1.80	*	*	*	*	*	*	400 10	200 6	120 4	80 3	50 2	↓	25 1	↓	←	↓		1.41 ~ 1.80
1.81 ~ 2.24	*	*	*	*	*	*	*	300 10	150 6	100 4	60 3	40 2	↓	20 1	↓	←		1.81 ~ 2.24
2.25 ~ 2.80	*	*	*	*	*	*	*	*	*	120 10	120 6	70 4	50 3	30 2	↓	15 1	↓	2.25 ~ 2.80
2.81 ~ 3.55								*	*	*	200 10	100 6	60 4	40 3	25 2	↓	10 1	2.81 ~ 3.55
3.56 ~ 4.50									*	*	*	150 10	80 6	50 4	30 3	20 2	↓	3.56 ~ 4.50
4.51 ~ 5.60										*	*	*	120 10	60 6	40 4	25 3	15 2	4.51 ~ 5.60
5.61 ~ 7.10											*	*	*	100 10	50 6	30 4	20 3	5.61 ~ 7.10
7.11 ~ 9.00												*	*	*	70 10	40 6	25 4	7.11 ~ 9.00
9.01 ~ 11.2													*	*	*	60 10	30 6	9.01 ~ 11.2
p_0(%) ＼ p_1(%)	0.71~0.90	0.91~1.12	1.13~1.40	1.41~1.80	1.81~2.24	2.25~2.80	2.81~3.55	3.56~4.50	4.51~5.60	5.61~7.10	7.11~9.00	9.01~11.2	11.3~14.0	14.1~18.0	18.1~22.4	22.5~28.0	28.1~35.5	p_1(%)

[범례] 1. 화살표는 그 방향으로 이동하여 마주치는 칸의 n과 c를 이용한다.
      2. *는 많은 샘플수가 필요한 경우이기 때문에 통상적으로 잘 이용되지 않는다.
      3. 빈 칸의 경우 해당되는 샘플링검사 방법이 없다.

<표 16.3> 샘플링 검사표의 적용절차와 적용 예

순서	내 용	사 용 예
1	품질기준을 정한다.(양품과 불량품으로 분류하기 위한 기준을 정한다.)	나사의 유효지름을 측정하여 양품과 불량품을 나눈다
2	p_0와 p_1값을 , α=0.05, β=0.10을 기준으로 공급자와 구입자가 협의하여 정한다.	p_0= 2%, p_1= 12%
3	로트를 형성한다.	검사로트의 크기를 N=1,000개로 한다.
4	샘플의 크기 n과 합격판정개수 c를 검사표를 이용하여 구한다. ① 〈표 16.2〉에서 p_0와 p_1이 포함된 행과 열이 교차하는 칸을 찾는다. ② 찾는 칸에 있는 위의 수치가 n이며, 아래 수치가 c이다. 단, • 화살표(→)일 경우는 그 방향을 따라가서 처음 만나는 칸의 n과 c를 이용 • 별표(*)일 경우는 샘플이 많이 필요하므로 잘 사용하지 않는다. • 공란은 해당되는 검사방식이 없다. ③ 샘플 크기 n이 로트 크기 N보다 크면 전수검사를 한다.	n과 c는 다음 순서에 의한다. ① 〈표 16.2〉에서 p_0= 2%를 포함한 행 (1.81~2.24)과 p_1= 12%를 포함한 행 (11.3~14.0)이 교차하는 칸을 찾는다. ② 교차하는 칸의 수치가 40과 20이므로 (n,c)=(40,2)가 된다. ③ n=40 ＜ N=1,000이므로 전수검사는 해당 되지 않는다.
5	샘플 n개를 검사 로트로부터 추출한다.	검사대상 로트 N=1,000개에서 샘플 n=40개를 랜덤하게 추출한다.
6	추출한 샘플에 대한 검사를 실시한다.	추출한 샘플 40개를 검사한 결과 불량품이 2개 있었다.
7	합격여부를 판정한다. • 샘플 중 불량개수 ≤c이면 합격 • 샘플 중 불량개수 ≥c+1 불합격	샘플 중 불량개수 2≤c(=2)이므로 로트를 합격시킨다.
8	불합격된 로트가 있을 경우에는 거래 쌍방의 사전 약속에 따라 처리한다.	(예) • 불합격로트는 그대로 반품시킨다. • 선별한 후 불량품만 반품시킨다. • 특채하되 대금 결제 시 할인을 받는다.

격으로 처리한다. 이 검사 방식의 특징은 다음과 같다.

- 비교적 거래횟수가 적을 때도 적용 가능하다. (단 1회만 거래할 때에도 적용 가능)
- 다량의 물품을 일시에 구입할 때 적합하다.
- 파괴검사의 경우에도 사용 가능하다.
- 공급자의 품질수준에 대한 사전 정보가 없더라도 적용 가능하다.
- 로트의 합격여부에 대한 판정만 내리며 불합격 로트에 대한 별도의 처리규정은 없다.

계수규준형 1회 샘플링 검사는 생산자 위험 $\alpha=0.05$에 대응하는 합격품질수준 P_0와 소비자 위험 $\beta=0.10$에 대응하는 로트허용불량률(불합격품질수준) P_1을 정한 다음 〈표 16.3〉에 설명한 절차에 따라 (n,c)를 결정한다.

▓▓ 참고문헌

- 배도선 외 6인(2006), 「최신 통계적 품질관리」, 개정판, 영지문화사.
- 한국표준협회, 「통계적 품질관리」, 전문교육과정 교재.

17장
신뢰성

어떤 제품이 고객에게 인도되는 시점에서 요구사항에 부합하면 (적합)품질이 좋은 것이고, 이후에도 계속 이러한 상태가 유지되면 신뢰성이 좋은 것이다. 이런 의미에서 '품질은 현재, 신뢰성은 미래'라고 할 수 있다. 비유하자면 품질은 특정시점에서의 스냅 사진인데 반해 신뢰성은 그 이후 지속적으로 촬영된 동영상이라고 볼 수 있다.

Quality is King!

17.1 신뢰성의 기초개념

(1) 신뢰성과 신뢰도

품질보증 활동을 효과적으로 수행하려면 공정검사나 보증수리 등과 같은 하류단계보다 연구개발 단계에서 실시되는 신뢰성 설계나 양산(量産)에 들어가기 전의 검증시험 등과 같은 상류단계의 활동이 훨씬 더 중요하다. 전자산업이나 자동차산업, 항공우주산업의 본격적인 등장에 따라 결함의 사전방지나 제품의 안전성, 내구성 등에 대한 요구가 한층 더 강화되었다. 이러한 변화에 따라 연구개발의 품질이 더욱 중요해지고 있으며, 이러한 변화에 부응하려면 신뢰성기술의 도입과 활용이 필수적이다.

넓게 보면 신뢰성은 품질의 한 단면이지만 통상적인 의미에서는 차이가 있다. 품질관리에서는 보통 검사 시점에 결함이 없으면(즉, 요구사항에 부합하면) 품질이 좋다고 판단한다. 그러나 1개월 후, 1년 후, 보증기간 내내 이러한 상태가 유지될까? 만약 그렇게 계속 유지된다면 신뢰성이 좋다고 이야기한다.

요약하면 신뢰성이란 '시간 경과에 따른 품질의 변화'라고 볼 수 있다. 시간경과에 따라 어떻게 변할지 예측·설명하기 위해 신뢰성에서는 수명(壽命) 분포함수를 이용한다. 〈표 17.1〉은 품질과 신뢰성의 통상적인 의미를 비교한 것이다.

정성적인 용어인 '신뢰성(reliability)'을 정량적 의미로 사용할 때에는 '신뢰

〈표 17.1〉 품질과 신뢰성 비교

구분	품질	신뢰성
초점	규격 적합성	향후 발생할 고장
시험방법	규격적합 여부 판단	고장발생 때까지 수명시험
평가기준	결함 존재	고장 발생
평가결과	합격/불합격	수명과 고장률

〈그림 17.1〉 신뢰도의 의미

도'라고 번역한다. 신뢰성을 정량적으로 측정하기 위한 척도인 신뢰도는 다음과 같이 정의된다.

'제품이 규정된 조건 하에서 의도하는 기간 동안 만족스럽게 작동할 확률'

따라서 신뢰성을 정량적으로 측정하기 위해서는 '규정된 조건', '의도하는 기간', '만족할 만한 작동'이라는 3가지 조건을 먼저 명확히 해야 한다.

(2) 고장률과 욕조곡선

시간 변수(t)가 들어가는 신뢰도를 수학적으로 표현할 때 함수 $R(t)$를 사용한다. '원래 의도한 성능을 만족스럽게 수행하지 못하는 것을 고장'이라고 본다면 신뢰도 함수 $R(t)$는 다음과 같이 정의된다.

$R(t)$ = 제품이 t시점까지 고장나지 않을 확률

통상적인 확률밀도함수와 마찬가지로 고장밀도함수를 $f(t)$로 표시하면, 신뢰도함수 $R(t)$는 고장이 t시점 이후에 발생할 확률이므로 다음과 같이 표현된다.

$$R(t) = \int_t^\infty f(x)dx$$

신뢰성분석에서는 고장률(hazard rate 또는 failure rate)의 개념이 매우 중요하다. 고장률 함수 $h(t)$는 다음과 같이 정의된다.

$$h(t) = f(t)/R(t)$$

고장률함수 $h(t)$는 (시점 t까지 고장이 나지 않았다는 조건 $R(t)$가 들어간) 조건부 확률로 표현된 것에 주목할 필요가 있다. 즉, 개념적으로 고장밀도함수 $f(t)$를 t시점 주위에서 고장날 가능성이라고 본다면 고장률함수 $h(t)$는 "시점 t까지 고장나지 않은 것이 시점 t에서 곧 고장 날 가능성"을 의미한다. 다시 말해 고장밀도함수 $f(t)$는 언제 고장이 많이 나는가를 보여준다면 고장률함수 $h(t)$는 지금까지 고장나지 않은 것이 지금 곧 고장날 가능성을 보여준다.

설비의 고장률을 나타내는 욕조곡선(bathtub curve)을 생각해 보자. 사람의 고장률 특성도 설비와 비슷하므로 사람에 비유해서 설명하기로 한다. 사람의 고장을 사망이라고 가정해 보자.

신생아는 사망할 확률이 어느 정도 있다. 의료수준이 열악하던 과거에 백일잔치, 돌잔치를 크게 하던 것은 이 시기를 잘 넘겼다는 것을 축하하는 의미가 있었다. 돌잔치를 치른 아이의 고장률(즉, 곧 사망할 확률)은 신생아의 고장률보다 낮다. 이처럼 1년된 중고품(1 year old)의 고장률이 신품의 고장률보다 낮

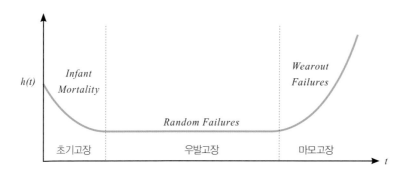

〈그림 17.2〉 욕조 형태의 고장률 함수

다는 것은 아기가 태어난 후 첫 1년간은 고장률이 감소한다는 의미이다. 이와 같이 고장률이 줄어드는 초기구간의 고장률 특성을 'DFR(decreasing failure rate, 감소고장률)'이라고 한다.

신제품의 경우도 마찬가지이다. 공장에서 막 조립을 마친 신제품 TV보다는 고객이 한 달간 문제없이 사용한 TV의 고장률이 더 낮다. 제조라인에서 막 빠져나온 신제품은 조립불량, 납땜불량, 부품불량 때문에 곧 바로 고장 날 수 있다. 그러나 고객은 새로 산지 얼마 되지 않은 제품이 고장 나면 매우 불만족할 것이다. 이러한 문제를 피하기 위해 기업에서는 조립을 마친 제품을 바로 고객에게 내보내지 않고 얼마간 부하를 걸어 문제가 있는 제품을 걸러낸다.

말하자면 초기 결함이 있는 제품은 고객에게 전달되기 전에 빨리 고장이 나도록 만들어 선별해 내자는 것이다. 신뢰성에서는 이것을 '번인(burn-in)'이라고 한다. 설비의 경우도 신설비가 도입되면 이를 조기 안정화시키기 위해 설계·운용·정비 부문이 공동으로 노력해야 하는데 이것을 '초기 유동관리'라고 한다.

초기고장 기간을 넘기면 특별한 일이 없는 한 고장이 좀처럼 나지 않는다. 사람의 경우도 청소년기에서 중년기 사이에는 특별한 경우가 아니면 사망할 일이 없다. 이 기간에 일어나는 고장(사망)은 주로 예기치 못한 우발적 사고에 의해 일어난다. 이러한 우발고장 기간에는 고장률이 안정된 수준을 유지하기 때문에 고장률 특성을 'CFR(constant failure rate, 일정고장률)'이라고 한다. 우발고장 기간에는 제품이나 설비를 사용법에 맞도록 가동하고, '닦고 조이고 기름치자'는 것으로 상징되는 일상적 관리를 잘 실시하면 별다른 문제가 발생하지 않는다.

우발고장 기간이 지나면 설비나 제품이 노후화되어 시간이 지날수록 고장 날 확률이 점점 더 커진다. 시간 경과에 따른 제품 열화(劣化)로 인해 고장률이 점점 더 커지는 마지막 구간을 마모고장 기간이라고 하는데, 이 기간의 고장률 특성을 'IFR(increasing failure rate, 증가고장률)'이라고 한다. 이 기간에는 고장나기 전에 미리 점검하고 필요한 사전 조처를 하는 '예방정비'가 매우 중요해진다.

고장률함수 $h(t)$와 고장밀도함수 $f(t)$를 혼동하지 않기 위해 한번 더 생각해 보자. 사람의 사망을 예로 들면 가장 많이 사망하는 시기가 70~80대일 것이며 90대 이후에는 이미 대다수의 사람들이 생존해 있지 않기 때문에 사망 자체가 별로 발생하지 않는다. 따라서 언제 많이 사망하는가를 나타내는 고장밀도함수 $f(t)$는 70대 후반에서 봉우리를 형성하고 그 이후로는 점차 감소할 것이다. 그러나 지금까지 사망하지 않은 사람이 이제 사망할 확률을 나타내는 고장률함수 $h(t)$는 노인의 나이가 더 많을수록 욕조곡선의 오른쪽 끝부분처럼 계속 증가할 것이다.

(3) 신뢰도의 관리 척도

신뢰도에서는 평균수명을 통상 '$MTTF$(Mean Time To Failure)'라고 한다. 고장밀도함수를 $f(t)$로 두면 평균수명은 통계에서 평균값 계산하듯이 다음과 같이 표현된다.

$$MTTF = \int_0^\infty t \cdot f(t)dt$$

고장나면 수리해서 재사용하는 경우 평균수리시간을 '$MTTR$(Mean Time To Repair)'이라고 한다. 만약 수리에 소요되는 시간의 확률밀도를 $g(t)$라고 두면 평균수리시간은 다음과 같이 계산된다.

$$MTTR = \int_0^\infty t \cdot g(t)dt$$

고장과 수리가 반복되는 상황을 〈그림 17.3〉과 같이 나타내 보자. 윗부분의 청색 실선들은 가동상태를 나타내고 아랫부분의 적색 실선들은 고장으로 인한 정지상태를 나타낸다. 여기서 평균수명은 가동상태를 나타내는 윗부분의 청색 실선 길이의 평균이 된다. 가동상태 전과 후는 고장상태이므로 평균수명은 결국 고장과 고장 사이의 시간 간격의 평균을 의미한다. 이 경우 평균수명은

가동

고장

〈그림 17.3〉 시스템의 상태

'*MTBF*(Mean Time Between Failures)'라고 한다.

이처럼 평균수명을 고장 사이의 평균간격을 의미하는 *MTBF*라고 쓰면 수리해서 계속 사용한다는 의미가 들어가 있다. 따라서 전구와 같이 고장나면 수리가 불가능하거나 수리하지 않고 버리는 제품에 대한 평균수명을 나타낼 때에는 고장까지의 평균시간이라는 의미의 *MTTF*를 쓰는 반면 기업의 설비나 자동차와 같이 고장나면 고쳐서 쓰는 경우에는 *MTTF* 대신 *MTBF*를 쓴다.

충분히 긴 시간을 대상으로 〈그림 17.3〉을 보면 전체 시간 중 시스템이 가동되는 시간의 비율인 안정상태 가동율(가용율)은 다음과 같이 표현된다.

$$\text{안정상태 가동률} = \frac{MTBF}{MTBF + MTTR}$$

설비나 제품을 내가 쓰고 싶을 때 쓸 수 있는 상태가 되려면 고장이 잘 나지 않아야 하며, 고장이 나더라도 신속한 수리나 교체가 가능해야 한다. 이것을 신뢰성 용어로 표현하면 '신뢰성(reliability)'이 좋고 보전성(maintainability)이 좋으면 가용성(availability)이 높아진다'라고 할 수 있다. 시스템공학에서는 가용성, 신뢰성, 보전성을 포괄하여 '신인성(dependability)'이라고 한다.

17.2 신뢰성기법

(1) 신뢰성기법의 특징과 종류

신뢰성시험을 통해 고장데이터를 해석하거나 신뢰도 특성을 추정하기 위한 통계적 방법은 다음과 같은 3가지 특징이 있다.

- 중도에 관측이 중단된 데이터(censored data)를 사용하는 경우가 대부분이다.
  - 수명시험에서 시료(sample)가 모두 고장날 때까지 기다리면 너무 많은 시간이 소요되므로 미리 정해놓은 시간까지만 시험을 한다. 그러므로 시험이 중단되는 시점까지 고장나지 않은 시료는 그 시점에서 관측이 중단된 것이다.
- 정규분포보다 와이블 분포가 많이 사용된다.
  - 와이블 분포는 모수의 값에 따라서 다양한 특성의 고장률 함수(IFR, CFR, DFR 등)를 표현할 수 있는 장점이 있다.
- 평균값보다는 훨씬 더 아래쪽에 있는 백분위수(percentile)가 관심의 대상이 된다.
  - 예를 들어 의도하는 기간 동안 만족스럽게 작동할 확률을 최소한 95% 이상 되도록 하고 싶다면 평균수명보다는(먼저 고장나는 순서대로 나열했을 때) 5%째 백분위수(5th percentile)에 관심이 있을 것이다.

신뢰성 확보에 중요한 기법들을 간단하게 분류하면 다음과 같다.

① 기획·설계단계부터 고장의 발생을 방지하기 위한 기법
  - FMEA(Failure Mode and Effects Analysis)
  - FTA(Fault Tree Analysis)

- 설계심사(DR, Design Review)

② 시작(試作)·생산단계 이후에 발생하는 고장을 분석하기 위한 방법
  - 고장해석
  - 신뢰성시험

③ 고장데이터를 활용하기 위한 방법
  - 고장데이터의 통계적 분석
  - 품질·고장정보의 수집시스템

이 중에서 FMEA와 FTA에 대해 간략히 소개하면 다음과 같다.

(2) FMEA(Failure Mode and Effects Analysis)

FMEA(고장모드 및 영향도 분석)는 유사한 제품이나 공정상의 과거 경험을 토대로 발생 가능한 '고장(failure)'의 '유형(mode)'들을 도출하고, 각각의 고장 유형이 제품 사용이나 시스템 운용에 미치는 '영향도(effect)'를 '분석(analysis)' 하는 기법으로서 FMECA(Failure Mode, Effects and Criticality Analysis) 라고도 한다. 이러한 분석의 목적은 시스템 운용에 지장을 많이 주는 고장모드 를 찾아내고 이러한 고장의 발생을 방지하거나 그 영향력을 감소시키는 대책을 마련하기 위한 것이다. FMEA의 결과는 지속적 개선을 위한 근거자료로 유용 할 뿐 아니라 향후 유사한 제품들의 FMEA 분석을 위한 기초자료가 된다.

각각의 고장 유형이 제품 사용이나 시스템 운용에 미치는 영향도는 고장이 발생했을 때 그것이 초래하는 결과의 심각도(severity)와 그러한 고장의 발생도 (occurrence 또는 likelihood, 발생 가능성) 및 검출도(detection, 사전 검출 난이도)에 의해 결정된다. 다시 말해 고장의 영향이 심각하고, 발생 가능성이 상대적으로 높으며, 그러한 고장의 발생을 사전에 탐지하기 어려우면 그 영향도

가 큰 것이다.

이러한 관점에서 고장으로 인한 위험의 방지 또는 감소를 위한 우선순위(priority)는 다음과 같은 *RPN* 점수에 의해 결정된다.

$$RPN(Risk\ Priority\ Number) = 심각도(S) \times 발생도(O) \times 검출도(D)$$

통상적으로 심각도, 발생도, 검출도는 각각 10점 척도로 평가하기 때문에 *RPN*의 최대값은 1,000이 된다.

〈표 17.2〉는 FMEA의 개념을 설명하기 위해 보급형 볼펜을 대상으로 가상 적용해 본 예이다. 여기서 심각도(S), 발생도(O), 검출도(D)는 각각 10점 척도로 평가한 것이기는 하지만 주관적으로 그 크기를 부여한 것이다. 따라서 FMEA는 계량적 분석이 아니라 정성적 분석 도구라고 볼 수 있다.

'고장(failure)'이라는 단어가 통상 물리적 제품과 관련하여 사용되기 때문에, 서비스 부문에서는 FMEA 대신 EMEA(Error Mode and Effects Analysis)라는 용어를 사용하기도 한다.

FMEA는 1960년대 미국항공우주국(NASA)의 달 탐사선 아폴로 프로젝트에 처음 사용되었으며, 1970년대 말 자동차산업에서 제품책임예방(PLP) 대책의 하나로 도입되었다. 이후 FMEA는 PLP뿐 아니라 COPQ를 줄이기 위한 목적으로 제품설계와 공정설계에 널리 활용되고 있다.

(3) FTA(Fault Tree Analysis)

FTA(고장나무분석)는 안전성 분석을 위해 주로 사용되어 왔으나 신뢰성 분석에도 널리 쓰일 수 있는 유용한 기법이다. 이 기법에서는 논리기호를 사용하여 시스템의 고장을 유발하는 사상(event)에 대한 인과관계를 나무 가지 모양의 그림으로 나타내고, 이를 토대로 시스템의 고장 원인을 규명한다.

또한 각 원인의 발생확률로부터 시스템의 고장확률(불신뢰도)을 계산할 수

〈표 17.2〉 FMEA를 설명하기 위한 가상적 사례

명칭	기능	서브 시스템	콤포 넌트	고장모드	추정원인	잠재적 영향	심각 도 (S)	발생 도 (O)	검출 도 (D)	RPN	대책
볼 펜	기 록 을 남 긴 다	동 작 부	스프링	끝 부분 녹슨다	가공불량	기능 저하	2	2	4	16	설계 재검토
				탄성을 잃는다	가공불량	기능 저하	2	6	4	48	설계 재검토
			누름 버튼	누름단추 파손	피로마모	기능 저하	6	1	2	12	설계 재검토
				걸림장치 파손	피로마모, 가공불량	사용 불능	10	2	2	40	재질·형상 재검토
		지 지 부	볼펜 앞머리	볼펜 앞이 깨진다	손상, 압력부족	정도에 따라 사용 불능	8	6	2	96	재질 재검토
				몸체가 헛돈다	손상, 마모	정도에 따라 사용 불능	6	2	2	24	재질 재검토
			볼펜대	몸체 파손	손상, 압력	정도에 따라 사용 불능	8	2	2	32	재질 재검토
				몸체 휨	열	사용 불편	4	2	2	16	설계변경 재질 재검토
			볼펜 볼	볼 빠짐	충격에 의한 손상	사용 불능	10	2	1	20	공정표준 재검토
			잉크 튜브	잉크가 뒤로 흐름	온도변화	주변 물체 의류 오염	8	4	4	128	설계 재검토
				잉크 불균일	기포 포함	정도에 따라 사용 불능	6	4	5	120	제조공정 재검토
		볼 펜 심	잉크	볼펜 똥이 많이 나옴	볼 손상	기능 저하	4	8	2	64	공정표준 재검토
				잉크가 너무 많이 나옴	가공불량	기능 저하	4	6	8	192	설계 재검토
				잉크가 너무 적게 나옴	가공불량	기능 저하	8	8	4	256	설계 재검토
				잉크색 변색	재질불량	기능 저하	2	2	4	16	재료 재검토
				힘을 주어야 잘 나옴	가공불량	사용 불편	5	4	4	80	설계 재검토
				잉크 두께 불균일	가공불량	기능 저하	4	2	4	32	설계 재검토

있다. FTA는 시스템 고장을 초래하는데 가장 영향이 큰 원인을 찾아내고 그것을 개선함으로써 신뢰성을 높이고자 하는 기법이다.

FTA는 FMEA와 더불어 신뢰성 평가방법으로 많이 이용되고 있는데 FMEA와 비교하면 〈표 17.3〉과 같다. FTA는 〈표 17.4〉에 있는 기호를 사용하여 다음과 같은 절차에 따라 실시한다.

- 분석하고자 하는 정상사상(top event, 시스템고장)을 선정한다.
- 시스템 고장을 일으키는 바로 아래 단계의 고장원인을 찾아내고, 논리기호를 사용하여 이들의 인과관계를 나타낸다.
- 논리기호를 사용하여 고장과 원인의 인과관계를 더 이상 세분화할 수 없는 수준까지 계속해서 아래로 전개하여 FT도(Fault Tree Diagram)를 완성한다.

〈표 17.3〉 FMEA와 FTA의 비교

항목	FMEA	FTA
목적	부품의 고장모드가 시스템이나 기기에 어떤 영향을 주는가를 평가	시스템이나 기기에 발생하는 고장이나 결함의 원인을 논리적으로 규명
해석 방법	• 부품의 고장모드를 도출하고 그러한 고장이 시스템의 작동이나 사용자에게 미치는 영향을 분석 • 상향식(bottom-up) 접근방식	• 정상사상을 일으키는 원인(기본사상)을 파악하고, 논리기호를 이용하여 고장 메커니즘을 표현 • 하향식(top-down) 접근방식
입력 자료	• 시스템이나 기기의 구성, 동작, 조종에 관련된 자료 • 신뢰성 블록도 • 고장모드	• 시스템이나 기기의 동작이나 운전에 관련된 자료 • 시스템의 결함 • 기본사상과 비전개사상의 확률
출력	• FMEA 양식	• FT도 • 정상사상의 확률
특징	• 하드웨어나 단일 고장분석에 용이 • 부품 고장에 대한 검토 가능 • 기기나 시스템의 고장에 대한 사전 검토 가능 • 효과적인 설계변경 가능	• 정상사상이 발생하는 메커니즘을 규명할 수 있음 • 시스템의 신뢰성 블록도로 사용이 가능

〈표 17.4〉 FTA에 사용되는 기호

구분	기호	설명
논리 기호	AND 게이트	입력사상이 모두 동시에 공존할 때 출력사상이 발생 (신뢰성 블록도상의 병렬관계)
	OR 게이트	입력사상 중 어느 하나가 존재할 때 상위사상이 발생 (신뢰성 블록도상의 직렬관계)
사상 기호	사상(정상사상, 중간사상)	고장, 결과, 불량 등의 바람직하지 않은 하위사상의 결합사상
	기본사상	고장원인의 최하위사상
	비전개사상	분석이 필요하지만 정보의 부족 기술의 부족 등으로 전개하지 않는 사상

〈그림 17.4〉는 병원의 정전사고가 어떻게 해서 발생할 수 있는지 FT도로 나타낸 것이다. 맨 위의 정상사상인 '정전사고'가 일어나려면 하위사상인 '전원전류 중단'과 '긴급발전 불가'가 '동시에 발생'해야 한다. 전원전류가 중단되어도 긴급발전이 가능하거나 그 반대로 긴급발전이 불가능하여도 전원전류가 중단되지 않으면 정전사고는 일어나지 않는다. 따라서 전원전류 중단과 긴급발전 불가는 AND 게이트로 연결된다.

중간사상인 '전원전류 중단'은 '수신설비 고장', '발전소 정지', '송전선 절단' 중 어느 하나라도 존재하면 발생하므로 OR 게이트로 연결된다. 마찬가지로 '긴급

발전 불가'도 '발전기 정지'와 '인적 실수'라는 하위사상들과 OR 게이트로 연결된다. 여기서 마름모 꼴 모양의 '인적 실수'는 '비전개사상'인데, 더 이상 하부 전개가 불가능하거나 하부전개가 가능하더라도 지나치게 복잡할 경우 이를 이용한다.

고장 원인을 찾는 것이 목적이라면 특성요인도와 같이 간단한 기법을 이용할 수도 있다. 〈그림 17.4〉에 있는 FT도를 시계방향으로 90도 회전하면 사실상 특성요인도와 같아지는데, 한 가지 차이점은 특성요인도에는 OR 게이트만 있으며 AND 게이트는 없다는 점이다.

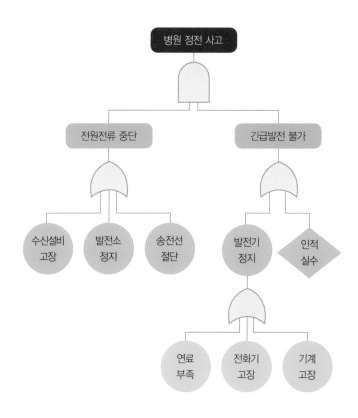

〈그림 17.4〉 병원의 정전사고를 나타낸 FT도

📖 참고문헌

- 박경수(1999), 「신뢰도 및 보전공학」, 영지문화사.
- 日本品質管理學會 PL研究會(1994), 「品質保證と 製品安全」, 日本規格協會.
- Bertsche, B.(2008), Reliability in Automotive and Mechanical Engineering, Springer.
- Carlson, C. S.(2014), "Use FMEA as an ongoing way to evaluate risk", Quality Progress, September, pp.37–41.
- Lotfi, R.(2015), "Use FMEA as an ongoing way to evaluate risk", Quality Progress, April, pp.33–38.
- Reid, R. D.(2005), "FMEA – Something old, something new", Quality Progress, September, pp.90–93.
- Tague, N. R.(2013), The Quality Toolbox, Second Edition, ASQ Quality Press.
- Tobias, P.A. and Trindade, D.C.(2011), Applied Reliability, 3rd Edition, Chapman and Hall.

VI부
표준화와
품질인증

18장
표준화

성서 창세기 11장에는 노아의 대홍수 뒤에 인류의 교만함을 심판하기 위해 여호와께서 언어를 갈라지게 하였다는 바벨탑 이야기가 있다. '바벨'은 히브리어로 '혼란'이라는 뜻이다. 언어는 인간의 중요한 표준이다. 신이 심판의 수단으로 언어를 갈라지게 한 후 그 결과를 바벨이라고 명명한 것에는 "표준이 무너지면 혼란이 온다"는 뜻이 들어 있다.

Quality is King!

18.1 표준화의 의의

(1) 종이 크기에서 배우는 표준화의 의의

ISO 216은 종이 크기에 대한 국제표준이다. 우리가 널리 사용하는 A4 용지의 크기도 여기에 포함되어 있다. 이 표준은 미국과 캐나다를 제외한 세계 대부분의 나라에서 통용되고 있다.

간단히 설명하면 가장 큰 사이즈인 A0 용지를 반으로 나누면 A1 용지가 된다. 또한 A1용지를 반으로 나누면 A2 용지가 되고, A2 용지를 또 다시 반으로 나누면 A3 용지가 된다. 마찬가지로 A3 용지를 나누면 A4 용지가 된다. 따라서 A0 용지 하나로 A1은 2장, A2는 4장, A3는 8장, A4는 16장, Ak는 2^k장이 나온다. 참으로 쉬운 셈법이다. 이와 같은 원리가 적용되려면 가로와 세로의 비율이 $1:\sqrt{2}$(대략 1:1.4)가 되어야 한다.

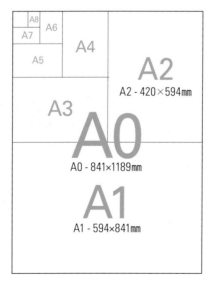

〈그림 18.1〉 A계열 종이의 ISO 표준

기준이 되는 A0용지의 크기는 〈그림 18.1〉에 표시하였듯이 841㎜×1189㎜인데 그렇게 정한 이유는 무엇일까?

- 그렇게 하면 용지의 넓이가 1㎡가 되기 때문이다.

그렇다면 왜 넓이 1㎡를 기준으로 삼았을까?

- 종이의 품질은 대부분 1㎡넓이의 무게로 표시하기 때문이다.

얼마나 과학적인가? 과학적이라서 좋다기보다는 편리하기 때문에 더 좋은 것이다. 다른 예로 ISO(국제표준화기구)가 정한 화물 컨테이너의 크기 표준화를 생각해 보자. 컨테이너의 크기가 표준화되지 않았을 때에는 목재로 상자를 만들었는데 그 크기가 제각각이라서 화물의 적재효율이 낮았을 뿐 아니라 하역장비도 효율적으로 사용할 수 없었다.

(2) 화성 탐사선의 실종과 표준화

앞서 종이 크기나 운송 컨테이너의 예를 통해 표준이란 우리의 일상생활과 경제활동에 많은 편리를 가져다준다는 것을 설명했으나, 표준이 제대로 적용되지 못할 경우 어떤 문제가 발생할 수 있는지 다른 예를 보자.

1999년 9월 23일 1억 2,500만 달러가 투입된 미국 NASA의 화성 탐사선이 실종되었다. 이 탐사선은 화성에 물이 존재하였는지 또한 생명체가 존재할 가능성이 있는지에 대한 단서를 찾는다는 임무를 갖고 화성을 향해 286일 동안 우주 비행을 계속하고 있었다.

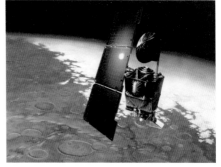

실종된 NASA의 화성 기후탐사선 이미지,
Wikimedia Public Domain

탐사선의 제작을 맡은 록히드마틴의 우주선팀은 '마일'을 단위로 위치 정보를 보냈으나 이를 조종한 NASA의 비행팀은 1990년부터 미터시스템을 사용하고 있었기 때문에 이를 '킬로미터' 단위의 정보로 오인하였다. 이 때문에 화성에 너무 근접한 탐사선이 대기권과의 마찰열에 의해 소실되었을 것이라는 것이 과학자들의 최종 결론이다.

"사람은 누구나 실수할 수 있지만 문제는 이것이 단순한 실수가 아니라는 것이다. 이것은 NASA의 시스템공학적 실패이자 실수를 찾아내는 프로세스상의 중대한 결함"이라는 것이 NASA 우주과학 부문 부단장을 맡았던 에드워드 와일러(Edward Weiler) 박사의 지적이다. 이것은 시스템 운영에 있어서 표준의 역할이 얼마나 중요한지 단적으로 보여준다.

18.2 표준화의 역사

인류 역사를 보면 표준은 길이, 부피, 무게 등의 단위를 재는 도량형에서 시작되었다. 기원전 221년 전국시대(戰國時代) 한, 위, 조, 초, 연, 제나라 등 6개국을 정벌해 중국 대륙을 통일한 진시황은 먼저 도량형과 화폐 및 문자를 통일하였다. 나라마다 차이가 있던 이런 것들을 통일시키지 않으면 중앙집권적 통치와 조세 징수가 어려웠기 때문이다.

진시황의 정책으로 또 하나 유명한 것은 수레의 바퀴 폭을 통일한 것이다. 당시 수레는 대부분이 전차(戰車)였는데 다른 나라의 수레가 들어오지 못하도록 바퀴 폭을 달리 하고 있었다. 말이 끄는 전차는 도로에 깊은 바퀴 자국을 남겼는데 거기에 수레의 바퀴를 넣어서 달렸다. 바퀴 폭을 다르게 하면 적의 침입을 막는 효과가 있었다. 바퀴 자국의 차이가 전국적인 교통의 흐름을 저해한다고 여긴 진시황은 새 도로를 만들고 바퀴 폭을 통일시켰다. 그로 인해 지역간 교역이 활발해지고 경제가 번성하였다고 한다.

1904년 볼티모어 화재 피해 현장의 일부, Wikimedia Public Domain

표준화 미비 때문에 피해가 커진 재난으로는 1904년 발생한 미국 볼티모어 대화재가 많이 알려져 있다. 볼티모어에서 대규모 화재가 발생한 지 몇 시간 지나지 않아 가까이 있는 워싱턴에서 소방인력과 장비가 화재 진압을 지원하기 위해 도착하였으나 급수전(給水栓) 연결 장치의 규격이 상이하여 소방용 호스를 연결할 수 없었다. 이후 21개 도시에서 화재 진압을 위해 추가적으로 도착하였으나 대부분 같은 문제를 겪었다. 결국 화재 발생 30시간 만에 1,500여 개의 빌딩이 소실되었으며 엄청난 인명 피해가 있었다. 당시 미국에서는 약 600개의 서로 다른 규격의 소화전이 사용되고 있었다. 볼티모어 대화재를 계기로 소방안전 장비에 대한 국가표준의 제정과 보급이 추진되었다.

산업적인 측면에서 표준화의 가장 큰 장점 중 하나는 '호환성(interchange-ability)'의 확보이다. 미국의 엘리 휘트니(Eli Whitney)는 1793년 조면기를 발명하여 면 생산의 효율성을 획기적으로 높임으로써 발명가로서 명성을 얻었다. 1798년 휘트니는 호환 가능한 부품을 이용하여 1만 개의 소총을 대량생산하여 정부에 납품한다는 계약을 따냈다. 당시 미국은 프랑스와의 전쟁 가능성을 염두에 두고 있었기 때문에 무기에 대한 수요가 높았다. 숙련된 장인이 일일이 수

작업으로 만드는 제작 방식으로는 양산(量産)이 어려울 뿐 아니라 부품의 호환성이 없어서 고장난 제품을 수리해서 사용하기도 어렵다. 휘트니는 표준화된 부품을 만들어 숙련되지 않은 사람도 제작에 참여할 수 있고 사후 정비도 쉽게 할 수 있도록 하였다.

부품의 호환성을 확보하기 위해서는 동일한 형상의 부품을 계속 생산해야 하는데 이를 위해서는 공작기계와 치공구의 이용이 필수적이다. 그러나 휘트니가 생존하던 당시에는 이러한 것들이 뒷받침되지 않았기 때문에 실제로는 대량생산 방식을 확립하지 못했다고 한다. 사실 '동일한 부품을 대량으로 제작하고 이를 조립하여 완제품을 만든다'는 발상은 휘트니 이전에 스웨덴, 프랑스, 영국 등과 같은 나라에서 군수산업에 이미 적용되고 있었지만 이를 이용해 생산성 혁명을 일으킨 곳은 미국이었다. 미국의 자동차왕 헨리포드(Henry Ford)는 제품 및 부품의 표준화뿐 아니라 제조공정과 작업방법까지 표준화하여 20세기 생산성혁명의 시대를 열었다.

한 국가나 산업 내에서 이루어지던 표준화는 산업혁명과 더불어 국가간 교역이 활성화됨에 따라 국제적 표준으로 확대되었다. 미터시스템을 통한 도량형 통일을 다루기 위해 1875년 프랑스 파리에 설립된 '국제도량형국(BIPM, Bureau International des Poids et Mesures)'이 본격적인 국제표준화 활동의 시작이었다. 이 무렵에 제정된 표준들은 유럽의 주도 하에 주로 시간과 항해에 관한 것들을 대상으로 하였다. 영국의 그리니치 천문대를 통과하는 자오선의 경도를 0도로 정한 것이 대표적인 예이다.

산업 부문의 국제 표준화는 전기기술 분야에서 시작되었다. 1908년 런던에 '국제전기기술위원회(IEC, International Electrotechnical Commission)'가 설립되었다. 또한 2차 대전이 끝난 1946년 10월 14일 25개국에서 파견된 64명의 대표들이 런던에 모여 공업표준화의 국제적 협력을 촉진할 목적으로 '국제표준화기구(ISO, International Organization for Standardization)'를 설립하기로 합의하였으며, 그로부터 4개월 뒤인 1947년 2월 23일 ISO가 정식으로 발족하였다. 이때 IEC는 기존의 독립성을 유지하면서 ISO의 전기부회로 가입하여 활동하기로 결정하였다.

18.3 표준화의 체계

(1) 표준의 분류

우리나라 산업표준 관련 규정에는 '표준이란 관계되는 사람들 사이에서 이익 또는 편리가 공정하게 얻어지도록 통일·단순화를 도모할 목적으로 물체·성능·능력·배치·상태·동작·절차·방법·수속·책임·의무·권한·사고방법·개념 등에 대하여 규정한 결정'이라고 정의하고 있다. 또한 ISO/IEC Guide 2에서는 '표준이란 합의에 의해 제정되고 인정된 기관에 의해 승인되었으며, 주어진 범위 내에서 최적 수준의 질서 확립을 목적으로 공통적이고 반복적인 사용을 위하여 규칙, 지침 또는 특성을 제공하는 문서'라고 정의하고 있다.

간단히 말해 '표준이란 효율성, 편의성, 안전성을 높이기 위한 공동체의 약속'이라고 정의할 수 있으며, '표준화란 표준을 설정하고 이를 활용하는 조직적 행위'라고 할 수 있다. 〈그림 18.2〉에 정리한 것처럼 표준은 크게 인문사회계 표준과 자연과학계 표준으로 나눌 수 있는데, 품질경영에서 고려하는 표준은 과학기술계 표준이며 그 중에서도 각종 산업표준을 포괄하는 성문표준이 주된 관심사이다.

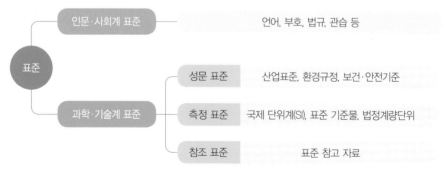

〈그림 18.2〉 광의(廣義)의 표준 개념

(2) 성문표준

성문표준 중 품질경영과 가장 밀접한 관련이 있는 것은 산업표준이다. 국제적인 산업표준은 본서 품질인증 부문에서 따로 다루기로 하고 여기서는 우리나라 국가표준인 KS와 기업 표준에 대해서만 간략히 고찰하기로 한다.

한국산업표준인 'KS(Korean Industrial Standards)'는 기본 부문(A)부터 정보부문(X)까지 21개 부문으로 구성되어 있으며, 내용상 크게 다음 세 가지로 분류할 수 있다.

- 제품표준 : 제품의 형상·치수·품질 등을 규정한 것
- 방법표준 : 시험·분석·검사 및 측정방법, 작업표준 등을 규정한 것
- 전달표준 : 용어·기술·단위·수열 등을 규정한 것

참고로 기술하면 품질경영 부문의 대분류 코드는 'Q'이며, 2012년 기준으로 KS규격의 총 수는 24,129개이다. KS 분류 번호는 'KS A 3102'처럼 KS 다음에 '알파벳 한 글자'와 '4자리 숫자'로 구성되어 있다. 여기서 알파벳은 21개 대분류 중 어디에 속하는가를 나타내며, 4자리 숫자는 해당 전문 분야로 중분류한 후 붙인 일련번호이다.

(3) 측정표준

고대의 측정단위들은 계획적으로 만든 단위 체계가 아니라 필요에 따라 생긴 것이다. 사회가 복잡해지면서 고대의 측정단위들이 발전되어 동양에서는 '척관법(尺貫法)', 서양에서는 '야드파운드(yard-pound)법'이 널리 사용되게 된다. 이들은 현재 세계 대부분의 나라에서 사용하고 있는 국제단위계(SI)가 공식화되기 이전까지 오랜 기간 사용되어 왔다. 국제단위계의 사용이 보편화된 오늘날에도 척관법이나 야드파운드법의 영향력이 남아 있으며, 아직도 그것을 사용

<표 18.1> 한국산업표준 분류 체계

대 분 류	중 분 류
기본 부문(A)	기본일반/방사선(능)관리/가이드/인간공학/신인성관리/문화/사회시스템/기타
기계 부문(B)	기계일반/기계요소/공구/공작기계/측정계산용기계기구·물리기계/일반기계/산업기계/농업기계/열사용기기·가스기기/계량·측정/산업자동화/기타
전기 부문(C)	전기전자일반/측정·시험용 기계기구/전기·전자재료/전선·케이블·전로용품/전기 기계기구/전기응용기계기구/전기·전자·통신부품/전구·조명기구/배선·전기기기/반도체·디스플레이/기타
금속 부문(D)	금속일반/원재료/강재/주강·주철/신동품/주물/신재/2차제품/가공방법/분석/기타
광산 부문(E)	광산일반/채광/보안/광산물/운반/기타
건설 부문(F)	건설일반/시험·검사·측량/재료·부재/시공/기타
일용품 부문(G)	일용품일반/가구·실내장식품/문구·사무용품/가정용품/레저·스포츠용품/악기류/기타
식료품 부문(H)	식품일반/농산물가공품/축산물가공품/수산물가공품/기타
환경 부문(I)	환경일반/환경평가/대기/수질/토양/폐기물/소음진동/악취/해양환경/기타
생물 부문(J)	생물일반/생물공정/생물화학·생물연료/산업미생물/생물검정·정보/기타
섬유 부문(K)	섬유일반/피복/실·편직물·직물/편·직물제조기/산업용 섬유제품/기타
요업 부문(L)	요업일반/유리/내화물/도자기·점토제품/시멘트/연마재/기계구조 요업/전기전자 요업/원소재/기타
화학 부문(M)	화학일반/산업약품/고무·가죽/유지·광유/플라스틱·사진재료/염료·폭약/안료·도료잉크/종이·펄프/시약/화장품/기타
의료 부문(P)	의료일반/일반 의료기기/의료용 설비·기기/의료용 재료/의료용기·위생용품/재활보조기구·관련기기·고령친화용품/전자의료기기/기타
품질경영 부(Q)	품질경영 일반/공장관리/관능검사/시스템인증/적합성평가/통계적 기법 응용/기타
수송기계 부(R)	수송 기계일반/시험검사방법/공통부품/자전거/기관·부품/차체·안전/전기전자장치·계기/수리기기/철도/이륜자동차/기타
서비스 부문(S)	서비스일반/산업서비스/소비자서비스/기타
물류 부문(T)	물류일반/포장/보관·하역/운송/물류정보/기타
조선 부문(V)	조선일반/선체/기관/전기기기/항해용기기·계기/기타
항공우주 부(W)	항공우주 일반/표준부품/항공기체·재료/항공추진기관/항공전자장비/지상지원장비/기타
정보 부문(X)	정보일반/정보기술(IT)응용/문자세트·부호화·자동인식/소프트웨어·컴퓨터그래픽스/네트워킹/IT상호접속/정보상호기기·데이터 저장매체/전자문서·전자상거래/기타

하는 지역이 있다.

SI의 시초는 프랑스 혁명 시기인 1790년경 프랑스에서 창안된 '십진 미터법'이다. 이 미터법으로부터 분야에 따라 여러 개의 하부 단위계가 생겨났다. 일례로 센티미터, 그램, 초에 바탕을 둔 CGS(Centimeter-Gram-Second)계가 1874년에 도입되었는데 그 이듬해에 17개국이 미터협약(Meter Treaty)에 동참하였다. 미터법은 이를 계기로 국제적인 단위 체계로 발전하였으며, 20세기에 접어들어 실용성을 감안하여 MKS(Meter-Kilogram-Second)계로 개편되었다.

1935년 국제전기기술위원회(IEC)가 전기단위로 암페어(ampere), 쿨롱(coulomb), 옴(ohm), 볼트(volt) 중 하나를 채택하여 역학의 MKS계와 통합할 것을 추천하였는데, 1939년 전기자문위원회(CCE, 현재의 CCEM)가 이들 중 암페어를 선정하여 MKSA계의 채택을 제안하였다. 이 제안은 1946년 국제도량형위원회(CIPM)에 의해 승인되었다.

1954년 제10차 국제도량형총회(CGPM)에서 MKSA계의 4개의 기본단위와 온도의 단위 '켈빈도', 그리고 광도의 단위 '칸델라'를 추가해 모두 6개의 단위에 바탕을 둔 단위계를 채택하였다. 그 후 1960년 제11차 국제도량형위원회에서 이 실용 단위계의 공식 명칭을 '국제단위계'로 정하고 그것의 국제적 약칭을 'SI'로 정하였다. 1967년에는 온도의 단위가 켈빈도($^\circ$K)에서 켈빈(K)으로 바뀌고, 1971년 7번째의 기본단위인 몰(mole)이 추가되어 현재와 같은 SI가 완성되었다.

〈표 18.2〉 SI 기본단위

물리량	명칭	기호
질량	킬로그램(kilogram)	kg
길이	미터(meter)	m
열역학적 온도	켈빈(kelvin)	K
물질량	몰(mole)	mol
시간	초(second)	s
전류	암페어(ampere)	A
광도	칸델라(candela)	cd

명칭	값	표준형태	기호
Tera	1,000,000,000,000	10^{12}	T
Giga	1,000,000,000	10^{9}	G
Mega	1,000,000	10^{6}	M
Kilo	1,000	10^{3}	k
deci	0.1	10^{-1}	d
centi	0.01	10^{-2}	c
milli	0.001	10^{-3}	m
micro	0.000001	10^{-6}	μ
nano	0.000000001	10^{-9}	n
pico	0.000000000001	10^{-12}	p

또한 SI에서는 십진 배수 및 십진분수를 만드는데 사용하는 일련의 접두어를 채택하고 있는데 그 중에서 많이 쓰이는 것들을 〈표 18.3〉에 정리하였다.

(4) 참조표준

참조표준이란 측정 데이터 및 정보의 정확도와 신뢰도를 과학적으로 분석·평가하고 이를 공인해줌으로써 국가사회의 모든 분야에서 지속적·반복적으로 사용할 수 있도록 만든 자료이다. 여기에는 물리화학적 상수, 공인된 물성 값, 공인된 과학기술적 통계 등이 포함된다.

대표적인 참조표준인 기본물리상수에는 중력가속도 G, 기본전하량 e, 진공 중 빛의 속도 c, 볼츠만상수 k, 플랑크상수 h 등이 있다. 참조표준의 다른 예로는 한국인의 인체 치수 및 형상정보를 들 수 있는데 이것은 의류, 자동차 등과 같은 공산품 생산에 활용될 수 있다. 또한 반도체 소재의 물성데이터는 반도체 공정의 중요한 자료가 된다.

참고문헌

- 강병구 외(2011), 「미래사회와 표준」, 개정 4판, 한국표준협회
- 이순룡(1993), 「품질경영론」, 법문사.
- 이은호(2012), 「세상을 지배하는 표준 이야기」, 한국표준협회미디어
- 최종완(1997), 「알기 쉬운 표준화 이야기」, 한국표준협회.
- Hotz, R.L.,(1999), "Mars Probe Lost Due to Simple Math Error", Los Angeles Times, October 1.

19장
품질경영
시스템 인증

기업은 제품이나 서비스를 판매하고 있다. 그러나 이러한 제품이나 서비스가 자신들의 요구사항을 충분히 충족시키고 있다는 믿음이 있어야 고객들은 기꺼이 지갑을 연다. 품질보증이란 고객들에게 이러한 믿음을 주기 위해 기업이 행하는 모든 조직적 활동을 말한다. 품질보증의 객관성과 효율성을 높이기 위해서는 거래 당사자로부터 독립된 제3자의 평가가 필요하다. ISO 9000 국제표준은 이러한 인식 하에 태동된 것이다.

Quality is King!

19.1 품질경영시스템 개요

(1) 품질경영시스템 인증의 역사

전통적으로 군수산업이나 원자력산업 등과 같이 안전이 확보되지 않으면 인명에 직접적 영향을 주는 산업에서는 특히 품질보증을 강조하였다. 1963년 미국 정부가 제정한 MIL-Q-9858A(품질 프로그램 요구사항) 규격은 '품질경영시스템(QMS, Quality Management System)' 인증의 모태가 되었다. 이것은 1959년에 제정된 MIL-Q-9858을 개정한 것인데 국방 분야의 계약 규격으로 제정한 것이기 때문에 '규격(specification)'이라는 이름을 붙였지만 본질적으로는 '품질경영시스템 표준'이었다. 이러한 품질보증시스템의 도입이 효과를 거두자 1962년 NASA도 자신의 공급자들에게 적용할 품질시스템 요구사항을 개발하였다. 또한 미국 연방 원자력법에도 MIL-Q-9858A가 반영되면서 품질보증시스템은 원자력산업으로 확대되었다.

이후 이러한 품질보증시스템은 유럽으로 전파되었다. 1965년 NATO(북대서양 조약기구)는 군용장비의 획득에 적용할 품질보증시스템인 AQAP(Allied Quality Assurance Procedures)를 도입하였다. 1970년대에 접어들면서 영국 표준협회(BSI)는 영국 최초의 품질보증 표준인 BS 9000과 품질보증 가이드라인인 BS 5179를 발행하였으며, 1979년에는 일반 산업의 제조업자들에게 적용할 품질보증시스템 표준인 BS 5750 시리즈를 제정하였다.

이처럼 품질보증시스템에 대한 다양한 표준이 개발·적용되면서 기업의 부담이 가중되었다. 통일된 품질보증시스템의 필요성을 절감한 ISO는 1987년 영국의 BS 5750을 그대로 채택하여 ISO 9000 국제표준으로 제정하였다. 이때 시스템을 대상으로 한 최초의 국제표준이라는 상징적 의미로 9000번을 부여하였다. 1987년 ISO 9000의 제정 당시에는 다음과 같은 5개의 표준으로 구성되어 있었기 때문에 'ISO 9000 시리즈'라고 불렀다.

- ISO 9000 - Quality Management and Quality Assurance Standards: Guidelines for selection and use.
- ISO 9001 - Quality Systems: Model for quality assurance in design/development, production, installation, and servicing.
- ISO 9002 - Quality Systems: Model for quality assurance in production and installation.
- ISO 9003 - Quality Systems: Model for quality assurance in final inspection and test.
- ISO 9004 - Quality Management and Quality System Element: Part 1. Guidelines.

여기서 보듯이 ISO 9000은 9001, 9002, 9003, 9004의 선택과 활용을 위한 가이드라인에 대한 분류번호이지만 통상적으로 ISO 9000 시리즈를 통칭하는 의미로도 많이 사용된다.

1994년 ISO 9000은 완제품의 점검 대신 예방조처를 강화하는 쪽으로 소폭 개정되었다. 2000년에는 품질보증 중심에서 품질경영 중심의 시스템으로 대폭적인 개정이 이루어졌다. 2000년 개정에서는 프로세스관리를 위한 요구사항과 지속적 개선을 위한 요구사항을 포함시키고 제품 조직뿐 아니라 서비스 조직까지 적용 대상을 넓혔다. 이와 함께 3개의 표준(ISO 9001, 9002, 9003)을 ISO 9001로 통합하였다.

현재는 'ISO 9000 시리즈' 대신 'ISO 9000 패밀리'라는 용어가 사용되고 있는데, 여기에는 다음과 같은 4가지 핵심표준(core standards)이 포함되어 있다. 주제별 표준 뒤에 붙은 4자리 숫자는 마지막 개정이 이루어진 연도를 나타낸다.

① ISO 9000:2015 - Quality Management Systems: Fundamentals and vocabulary

품질경영시스템(QMS)의 기본개념과 원리 및 용어에 대한 표준으로서, QMS

를 효율적이고 효과적으로 실행하고 이를 통해 가치를 창출하려면 이에 대한 이해가 선행되어야 한다.

② ISO 9001:2015 - Quality Management Systems: Requirements

이 표준은 고객만족을 제고하고 법적·규제적 요구사항을 충족시키는 제품 (여기서 제품이라는 용어는 서비스, 가공된 재료, 하드웨어 및 소프트웨어 모두를 포함)을 일관되게 공급할 수 있는 능력을 입증하기 위해 조직이 반드시 충족시켜야 할 품질경영시스템의 기본적 요구사항을 규정하고 있다. ISO 9001은 품질경영시스템 '인증'의 유일한 대상이다.

③ ISO 9004:2009 - Quality Management Systems: Managing for the sustained success of an organization

이 표준은 조직의 장기적 성공이라는 관점에서 ISO 9001 표준보다 품질경영시스템의 목표에 대해 훨씬 광범위한 지침을 제공한다. 이 표준에서는 지속가능한 성장의 관점에서 고객 뿐 아니라 다른 이해관계자들의 만족까지 추구한다. 여기서 '이해관계자(interested party)'란 조직의 성과나 성공에 관심이 있는 개인이나 집단을 말하는데 고객, 직원, 주주, 공급자, 파트너 및 지역사회 등이 포함된다.

④ ISO 19001:2011 - Guidelines for auditing management systems

조직의 경영시스템 감사를 위한 지침서 역할을 한다. 이 표준은 감사 원칙, 감사 프로그램의 관리, 경영감사의 실행, 감사 프로세스 관계자의 개별 평가 등을 포괄한다.

(2) 품질경영 7대 원칙

ISO 9000 패밀리는 기업들이 효율적 품질시스템을 유지하기 위해 품질시스

<표 19.1> ISO 9001의 품질경영 7대 원칙

원칙 1	고객중심(Customer focus)
원칙 2	리더십(Leadership)
원칙 3	구성원 참여(Engagement of people)
원칙 4	프로세스 접근(Process approach)
원칙 5	개선(Improvement)
원칙 6	증거기반 의사결정(Evidence-based decision making)
원칙 7	관계관리(Relationship management)

템을 문서화하는데 도움을 주기 위해 개발된 일군(一群)의 품질경영 및 품질보증 국제표준이다. 이 표준들은 업종이나 조직 규모에 상관없이 공통적으로 적용된다. ISO 9000 패밀리는 고객만족, 규제 요구사항 충족, 지속적 개선을 추구하는데 도움이 되지만, 그것은 어디까지나 품질시스템의 기본적 수준 또는 첫걸음일 뿐 품질을 완전히 보증해 주는 것은 아니다.

2015년 9월 국제표준화기구(ISO)는 2008년에 개정된 품질경영시스템인 ISO 9001:2008을 대폭 개정한 ISO 9001:2015를 공표하였다. ISO 표준은 사업 환경의 변화를 반영하기 위해 5년 주기로 재검토되며, 필요 시 개정된다. 개정된 표준은 발행일로부터 3년간의 이행기간이 주어지므로, 2018년 9월말부터는 ISO 9001:2008의 인증 효력이 상실된다. ISO 9001:2015 표준은 다음과 같은 품질경영 7대 원칙에 기반을 두고 있다. 이러한 원칙이 조직 내에 자리 잡으면 품질경영시스템의 실행이 훨씬 수월해진다.

① 고객중심(Customer focus)

품질경영의 일차적 초점은 고객의 요구를 충족시키고 기대를 능가하도록 하는 것이며, 이를 통해 기업의 장기적 성공에 기여하는 것이다. 고객의 신뢰를 확보하는 것뿐 아니라 그 신뢰를 유지하는 것이 중요하며, 이를 위해서는 그들의 미래 요구에 부응해야 한다. 여기에는 다음과 같은 관점들이 포함되어 있다.

② 리더십(Leadership)

조직 구성원 각자가 무엇을 성취하고자 하는지 이해하도록 하기 위해서 경영진은 전략적 방향이나 사명을 조직 전체가 공유할 수 있도록 강력한 리더십을 발휘해야 한다.

③ 구성원 참여(Engagement of people)

모든 계층에 있는 구성원들이 역량과 권한을 갖고 참여하면 고객을 위한 가치창출이 보다 쉬워진다.

④ 프로세스 접근(Process approach)

여러 활동들로 연결된 프로세스가 하나의 시스템으로 작동한다는 것을 이해하면 보다 일관되게 예측가능한 성과를 얻는데 도움이 된다. 직원, 팀, 프로세스는 서로 단절되어 있는 것이 아니며 구성원 각자가 조직의 활동들을 이해하고 그것들이 서로 어떻게 연관되어 있는지 알면 궁극적으로 효율이 향상된다. 프로세스들로 구성된 시스템의 관리는 PDCA 사이클에 따라 이루어져야 하며, 기회를 활용하고 바람직하지 못한 결과를 예방하려는 리스크 기반 사고에 전반적 초점을 두어야 한다.

⑤ 개선(Improvement)

성공적인 조직은 개선에 계속 초점을 맞춘다. 지속적으로 고객에게 가치를 전달하기 위해서는 내부 및 외부 환경의 변화에 대응해야 한다. 이것은 상황이 급속히 변하는 오늘날 무엇보다 중요하다.

⑥ 증거기반 의사결정(Evidence-based decision making)

의사결정이란 결코 쉬운 것이 아니며 본질적으로 어느 정도의 불확실성을 내포하고 있지만, 데이터의 분석과 평가에 근거하여 결정을 내리면 원하는 결과를 얻을 가능성이 높아진다.

⑦ **관계관리(Relationship management)**

오늘날의 비즈니스와 조직은 독자적으로 운영되는 것이 아니다. 공급자와 같은 이해관계자들과 맺고 있는 중요한 관계를 확인하고, 그것을 관리하기 위한 계획을 마련하고 실행해야만 지속가능한 성공을 향해 나아갈 수 있다.

19.2 상위수준구조와 리스크 기반 사고

2015년에 개정된 ISO 9001:2015의 가장 큰 특징은 '상위수준구조'와 '리스크 기반 사고'인데, 이에 대해 살펴보자.

2015년 개정판의 큰 특징은 다른 ISO 경영시스템 표준들과 동일한 기본구조를 공유하도록 한 것이다(향후 개정될 표준 포함). 이 기본구조를 'HLS(High Level Structure, 상위수준구조)'라고 한다.

HLS는 〈표 19.2〉에 있는 10개 주요 항목과 항목별 하위 항목으로 구성되어 있는데, 모든 ISO 경영시스템 표준은 이 항목들을 담고 있어야 한다. 이러한 HLS를 공유함으로써 품질경영시스템과 더불어 환경경영시스템, 보건 및 안전 경영시스템 등과 같은 다른 경영시스템을 함께 도입하기가 훨씬 용이하게 된 것이다.

개별 경영시스템 표준은 필요에 따라 특정한 세부항목들을 HLS에 추가할 수 있다. 예를 들어 품질경영시스템 표준인 ISO 9001:2015는 〈표 19.3〉과 같은데, 이것은 HLS에 품질경영시스템에 필요한 하부 항목들을 추가한 것이다.

ISO 9001:2015의 두 번째 특징은 리스크 기반 사고(risk-based thinking)에 초점을 맞추고 있다는 점이다. 리스크란 '목표에 미치는 불확실성의 영향'이라고 정의할 수 있는데, 불확실성(uncertainty)이 미치는 영향은 긍정적일 수도 부정적일 수도 있다. 리스크의 영향(effect)은 기대한 결과에서 벗어나는 것을 의미하는데, 여기에는 긍정적 이탈과 부정적 이탈이 모두 포함된다. 긍정적 이탈은 기회를 제공하기도 하지만 모든 긍정적 이탈이 기회가 되는 것은 아니다.

이전에도 리스크는 표준에 반영되었지만 개정판에서는 그것을 훨씬 더 부각시켰다. 리스크를 더욱 중요하게 고려하는 이유는 비즈니스의 글로벌화가 확대되고 있으며, 이에 따라 공급사슬이 복잡해지는 현실과 관련이 깊다.

리스크 기반 사고는 효과적인 품질경영시스템의 구축과 실행에 필수적이다. 위기와 기회를 함께 다룸으로써 품질경영시스템의 효과를 높이고, 성과를 개선하고 부정적 영향을 예방할 수 있기 때문이다.

〈표 19.2〉 ISO 경영시스템 표준의 HLS(상위수준구조)

1. 적용범위(Scope)	6. 기획(Planning) • 리스크와 기회에 대한 조치 • 목표와 달성계획
2. 인용표준(Normative references)	7. 지원(Support) • 자원 • 적격성 • 인식 • 의사소통 • 문서화된 정보
3. 용어 및 정의(Terms and definitions)	8. 운영(Operation) • 운영 기획 및 관리
4. 조직의 상황(Context of the organization) • 조직 및 조직 상황 이해 • 이해관계자의 요구와 기대 이해 • 경영시스템의 범위 결정 • 경영시스템	9. 성과평가(Performance evaluation) • 모니터링, 측정, 분석 및 평가 • 내부심사 • 경영검토
5. 리더십(Leadership) • 리더십과 실행의지 • 방침 • 조직의 역할, 책임 및 권한	10. 개선(Improvement) • 부적합 및 시정조치 • 지속적 개선

1. 적용범위(Scope)	6. 기획(Planning) 6.1 리스크와 기회에 대한 조치 6.2 품질목표와 달성계획 6.3 변경계획
2. 인용표준(Normative references)	7. 지원(Support) 7.1 자원 7.2 적격성 7.3 인식 7.4 의사소통 7.5 문서화된 정보
3. 용어 및 정의(Terms and definitions)	8. 운영(Operation) 8.1 운영 기획 및 관리 8.2 제품 및 서비스 요구사항 8.3 제품 및 서비스의 설계와 개발 8.4 외부에서 공급받는 프로세스, 제품 및 　　서비스의 관리 8.5 생산 및 서비스의 제공 8.6 제품 및 서비스의 출하 8.7 부적합 산출물의 관리
4. 조직의 상황(Context of the organization) 4.1 조직 및 조직 상황 이해 4.2 이해관계자의 요구와 기대 이해 4.3 품질경영시스템의 범위 결정 4.4 품질경영시스템과 프로세스	9. 성과평가(Performance evaluation) 9.1 모니터링, 측정, 분석 및 평가 9.2 내부심사 9.3 경영검토
5. 리더십(Leadership) 5.1 리더십과 실행의지 5.2 방침 5.3 조직의 역할, 책임 및 권한	10. 개선(Improvement) 10.1 일반사항 10.2 부적합 및 시정조치 10.3 지속적 개선

19.3 기업 리스크관리

기업이 고려해야 할 리스크들을 어떻게 분류할 것인가에 대해 합의된 방법은 없지만 통상적으로 〈표 19.4〉에 정리한 것과 같이 위해(危害), 운영, 재무, 전략의 4가지 범주로 분류한다.

리스크의 관리를 위해서는 먼저 기업이 안고 있는 잠재적 리스크들을 모두도출하고, 각각의 리스크에 대해 평가해야 한다. 리스크는 그것의 발생 가능성과 영향도를 기준으로 평가한다. 발생 가능성과 영향도가 클수록 보다 중점적인 관리가 요구된다.

리스크 평가 결과를 시각적으로 나타내기 위해 〈그림 19.1〉과 같은 '리스크맵(Risk Map)'을 사용한다. 리스크 맵은 '리스크 매트릭스(Risk Matrix)'라고

〈표 19.4〉 기업 리스크의 분류

종류	내용	예
위해 리스크 (Hazard Risks)	안전사고, 자연재해, 법적 책임 등과 관련된 리스크로서, 주로 보험의 대상이 된다.	• 화재, 폭발, 안전사고로 인한 인적, 물적 손실 • 폭풍이나 지진 등의 자연재해로 인한 손실 • 도난이나 범죄로 인한 인적, 물적 손실 • 제품책임(PL) 때문에 발생하는 피해 보상
운영 리스크 (Operational Risks)	인력, 프로세스, 시스템 또는 관리 문제로 인해 초래되는 리스크 중 위해 리스크에 포함되지 않는 리스크	• 제품개발, 생산관리, 공급사슬, 정보관리, 예산계획, 회계정보, 투자평가, 인력관리, 협력업체 관계 등을 포함한 사업 운영상의 제반 리스크
재무 리스크 (Financial Risks)	시장의 힘이 자산이나 부채에 미치는 영향력으로 인해 초래되는 리스크	• 자산 가치, 이자율, 환율 등의 가격 리스크 • 단기간에 손실 없이 자산을 매각하기 어려운 유동성 리스크 • 디폴트(채무 불이행)와 같은 신용 리스크
전략 리스크 (Strategic Risks)	인구통계학적 변화와 경제, 정치, 경쟁 환경의 변화를 포함한 경제 및 사회 추세로 인해 초래 되는 리스크	• 인구통계학적 변화와 사회/문화적 추세 변화 • 와해성 기술의 등장과 같은 기술혁신 • 법적 규제 변화 • 불미스런 일에 연루된 기업 평판 손상

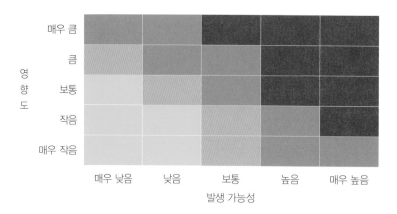

〈그림 19.1〉 리스크 맵(Risk Map)

도 불린다.

리스크 맵의 우측 상단으로 갈수록(즉, 발생 가능성과 영향도가 모두 클수록) 리스크의 위험도가 증가한다. 이것을 직관적으로 보여주기 위해 리스크 맵 내에 색상을 이용한 것을 '리스크 히트 맵(Risk Heat Map)'이라고 하는데, 이 맵에서는 우측 상단으로 갈수록 더 강렬한 붉은색을 사용한다.

리스크 평가가 끝나면 각각의 리스크에 대한 대응전략을 마련해야 한다. 리스크에 대한 대응전략은 〈표 19.5〉에 정리한 바와 같이 회피, 감소, 이전/공유,

〈표 19.5〉 리스크 대응전략

대응전략	설명
회피 (Avoidance)	리스크를 야기하는 활동을 중단 또는 제거 (예) 리스크에 비해 혜택이 작은 경우 판매 중단 또는 사업부 폐지
감소 (Reduction)	리스크의 발생 가능성이나 영향을 줄이기 위한 사전 조치를 취함 (예) 운영기준 설정 또는 강화
이전 (Transfer)	리스크를 제3자에게 이전(transfer) 또는 공유(sharing) (예) 보험, 외주, 환헤지(forex hedge), 파트너십
허용 (Acceptance)	리스크의 발생 가능성과 영향을 그대로 감수 (예) 잠재적 혜택이 큰 리스크 중 감당할 만한 것을 수용

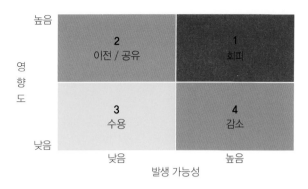

〈그림 19.2〉 리스크 대응전략의 기본방향

허용의 4가지 기본 방향이 있다.

리스크 대응전략의 기본적 방향은 〈그림 19.2〉에 나타낸 바와 같이 위험도가 크면 회피전략, 작으면 수용전략을 선택한다. 그러나 이에 앞서 모든 리스크에 대해 가능한 한 제거 또는 감소 대책을 마련해야 한다. 이러한 대책이 실시되면 리스크 맵에 표시된 리스크들이 전반적으로 좌측 하단으로 이동하게 된다.

리스크관리에 대한 ISO 표준으로는 ISO 31000(Risk management − Principles and guidelines)이 있는데, 이 표준은 리스크관리의 원칙과 체계 및 프로세스를 다루고 있다. 그러나 이 표준은 인증 목적으로 사용되는 것은 아니며, 리스크관리에 대한 내·외부 감사 프로그램 지침서로 활용된다.

참고문헌

- 홍종인(2009), 「ISO 품질경영시스템 혁신 가이드」, 한국표준협회미디어.
- Badiru, A.B.(1995), Industry's Guide to ISO 9000, John Wiley & Sons, Inc.
- Casualty Actuarial Society(2003), Overview of Enterprise Risk Management, Enterprise Management Committee.
- Combs, O.(2013), "View ISO 9001 as more than a QMS standard to lift business performance to new
- Elliott, M. W.(2016), Risk Management Principles and Practices, 2nd Edition, The Institutes.
- ISO(2009), Selection and Use of the ISO 9000 family of Standards, International Organization for Standardization.
- ISO(2012), Quality Management Principles, International Organization for Standardization.
- ISO(2015), ISO 9001:2015 How to use it, International Organization for Standardization.
- ISO(2015), Moving from ISO 9001:2008 to ISO 9001:2015, International Organization for Standardization.
- Kobo, F. N.(2011), ERM Strategy Volume I: Risk Management Methodology, Human Sciences Research Council.

20장
환경경영
시스템 인증

환경경영은 지속가능한 성장의 토대이다. 환경경영의 주요한 관점 중 하나는 원료채취, 가공 및 제조, 운송, 사용 및 폐기까지의 '요람에서 무덤까지' 전체 과정에 걸쳐 사용되는 에너지와 자원 및 배출물이 환경에 미치는 영향을 평가하고, 이를 토대로 환경개선의 기회를 찾아야 한다. 흔히들 전기자동차가 가솔린자동차에 비해 친환경적이라고 생각하지만 라이프 사이클 전체를 고려하면 그렇지 않을 수도 있다.

Quality is King!

20.1 환경경영시스템 개요

1992년 브라질 리우데자네이루(Rio de Janeiro)에서 개최된 환경 및 개발에 관한 UN 콘퍼런스에서는 '지속가능 개발(sustainable development)'에 대한 심도 있는 논의 끝에 '환경과 개발에 관한 리우선언'을 발표하였다. 이 선언은 세계적 차원의 환경보전 운동을 촉발시키는 계기가 되었으며, 이에 대응하기 위해 ISO에서는 1993년 환경경영에 대한 기술위원회(TC, Technical Committee)인 ISO/TC 207을 결성하였다. 이 위원회가 주축이 되어 환경경영시스템(EMS, Environmental Management System)'에 대한 국제표준인 ISO 14000 패밀리가 탄생하였다.

ISO 14000 패밀리의 주요 표준은 〈표 20.1〉에 정리되어 있다. 이 중 ISO 14001은 환경경영시스템에 대한 제3자 인증의 대상이 되는 표준이다. 또한 ISO 14004는 환경경영시스템에 대한 원칙과 시스템 및 지원기법에 대한 일반적 가이드라인을 제공하고 있다. ISO 14001과 14004는 환경경영시스템에 초점을 맞추고 있으며, 그 외의 다른 표준들은 전과정평가(LCA, Life Cycle Assessment)와 같은 환경영향 평가, 환경 라벨링과 같은 외부와의 소통, 감사(auditing) 등과 같이 환경경영의 특정한 일면을 다루고 있다.

〈표 20.1〉 ISO 14000 패밀리의 주요 표준

표준	내용
ISO 14001	환경경영시스템 – 요구사항 및 사용지침
ISO 14004	환경경영시스템 – 원칙, 시스템 및 지원기법에 대한 일반 가이드라인
ISO 19011	품질경영시스템(9000)과 환경경영시스템(14000) 통합검사 가이드라인
ISO 14031	환경성과 평가 가이드라인
ISO 14020	환경 라벨 및 선언 – 일반 원칙
ISO 14040	전과정평가(LCA) – 원칙 및 기본구조
ISO 14064	온실가스 배출에 관한 보고 및 감축에 관한 규격(Part 1, 2, 3)

ISO/TC 207은 활동 초기부터 품질경영 및 품질보증을 관장하는 ISO/TC 176과 긴밀한 협조를 한 결과 품질경영시스템 인증에 대한 ISO 9001과 환경경 영시스템 인증에 대한 ISO 14000은 양립이 가능하도록 설계되었다. ISO 19011 은 품질경영시스템과 환경경영시스템의 감사 가이드라인에 대한 공동 표준이다.

2015년에 개정된 환경경영시스템인 ISO14001:2015는 품질경영시스템 ISO 9001:2015와 동일한 HLS(상위수준구조)를 갖고 있다. 따라서 품질경영시스템 과 환경경영시스템을 동시에 구축하고 실행하더라도 두 시스템 사이에 충돌이 나 갈등은 존재하지 않는다.

〈표 20.2〉 ISO 14001:2015의 구성

1. 적용범위(Scope)	6. 기획(Planning) 6.1 리스크와 기회에 대한 조치 6.2 환경목표와 달성계획
2. 인용표준(Normative references)	7. 지원(Support) 7.1 자원 7.2 적격성 7.3 인식 7.4 의사소통 7.5 문서화된 정보
3. 용어 및 정의(Terms and definitions)	8. 운영(Operation) 8.1 운영 기획 및 관리 8.2 비상 시 대비 및 대응
4. 조직의 상황(Context of the organization) 4.1 조직 및 조직 상황 이해 4.2 이해관계자의 요구와 기대 이해 4.3 환경경영시스템의 범위 결정 4.4 환경경영시스템	9. 성과평가(Performance evaluation) 9.1 모니터링, 측정, 분석 및 평가 9.2 내부심사 9.3 경영검토
5. 리더십(Leadership) 5.1 리더십과 실행의지 5.2 환경방침 5.3 조직의 역할, 책임 및 권한	10. 개선(Improvement) 10.1 일반사항 10.2 부적합 및 시정조치 10.3 지속적 개선

20.2 전과정평가(LCA)

ISO 14040 시리즈(; ISO 14040/14041/14042/14043)는 '전과정평가(LCA, Life Cycle Assessment)'에 대한 일군(一群)의 표준이다. 전과정평가(LCA)란 제품이나 서비스가 전체 라이프 사이클에 걸쳐 환경에 미치는 영향을 평가하는 기법을 말한다. 즉 원료채취, 가공 및 제조, 운송, 사용 및 폐기까지의 '요람에서 무덤까지(cradle-to-grave)' 전 과정에 걸쳐 사용되는 에너지와 자원 및 배출물이 환경에 미치는 영향을 평가하고, 이를 토대로 환경개선의 기회를 찾기 위해 사용된다.

일반적으로 전기자동차의 경우 가솔린자동차보다 훨씬 더 친환경적이라고 생각되지만 전과정평가의 관점에서 보면 그렇지 않을 수 있다. 전기자동차에 들어가는 배터리를 충전시키는 전력이 얼마나 친환경적으로 생산되느냐에 따라 결과가 달라진다. 만약 전기차 배터리의 충전을 위한 전력이 석탄발전소에서 생산된다면 오히려 대기환경에 더 부정적이라는 연구결과가 발표된 바 있다(김준래, 2015). 석탄발전으로 인한 부정적 영향이 전기차 운행으로 인한 긍정적 영향보다 더 크기 때문이다.

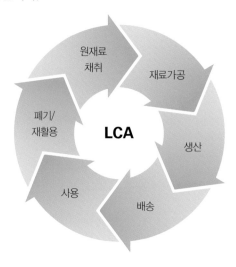

〈그림 20.1〉 전과정평가의 개념: 요람에서 무덤까지

사회보장제도의 궁극적 목표를 상징적으로 나타내는 '요람에서 무덤까지 (cradle-to-grave)'라는 표현 대신, 전과정평가에서는 '요람에서 요람까지 (cradle-to-cradle, C2C)'라는 말을 쓰기도 한다. 자연의 순환계를 보면 하나의 생명체가 수명을 다하면 다른 생명체의 탄생과 생존을 위한 유용한 자원으로 활용되듯이 상품도 수명을 다하면 폐기물로 버려질 것이 아니라 다른 유용한 자원으로 재활용되어야 한다는 개념이다. 즉, C2C(cradle-to-cradle)는 폐기물이 없는 이상적 설계 개념을 지칭한다.

전과정평가에 대한 이해를 돕기 위해 〈그림 20.2〉는 일본 도시바의 예를 요약한 것이다(Ecodyger, 2014). 일반적으로 전과정평가에는 다음과 같은 3가지 업무가 포함된다.

- 투입되는 에너지와 재료 및 환경 배출물의 확인과 계량화
- 확인된 투입물과 배출물의 잠재적 환경영향 평가
- 평가 결과의 해석 및 실질적 환경 개선 대책 마련

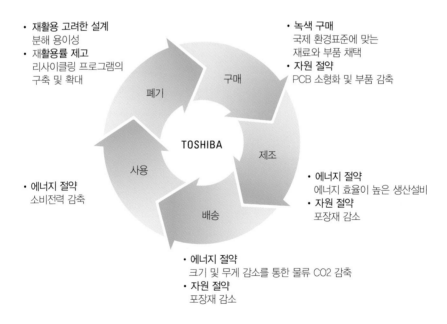

〈그림 20.2〉 전과정평가의 예

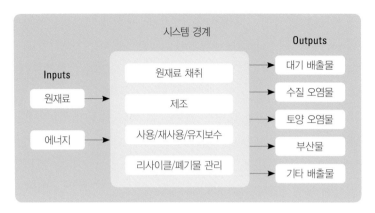

<그림 20.3> 전과정평가의 라이프 사이클 단계

〈그림 20.3〉은 전과정평가에서 고려될 수 있는 라이프 사이클 단계와 측정 대상이 될 수 있는 투입물과 산출물을 예시한 것이다. 전과정평가 프로세스는 다음과 같은 4단계의 체계적 접근방법으로 구성되어 있다.

① 목적 및 범위 설정(Goal Definition)

전과정평가의 목적을 정의하고 이와 관련된 제품, 프로세스 또는 활동들을 기술한다. 어떤 맥락에서 LCA가 수행되는지 고려하여 평가 범위(즉, 평가할 시간적, 지역적, 기술적 경계)를 설정한다.

② 전과정 목록분석(Inventory Analysis)

투입물(에너지, 물, 자재)과 산출물(대기 배출물, 수질 오염물, 토양 오염물, 기타 폐기물)을 확인하고 계량화한다.

③ 전과정 영향평가(Impact Assessment)

목록분석에서 확인된 투입물과 산출물이 인간과 생태계에 미치는 잠재적 영향을 평가한다.

④ 전과정 해석(Interpretation)

평가결과를 해석하고 환경부담을 줄이기 위한 제품, 프로세스, 서비스의 개선방안을 모색한다.

20.3 환경 라벨 및 선언

ISO 14020 시리즈(; ISO 14020/14021/14022/14023/14024)는 '환경 라벨 및 선언'에 대한 일군(一群)의 표준이다. ISO 14020에서는 환경 라벨(environmental label) 및 환경 선언(environmental declaration)을 "제품이나 서비스의 환경적 측면을 나타내는 주장"이라고 정의하고 있다. 여기서 환경 라벨이나 환경 선언은 제품 설명서 내의 기술, 광고나 선전 문구, 포장재에 있는 문장, 심벌, 그래픽 등과 같은 다양한 형태로 표현될 수 있다.

환경 라벨링 제도는 강제적인 것은 아니지만 제품이나 서비스의 환경적 측면을 오도(誤導)하지 않고, 검증 가능한 정확한 정보를 유통시킴으로써 환경 부담이 적은 제품 및 서비스의 수요와 공급을 촉진시키고자 하는 것이다. 또한 이를 통해 시장주도의 지속적 환경개선을 유도하고자 한다.

ISO에서는 환경 라벨을 〈표 20.3〉과 같은 3가지 유형으로 분류하고 있다.

〈표 20.3〉 환경 라벨의 유형

유형	내용	ISO 표준
유형 1 환경표지(마크)	특정 상품 카테고리 내에서 환경적 우수성을 제3자가 인증하고, 환경 라벨 사용권 부여	ISO 14024
유형 2 환경성 자기주장	상품의 환경성에 대한 기업의 주장으로서 독립적 검증이 수반되지 않음	ISO 14020
유형 3 환경성 선언	전과정평가의 관점에서 환경에 영향을 미치는 속성들에 대한 정량적 데이터 제공	ISO 14025

① 유형 1 - 환경마크

동일한 용도의 다른 상품에 비해 '환경성'이 우수한 경우 제3자가 이를 인증하는 표지(標識, mark)나 로고를 부여하는 것을 말하는데, 통상적으로 이를 에코라벨(eco-labels)이라고 한다. 여기서 '환경성'이란 상품의 제조로부터 사용 및 폐기에 이르기까지의 전 과정에서 오염물질이나 온실가스를 배출하는 정도, 자원과 에너지를 사용하는 정도 등과 같이 환경에 미치는 영향력을 통칭한다.

우리나라 환경마크

우리나라에서는 환경부 산하의 한국환경산업기술원이 이 업무를 담당하고 있는데, 서류검증 및 현장심사 등을 거쳐 환경성이 우수하다고 판단되면 환경마크를 부여한다.

② 유형 2 - 환경성 자기주장

상품의 환경적 특성에 대한 제조업자, 수입업자, 공급업자의 자기주장으로서 독립적 검증이 수반되지 않는다. 예를 들어 제3자의 검증 없이 "생분해성 소재를 사용했다"는 식으로 표시 또는 선전하는 것이 여기에 해당한다. 따라서 거짓 친환경 이미지를 이용하여 경제적 이득을 추구하는 그린워싱(greenwashing)의 위험이 존재한다.

상품의 환경적 특성에 대한 업자의 주장이 사실이 아닌 것으로 사후에 밝혀질 경우 관련 기관이 이를 시정하도록 조처한다. 우리나라에서는 공정거래위원회가 이 업무를 맡고 있는데, 표시 및 광고 내용이 부당하다고 밝혀질 경우 과징금과 더불어 상대방에게 손해를 입힌 경우 손해배상까지 요구한다.

③ 유형 3 - 환경성 선언

자격 있는 제3자가 전과정평가(LCA) 관점에서 미리 설정해 놓은 환경변수들에 대한 상품의 정량적 환경 데이터를 자발적으로 제공하는 것을 말한다. 측정 대상이 된 환경변수들을 설정한 제3자 또는 자격 있는 다른 제3자의 검증이 수반된다.

우리나라의 경우 한국환경산업기술원이 운영하고 있는 '환경성적표지(EPD, Environmental Product Declaration)' 제도가 여기에 해당한다. 환경성적표지는 제품이나 서비스의 원료채취로부터 생산, 배송, 사용, 폐기에 이르기까지 전과정에 대한 환경 영향을 계량적으로 표시하여 공개하는 국가 공인 인증제도로서 소비자들의 친환경적 제품 선택에 도움을 주기 위한 것이다.

일례로 2017년 5월, 반도체 업계 최초로 삼성전자의 SSD(Solid State Drive) 모델 '850 EVO 250GB'가 환경성적표지 인증을 획득하여 자원소모, 지구온난화, 오존층 영향, 산성화, 부영양화, 광화학적 산화물생성 등 6대 환경 성적을 공개한 바 있다.

우리나라 환경성적표지

20.4 온실가스 배출에 관한 보고 및 감축

ISO 14064는 '온실가스의 배출에 관한 보고 및 감축'에 대한 표준이다. 온실가스 배출과 관련된 주요 개념은 다음과 같다.

① 온실효과(Greenhouse Effect)

태양에서 지구로 들어오는 복사 에너지의 대부분은 파장이 짧은 가시광선과 가시광선에 인접한 자외선이다. 지구에 도달하는 태양 에너지의 약 3분의 1은 지구 대기에서 우주 공간으로 반사되고, 나머지 3분의 2는 대부분 지표면에 흡수되고 일부는 대기에 흡수된다. 지구의 온도가 안정적으로 유지되기 위해서는 태양으로부터 흡수한 에너지와 동일한 양의 에너지가 지구 밖으로 방출되어야 한다.

지구 온도는 태양 온도에 비해 상대적으로 매우 낮기 때문에 지구에서는 긴 파장(주로 적외선)의 에너지가 방출된다. 육지나 바다에서 방출되는 에너지의 상당 부분이 구름을 포함한 대기에 흡수되고, 지표면으로 다시 반사된다. 이러한 현상을 '온실효과'라고 한다. 이것은 마치 온실의 유리벽이 온실 내의 따뜻한 공기를 가두어 실내 온도를 높이는 것과 같다.

지구의 평균온도는 약 섭씨 15도이지만 '자연적 온실효과(natural greenhouse effect)'가 없다면 영하 18도로 내려갈 것이라고 한다. 달 표면의 온도가 주간에는 127도까지 올라가는 반면, 야간에는 영하 173도까지 내려가는 것은 이러한 자연적 온실효과가 없기 때문이다. 또한 금성의 경우 대기층의 96%가 이산화탄소이기 때문에 태양 복사 에너지가 밖으로 거의 방출되지 못해 표면온도가 420도나 된다.

② 온실가스(Greenhouse Gases, GHG)

지구 대기의 대부분은 질소(건조한 공기의 약 78%)와 산소(건조한 공기의 약 21%)로 구성되어 있다. 그리고 아르곤이 대기의 0.9% 정도를 차지하고 있다. 대기의 90% 정도를 차지하고 있는 질소와 산소 및 아르곤 기체는 적외선을 흡수하지 않기 때문에 온실효과와 무관하다.

온실가스는 대기권에 존재하는 기체 중에서 지구의 복사열인 적외선을 흡수하거나 지표면으로 재방출하는 특성을 갖는 기체를 말한다. 지구상에 존재하는 온실가스를 농도순으로 보면 수증기(H_2O), 이산화탄소(CO_2), 메탄(CH_4), 아산화질소(N_2O), 오존(O_3) 수소불화탄소(HFCs), 과불화탄소(PFCs) 등과 같다.

수증기는 온실가스 중 가장 큰 비중을 차지하고 있다. 관개나 벌목 등과 같이 인간의 행위로 인해 초래되는 수증기의 변화는 지구 온도에 영향을 미치지만 인간이 배출하는 수증기가 대기 전체 수증기 수준에 미치는 영향은 크지 않

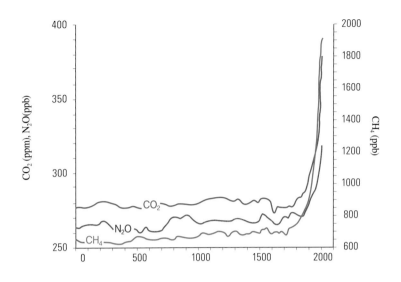

〈그림 20.4〉 주요 온실가스의 농도 변화(Doll and Baranski, 2011)

기 때문에 국제적 활동을 위한 온실가스 목록에는 포함되지 않는다.

산업혁명 이후 중요한 온실가스의 농도가 급격히 증가하고 있다. 화석연료의 사용으로 인해 지구에 묻혀 있던 탄소가 이산화탄소로 바뀌어 대기로 방출되고 있다. 또한 농사를 위한 개간으로 인해 토양과 식물에 있던 탄소도 이산화탄소로 변환된다. 〈그림 20.4〉는 과거 2천년 동안 주요 온실가스들의 농도 변화를 나타낸 것인데, 산업혁명이 시작된 200년 전부터 기하급수적 증가 추세가 시작된 것을 볼 수 있다.

이러한 온실가스 농도의 급격한 증가로 인해 온실효과가 강화되어 '지구온난화(global warming)'가 문제되고 있다. 1997년 일본 교토에서 개최된 IPCC(Intergovernmental Panel on Climate Change, 기후변화에 관한 정부간 협의체) 3차 회의에서는 선진국의 온실가스 감축 목표를 담은 교토의정서(Kyoto Protocol)를 채택하였는데, 여기서 이산화탄소(CO_2), 메탄(CH_4), 아산화질소(N_2O), 수소불화탄소(HFCs), 과불화탄소(PFCs), 육불화황(SF_6)의 6가지를 감축 대상 온실가스로 규정하였다.

〈표 20.4〉 주요 온실가스 배출원

항목		내용	배출 온실가스
직접배출	고정연소	(발전터빈, 보일러, 소각로 등) 고정 설비의 연료 연소를 통해 배출	CO_2, CH_4, N_2O
	이동연소	(자동차, 트럭, 비행기, 선박 등) 수송 장비의 연료 연소를 통해 배출	CO_2, CH_4, N_2O
	공정배출	에너지 사용이 아닌 석유화학 공정 같은 물리·화학적 공정을 통해 배출	CO_2, CH_4, N_2O PFCs, HFCs, SF_6
	탈루배출	폐수처리, 냉각탑, 가스공정설비 등에서 누출, 봉인 및 접합 부분에서 의도하지 않은 누출	CO_2, CH_4, HFCs, SF_6
간접배출		사용단계에서의 배출은 아니나, 외부 구입한 전기, 열, 스팀 등이 생산과정에서 배출한 것	CO_2, CH_4, N_2O

각각의 온실가스들이 지구온난화에 미치는 영향이 다르므로 IPCC는 이산화탄소가 지구온난화에 미치는 영향을 기준으로 온실가스별 상대적 영향도를 나타내는 척도인 '지구온난화지수(GWP, Global Warming Potential)'를 개발하였다. 이 지수는 온실가스가 대기 중에 남아있는 기간(예: 메탄은 12년인데 반해 아산화질소는 114년)과 대기로 방출되는 적외(infrared) 복사 에너지의 흡수량을 복합적으로 고려한 것이다.

교토의정서에서 정한 온실가스의 지구온난화지수를 나타낸 〈표 20.5〉를 보면 아산화질소는 동일한 량의 이산화탄소에 비해 지구온난화에 300배가 넘는 영향을 미친다. 그러나 대기 중의 이산화탄소 농도는 약 380 ppmv(parts per million by volume, 부피기준 백만분의 1)이나 아산화질소의 농도는 0.3ppmv에 불과하므로 지구온난화에 미치는 전체적 영향은 이산화탄소가 훨씬 더 크다. 수증기를 제외한 온실가스 중 지구온난화에 가장 큰 영향을 미치는 것은 이산화탄소이다.

<表 20.5> 온실가스별 지구온난화지수(GWP)

온실가스	지구온난화지수(GWP)
이산화탄소(CO_2)	1
메탄(CH_4)	21
아산화질소(N_2O)	310
수소불화탄소(HFCs)	140-11,700
과불화탄소(PFCs)	6,500-9,200
육불화황(SF_6)	23,900

③ **탄소발자국**(Carbon Footprint)

탄소발자국이란 상품의 생산 및 소비과정에서 직·간접적으로 발생하는 이산화탄소 양과 다른 온실가스 발생량을 이산화탄소 배출량으로 환산한 양을 합한 것이다. 사람이 걸을 때 땅바닥에 발자국을 남기는 것에 비유하여 '탄소발자국'이라는 이름을 붙였다.

기타 온실가스의 배출량을 대표 온실가스인 이산화탄소로 환산한 '이산화탄소 환산량(CO_2-eq, carbon dioxide-equivalents)'은 온실가스 배출량에 해당 온실가스의 지구온난화지수(GWP)를 곱한 것이다. 예를 들어 1톤의 메탄가스는 21톤의 CO_2-eq가 되며, 1톤의 아산화질소는 310톤의 CO_2-eq가 된다.

📚 참고문헌

- 김준래(2015), "전기차가 오히려 대기오염의 주범?", 사이언스타임즈, 1월 6일.
- 삼성전자 뉴스룸(2017), "삼성전자 SSD '850 EVO 250GB', 업계 최초 환경성적표지(EPD) 인증", 5월 23일.
- 온실가스종합정보센터(2014), 「2013년도 국가 온실가스 인벤토리 보고서」, 온실가스종합정보센터.
- 최성운(2009), "온실가스 배출량 인벤토리의 이해", 한국에너지공단 August, pp.58~68.
- 환경부(2015), 「환경마크제도와 환경마크제품」, 환경부.
- Doll, J. E. and Baranski, M.(2011), "Greenhouse gas basics", Climate Change and Agriculture Fact Sheet Series E3148, April.
- Ecodyger(2014), "What is life cycle assessment?", Ecodyger, 22nd December.
- GEN(2004), Introduction to Ecolabelling, Global Ecolabelling Network.
- IPCC(2007), Climate Change 2007: The Physical Science Basis, Intergovernmental Panel on Climate Change.
- ISO(2009), Environmental Management: The ISO 14000 family of International Standards, International Organization for Standardization.
- ISO(2012), Environmental Labelling and Declarations — How ISO Standards Help, International Organization for Standardization.
- Scientific Applications International Corporation(2006), Life Cycle Assessment: Principles and Practice, National Risk Management Research Laboratory, U.S. Environmental Protection Agency.
- UNOPS(2009), A Guide to Environmental Labels for Practitioners of the United Nations System, The United Nations Office for Project Services.

안전품질과
제품책임

21장
안전품질

안전은 품질의 킹핀이다. 볼링의 10개 핀 중 중앙에 있는 킹핀이 공에 맞으면 나머지 모든 핀들이 다 넘어진다. 많은 기업들이 보다 더 저렴한 가격, 좋은 디자인, 우수한 성능, 매력적인 특성의 부가를 위해 골몰하고 있으나 안전에 문제가 발생하면 만사가 수포로 돌아간다. 이렇게 평범하고도 중요한 사실을 문제가 터진 다음에야 뼈저리게 느끼는 경우가 예나 지금이나 적지 않다.

Quality is King!

21.1 사례를 통해 본 안전품질

품질의 요소 중 안전보다 더 중요한 것은 없다. 안전의 문제는 다른 어떤 경쟁우위 요소로도 대체할 수 없다. 이것은 다음 장에 설명할 제품책임(PL)의 문제와도 직결되어 있다. 먼저 제품안전에 관련된 다양한 사례를 통해 안전품질의 중요성에 대해 생각해 보자.

(1) 여성용 피임기구 달콘실드

원치 않는 임신을 피하기 위해 사용하는 자궁 내 피임기구(IUD, Intra-Uterine Device)의 역사는 천 년이 넘었다고 한다. 탈무드나 히포크라테스의 글에도 이러한 종류의 여성용 피임기구가 언급되어 있다. IUD의 역사는 이처럼 오래되었지만 의학적 연구물로 탄생한 것은 20세기 중반이 지나서였다.

1960년대에 이르러서야 미국 식품의약안전청(FDA)의 승인을 받은 최초의 플라스틱 IUD가 개발되었으며 이후 다른 IUD들이 계속 출시되었다. 당시 경구용(經口用) 피임약의 장기복용에 대한 위험성이 언론에 연일 보도되고 있었기 때문에 IUD 시장은 급팽창하고 있었다. 이러한 시대적 배경 하에 미국 존스홉킨스대학의 산부인과 의사였던 휴 데이비스(Hugh J. Davis) 박사는 자신과 같이 일하던 공학자 어윈 러너(Irwin Lerner)와 함께 '달콘실드(Dalkon Shield)'라는 새로운 IUD를 개발하였다.

벌레 모양으로 생긴 달콘실드는 다음과 같은 특징을 갖고 있었다.

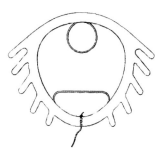

자궁 내 피임기구 달콘실드,
RatchickAndy, Wikimedia CC BY SA

- IUD가 자궁에서 이탈하는 것을 방지하기 위해 벌레의 발을 닮은 여러

개의 뾰족한 스파이크가 붙은 모양으로 만들었다.

- 피임 확률을 높이기 위해 중앙에 얇은 차단막을 부가하였다.
- IUD가 자궁 내에 제대로 위치하고 있는지 의사가 쉽게 검진할 수 있도록 가는 실을 여러 겹 엮어서 만든 다(多)섬유 끈을 달았다.

1971년 로빈스(A.H. Robins)사는 이 IUD 설계를 사들여 대대적인 판촉을 실시하였다. 달콘실드는 출산 경험이 있는 여성을 위한 대형 사이즈와 그렇지 않은 여성을 위한 소형 사이즈 두 종류가 시판되었다. 유명대학의 명망 높은 의사가 개발했다는 후광을 업고 출시 후 3년 반 동안 수백만 개가 팔려나갔다.

경쟁회사들의 IUD는 낚시줄처럼 한 가닥으로 된 나일론 끈을 매달았으나 달콘실드에 사용된 끈은 수백 가닥의 가는 플라스틱 섬유를 피복 안에 넣은 것이었다. 달콘실드가 다섬유로 된 끈을 사용한 이유는 사용자들이 IUD가 자궁 내에 잘 보존되고 있다는 것을 감각적으로 느낄 수 있고 의사가 검진 시 쉽게 꺼낼 수 있도록 하기 위한 것이었다. 사용자들은 몰랐지만 로빈스의 최고 경영진은 '이것이 문제의 소지가 있다'는 사실을 공유하고 있었다.

달콘실드에 사용한 끈이 문제가 된 것은 질(膣)과 자궁의 환경에 관련된 것이었다. 여성의 질은 항상 젖어 있고 자생하는 수많은 박테리아의 서식처일 뿐 아니라 외부 박테리아에도 매우 민감한 곳이다. 그에 반해 자궁은 살균된 장기인데 다섬유질 끈은 외부 박테리아가 자궁으로 들어가는 통로 역할을 하였다. 문제를 더욱 악화시킨 것은 다섬유질 끈의 피복으로 사용되었던 나일론 소재가 시간이 지나면 파손되어 외부 박테리아의 진입이 훨씬 더 쉬워진다는 것이었다. 이러한 위험성에 대해 로빈스의 경영진은 사전에 인지하고 있었음에도 불구하고 달콘실드의 출시를 재촉하였다.

시간이 지나면서 문제가 드러나기 시작했다. 달콘실드를 착용한 여성들이 출혈과 성관계 시의 통증을 호소하기 위해 병원을 찾았다. 의사들은 이것이 정상적인 박테리아가 유발할 수 있는 골반 염증이라고 진단하고 항생제를 처방하였다. 더 큰 문제는 피임 실패율이 1% 정도라고 광고하였으나 실제로는 10% 가까이 된 것이었다. 달콘실드를 착용한 여성들 중 임신한 사람이 늘어났으며 이들 중 일부는 패혈성 유산을 경험하였다. 최악의 경우에는 심한 감염이 치명적 결과를 초래할 수 있는데 이로 인한 사망자가 최소한 18명으로 집계되었다.

문제가 봇물 터지듯 쏟아지자 1974년 로빈스사는 달콘실드의 판매를 중단하였지만 법적 소송은 이후 수년간 지속되었다. 로빈스사는 달콘실드 자체의 문제가 아니라 사용자의 위생관리 소홀과 안전하지 못한 성행위 때문이라고 항변하였지만 이를 입증하기가 쉽지 않았다. 1980년대 초반 40만 명이 대규모 집단소송을 준비하였다.

문제는 여기서 그치지 않았다. 부작용을 느끼지 못했던 사용자들까지 공포에 시달리고 이들 중 일부는 달콘실드의 사용으로 인해 임신 능력을 영구히 상실한 불임 여성이 되었다고 주장하였다. 또한 달콘실드를 제거하는 과정에서 이 기구의 독특한 형상 때문에 자궁에 상처를 입는 사고가 자주 발생하였다.

판매를 중단하고도 이미 판매한 제품에 대해 리콜(recall)을 실시하지 않았기 때문에 문제는 걷잡을 수 없이 커져갔다. 122년 장수기업 로빈스는 더 이상 버티지 못하고 1985년 파산을 신청하였다. 1989년 아메리칸 홈 프로덕트(American Home Products)는 달콘실드 피해자들을 위한 25억 달러 규모의 기금을 제공한다는 조건으로 로빈스를 인수하였다.

(2) 포드자동차 핀토

제품 안전사고와 관련하여 달콘실드 사례보다 더 널리 알려진 것은 포드의 소형차인 '핀토(Pinto)'이다. 1960년대 미국 소형차 시장에 독일의 폭스바겐과 일본산 자동차들이 유입됨에 따라 미국 업체들이 큰 곤경에 빠졌다. 이를 극복하기 위해 포드 자동차는 1968년 당시 부사장이었던 리 아이아코카(Lee Iacocca)의 제안에 따라 내수용 소형 승용차의 개발에 급히 나섰다. 통상적으로 자동차 개발에 43개월이 걸렸으나 핀토는 25개월 만에 출시되었다. 출시 후 처음 몇 년간 핀토는 날개달린 듯이 팔려나가 포드의 대표 차종으로 부상하였다. 그러던 중 세간의 이목을 집중시킨 사고가 터졌다.

1972년 5월 릴리 그레이(Lily Gray)라는 51세의 여성이 13세의 소년 리처드 그림쇼(Richard Grimshaw)를 태우고 핀토를 운행하다가 주유소에 들러 연료를 보충한 후 다시 도로로 진입하던 중 약 시속 45km 정도로 뒤에서 달려오던 차와 추돌하는 사고가 발생하였다. 추돌 직후 핀토는 순식간에 화염에 휩싸였다. 이 사고로 운전하던 여성은 불에 타 숨졌으며 동승했던 소년은 전신에 중화상을 입었다.

문제는 연료탱크의 위치였다. 승용차의 연료탱크는 후방 차축(rear axle) 위에 설치하는 것이 일반적 관행이었으나 핀토는 트렁크 공간을 넓히기 위해 차축 뒤에다 설치하였다. 이러한 설계상의 문제 때문에 그리 심하지 않은 추돌에도 후방 차축과 추돌하는 차 사이에 끼이게 되는 연료탱크가 파손되어 흘러나온 연료 때문에 화재가 발생하였던 것이다.

피해자 가족들은 포드 자동차가 핀토를 급하게 서둘러 개발하느라 안전성을 충분히 고려하지 못한 것이 사고의 원인이라며 회사에 손해배상을 요구하는 소송을 제기하였다. 포드 자동차는 출시 초기에 연료탱크의 잠재적 결함을 미리 알고 있었음에도 불구하고 리콜 등과 같은 안전대책을 강구하지 않은 것이 재판과정에서 드러났다. 설상가상으로 "사고의 빈도를 감안할 경우 이미 판매된 결함 있는 차량을 모두 회수하여 안전대책을 취하는 것보다 사고로 화상 등을 입게 될 피해자에게 배상금을 지불하는 편이 경제적으로 더 유리하다"는 내부 검토 자료까지 폭로되었다.

이 때문에 얼굴을 알아볼 수 없을 정도로 심한 화상을 입은 원고의 비참한 모습에 동정하고 있었던 배심원들은 크게 분노하여 사망한 그레이의 가족과 중화상을 입은 그림쇼에게 각각 56만 달러와 250만 달러의 손해배상금을 지불할 것과 더불어 1억 2천 5백만 달러라는 엄청난 징벌적 배상금을 부과하였다. 이 천문학적 배상금은 차량을 회수해서 안전대책을 강구하는데 드는 1대당 비용에, 운행되고 있는 차량의 총대수를 곱하여 산출된 것이다.

제1심 판결은 통상적인 손해배상금과 동일한 수준의 징벌적 배상금만 인정하여 총 7백만 달러를 지급하라는 것으로 결정이 났다. 그러나 핀토에 대한 소비자들의 분노와 눈덩이처럼 불어나는 손해배상액 등으로 인해 1980년 결국 핀토의 생산은 중단되었다.

핀토의 개발계획서에는 다음과 같은 3가지 개발 목표가 기술되어 있었다.

- 진정한 소형 : 크기 및 무게
- 저렴한 비용 : 판매가격, 연비, 신뢰성, 서비스
- 분명한 제품우위 : 외관, 안락성, 특징, 승차감, 조작성능

훌륭한 개발 목표였지만 한 가지 정말 중요한 것이 포함되지 않았다. 바로 안전에 관한 것이다. 안전은 모든 품질의 기반이다. 핀토의 사례는 안전이 무너지면 다른 모든 장점이 아무런 소용이 없다는 것을 잘 보여준다.

(3) 캡슐형 세제 타이드 포즈

2012년 2월 미국의 세계적 생활용품 기업인 피앤지(P&G)는 '타이드 포즈(Tide Pods)'라는 세제(洗劑) 신제품을 출시했다. 이 제품은 8년간의 연구를 통해 개발되었는데 여기에는 75명의 기술자가 전임으로 투입되었으며 6천 명의 고객이 테스트에 참여하였다. 피앤지는 이 제품이 1984년 출시된 액체 세제인 리퀴드 타이드(Liquid Tide) 이래 타이드 세제의 가장 큰 혁신이라고 자부하였다.

타이드 포즈는 세탁물의 때를 빼고, 얼룩을 지우고, 옷감이 밝고 선명하게 보이도록 하는 세 가지 액체 성분을 분리된 3개의 청색, 황색, 백색 캡슐에 담아 이를 예쁜 사탕 모양으로 결합한 것이다. 기존의 세제로는 세탁 시 필요한 양만큼 덜고 남은 것을 보관하는 것이 번잡하지만 타이드 포즈는 세탁물의 양에 따라 적정한 개수를 넣어주면 되기 때문에 사용이 아주 편리하다. 이 제품의 첫해 매출액은 5억 달러를 돌파하였는데 이는 당초 기대치보다도 30% 이상 더 높은 성과였다.

세제 디자인의 혁명이라고 평가받은 타이드 포즈의 한 가지 문제점은 어린아이들이 사탕으로 오인하여 먹을 가능성이 있다는 것이다. 이것은 누구라도 예

상할 수 있었다. 피앤지는 젖은 손으로 만질 경우 금방 녹아버리기 때문에 그렇게 위험하지 않다고 설명하였다. 그러나 이것을 삼킬 경우 심한 구토와 호흡곤란이 오기 때문에 피앤지는 즉시 이 문제의 개선에 나섰다.

타이드 포즈의 초기 포장 설계,
Austin Kirk, Flickr CC BY

다른 회사의 유사품들과는 달리 타이드 포즈는 3개의 각기 다른 색상의 캡슐에 성분별로 나누어 담았다. 색상이나 캡슐이 여러 개라서 사고 가능성을 더 높인다는 증거가 없었으므로 피앤지는 제품 디자인은 건드리지 않고 포장만 바꾸기로 하였다. 포장이 문제가 된 것은 속이 잘 보이는 투명용기 안에 담았기 때문에 이것이 마치 사탕을 담아놓은 캔디 상자처럼 보인다는

타이드 포즈의 포장 설계 개선,
Mike Mozart, Flickr CC BY

것이다. 그러나 수요가 워낙 많아서 포장 용기를 전면적으로 바꾸어서는 제품을 원활하게 공급할 수 없었다. 피앤지는 우선 뚜껑의 잠금 장치를 2중으로 하여 어린이들이 이를 쉽게 열지 못하도록 개선하였다.

2013년 7월 피앤지는 포장 용기를 불투명한 어항 모양으로 만들었다. 용기 안의 내용물이 보이지 않으니 아이들의 호기심이 줄어든다. 또한 이중 잠금장치를 견고하게 만들어 작은 손을 가진 어린이들이 더욱 열기 어렵도록 만들었다. 이뿐 아니라 포장 용기 전면에 이를 입에 넣지 말 것과 눈에 닿지 않도록 하라는 안내그림(pictogram)과 경고문을 넣었다.

미국에는 피앤지의 제품 이외에도 다양한 브랜드의 소포장 1회용 세제가 판매되고 있다. 월스트리트 저널에 따르면 2012년 6천 2백 명의 어린이들이 소포장 세제로 인한 사고를 당하였으며 2013년 상반기에만 약 5천 명의 어린이들이 같은 종류의 사고를 당하였다고 한다.

2013년 8월 캡슐형 세제로 인한 첫 사망사고가 플로리다에서 발생하였다. 매

맞는 여성을 위한 쉼터에 머물던 한 여성이 선 프로덕트(Sun Products) 사에서 만든 소포장 세제를 사용한 후 남은 것을 생후 7개월 된 아이의 침대 위 세탁 바구니에 넣어 두었다. 아이가 잠든 것을 보고 방에서 나와 직원 한 명과 잠시 이야기 한 후 돌아가 보니 아이가 세제를 먹고 있었다. 급히 911에 신고하여 아이를 병원으로 옮겼으나 아이는 사망하였다.

21.2 하인리히 법칙

설비의 고장이나 사람의 건강도 미결함을 방치하면 치명적인 대결함으로 성장하듯이, 작은 불행의 씨앗을 간과하면 큰 문제가 생기는 것이 세상의 이치다. 안전관리 분야에서 널리 알려진 '하인리히 법칙(Heinrich's Law)'이 여기에 속한다.

미국 트래블러스 보험사 직원이었던 허버트 하인리히(Herbert W. Heinrich)는 업무상 수많은 산업재해 사고 통계를 접하면서 사고에는 일정한 법칙이 있음을 발견하고, 1931년에 발간한 자신의 저서 「산업재해예방: 과학적 접근

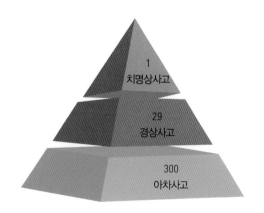

〈그림 21.1〉 하인리히 법칙

(Industrial Accident Prevention: A Scientific Approach)」에 이를 소개하였다.

중상(重傷)이나 치명상이 포함된 큰 사고의 발생 이전에 동일한 원인으로 경상(輕傷)을 수반하는 29건의 소형 사고와 다행히 상해(傷害)를 피한 300건의 아차사고가 미리 일어난다는 것이다. 하인리히 법칙은 '1:29:300의 법칙'이라고도 불리는데, 한 번의 큰 사고가 터지기 전에 대략 30번의 경고와 300번의 사전 징후가 있다는 의미로 통용된다.

하인리히 법칙이 주는 중요한 교훈은 피해가 수반되지 않는 아차사고나 경미한 사고를 무시하지 말고, 그 원인을 찾아서 철저히 제거하면 큰 사고를 방지할 수 있다는 것이다.

■ 참고문헌

- 고은이(2013), "P&G 혁신 디자인의 비극", 한국경제신문, 5월 28일.
- 하종선, 최병록(1997), 「PL법과 기업의 대응방안」, 한국경제신문사.
- Birsh, D. and Fielder, J.H. (1994), The Ford Pinto Case, State University of New York Press.
- Buss, D.(2013), "P&G launches new Tide Pods packaging to cloak colorful orbs from kids", Brandchannel, July 12.
- Christna, N.G.(2013), "Florida baby's death highlights danger of laundry detergent pods", ABC News, August 17.
- Hawkins, M.F.(1997), Unshielded: the human cost of the Dalkon Shield, University of Toronto Press.
- Thomas, R.M.(1996), "Hugh J. Davis, 69, gynecologist who invented Dalkon Shield", New York Times, October 26.

22장
제품책임

미국의 한 할머니가 고양이를 목욕시킨 후 물에 젖은 털을 말리기 위해 전자레인지에 넣고 돌렸는데 누구라도 짐작할 수 있는 끔찍한 결과가 나왔다. 이 할머니는 전자레인지 제조업체가 표시 및 경고를 제대로 하지 않았기 때문에 이런 일이 발생하였다고 손해배상을 청구하였는데 승소하여 수백만 달러의 보상을 받았다. 이것은 사실이 아니라 PL 소송의 남발을 우려하여 지어낸 가상의 이야기일 뿐이다. 그러나 거꾸로 생각하면 기업이 얼마나 PL 문제에 철저히 대비해야 하는지를 역설적으로 보여준다.

Quality is King!

22.1 제품책임의 기본개념

(1) 제품책임 개요

'제품책임(PL, Product Liability)'이란 제조물의 결함으로 인해 그 물건의 사용자나 제3자에게 인적·물적 손해가 발생한 경우에 그 제조업자(제조물의 제조·가공 또는 수입을 업으로 하는 자)가 손해배상의 책임을 지도록 하는 것을 말한다. 품질경영 분야에서는 PL을 통상적으로 '제품책임'이라고 번역하지만 법률 분야에서는 '제조물 책임', 보험 분야에서는 '생산물 배상책임'이라고 이야기한다. 미국의 경우 별도의 PL법(제조물 책임법)은 제정되어 있지 않으나 1960년대 초부터 판례에 따라 PL법리(法理)가 과실책임 및 보증책임에서 엄격책임으로 발전되어 왔다.

① **과실책임(Negligence Liability)**
　충분한 주의를 기울였다면 사용자에게 피해를 주지 않았을 것이라고 판단되는 과실에 대한 배상책임.

② **보증책임(Warranty Liability)**
　생산자나 판매자가 확약한 사항을 위배할 경우에 대한 배상책임으로서 명시적 보증과 묵시적 보증이 모두 포함된다.

- 명시적 보증(express warranty) – 설명서, 카탈로그, 라벨, 광고 등과 같이 문서나 구두로 약속한 사항.
- 묵시적 보증(implied warranty) – 어떠한 형태의 명시적 약속이 없었더라도 당연히 있을 것으로 기대되는 사항에 관한 것으로서 제품의 상품성이나 사용목적에 대한 적합성이 충족되지 않는 경우가 여기에 포함된다.

그러나 보증책임에서도 피해자의 보증에 대한 신뢰, 결함 발견 후 소정기간 내의 통지의무, 약관(約款)에 따른 면책 가능성 등과 같은 몇 가지 법률적 제약이 존재한다.

③ 엄격책임(Strict Liability)

제품 결함으로 인해 사람의 신체나 재산상의 피해가 발생하는 경우 과실 존재의 입증이나 계약조건에 상관없이 제조업자가 이를 배상할 책임이 있다는 것이다. 제조업자의 고의나 과실이 없더라도 제품 자체의 결함이 존재할 경우 무조건 배상하라는 것은 제조업자에게 보다 '엄격(strict)'하게 바뀐 것이라고 할 수 있다. 과실이 없더라도 배상책임이 있다는 의미에서 '무과실책임(liability without fault)'이라고도 한다. 그러나 결함이 없는 한 제조업자가 책임질 일이 없으므로 '무과실책임'이라는 말보다는 '결함책임'이라고 표현하는 것이 더 적합하다. 이러한 엄격책임이 나오게 된 배경은 다음과 같다.

- 제조업자(제조물의 제조·가공 또는 수입을 업으로 하는 자)는 고도의 기술이나 정보를 가지고 있으며 제품으로 인한 위험을 통제할 수 있는 최적의 위치에 있다.
- 제조업자는 그 제품의 제조 및 판매를 통해 이윤을 얻고 있다.
- 제조업자는 제품 결함으로 인해 생긴 손실을 부담하더라도 제품 가격의 인상이나 PL보험의 가입을 통해 그 손실을 보전할 수 있다.
- 손실을 제조업자에게 부담시킴으로써 좀 더 안전한 제품의 제조와 판매에 노력을 기울이도록 유도한다.

(2) 결함의 종류

엄격책임(무과실책임)의 대두에 따라 제품책임은 결함의 존재 유무에 따라 결정되므로 '결함(defect)'이 PL의 핵심적 요건이 된다. 일반적으로 결함은 설계상의 결함, 제조상의 결함 및 지시·경고상의 결함으로 분류된다.

① 설계상의 결함

합리적인 대체 설계를 채용했더라면 피해나 위험을 줄이거나 피할 수 있었음에도 불구하고 그렇게 하지 않아서 발생한 결함을 말한다. 안전장치가 미비한 기계나 잠재적 부작용이 있는 의약품 등과 같이 설계 자체에 문제가 있다면 생산된 제품 모두가 결함이 있는 것으로 판정되기 때문에 제조업자에게는 가장 심각한 문제가 된다.

② 제조상의 결함

제조물이 의도한 설계와 다르게 제조·가공되어서 발생한 결함을 말한다. 제조공정의 품질관리 부족 및 불완전한 검사 때문에 설계도나 규격서에 부합하지 않는 불안전한 제품이 출하되는 경우이다.

〈그림 22.1〉 제품결함의 유형

③ 표시·경고상의 결함

합리적인 설명이나 지시 및 경고 표시를 제대로 하였더라면 피해나 위험을 피하거나 줄일 수 있었지만 그렇게 하지 않은 결함을 말한다. 이러한 결함은 제품의 설계 및 제조상에 아무런 문제가 없더라도 발생할 수 있다.

22.2 제품책임예방(PLP)

제품책임 대책을 크게 나누면 사고의 발생을 미연에 방지하기 위한 제품책임예방(PLP, Product Liability Prevention)과 사고가 발생한 후에 그로 인한 피해를 최소화하기 위한 제품책임방어(PLD, Product Liability Defense)로 구분할 수 있다.

PLP를 PS(Product Safety)대책이라고 하는 경우도 많이 있는데 PLP의 핵심이 제품안전대책이기 때문이다. 제품안전의 확보가 생각처럼 쉽지 않다는 것은 다음과 같은 경우들을 생각해 보면 쉽게 알 수 있다.

- 제품 그 자체가 위험성을 내포하고 있는 경우
- 신기술을 적용한 제품이나 사용실적이 많지 않아 안전성이 충분히 검증되지 않은 경우. 유방 성형수술에 사용하는 보형물이나 달콘실드(Dalkon Shield)의 경우가 여기에 속한다.
- 제품생산에 필요한 외주품목이 많아서 사내 관리만으로 안전을 확보하기 어려운 경우
- 제품의 사용방법, 보관방법, 사용자, 사용환경, 사용기간 등에 따라서 안전성이 영향을 받는 경우

따라서 PS대책의 범위는 개발·제조에서부터 사용·판매·서비스·폐기에 이르기까지의 전(全) 과정을 포함해야 한다. 일반적으로 이러한 전사적 대책에는 다음과 같은 것들이 포함된다.

- 기업방침과의 정합성 유지
- 안전설계 및 구조와 비용의 균형성 검토
- 조달품의 검토
- 제품안전 심사
- 안전성 평가
- 경고표시 및 취급설명서의 검토
- 시장품질 정보의 정비
- 환경영향의 평가
- 문서관리 등

제품안전의 확보를 위한 결함 종류별 대책을 살펴보자.

① 설계상의 결함 대책

제품의 안전성을 확보하기 위해서는 설계단계에서 결함을 원천적으로 예방하는 것이 무엇보다 중요하다. 이를 위해서는 다음과 같은 사항들을 반영해야 한다.

〈그림 22.2〉 제품이 사용되는 상황의 분류

- 안전상 문제가 될 수 있는 부분을 도출하고 이에 대한 안전설계 가이드라인을 마련한다. 또한 강건설계(robust design)나 FMEA, FTA, 신뢰성 시험 등과 같은 신뢰성 기법을 적용하여 적절한 대책을 강구한다.

빅 크리스털 볼펜,
Trounce, Wikimedia CC BY

- 제품 설계 시 의도한 사용뿐 아니라 의도하지 않은 사용 중 예견 가능한 경우에 대한 안전대책도 마련해야 한다. 〈그림 22.2〉에 나타낸 것처럼 소비자의 사용 환경에 따라 제품이 의도한 대로만 사용되는 것은 아니다.

  우리가 일상적으로 접하는 용품 중 예견 가능한 오사용을 고려한 설계로는 볼펜 뚜껑이 있다. 1991년 세계 최대의 볼펜 제조업체인 프랑스의 빅 크리스털(Bic Crystal)은 볼펜 뚜껑의 끝부분에 작은 구멍을 뚫었다. 그 이유가 무엇일까? 무엇이든 입에 넣고 삼키는 일이 많은 어린 아이들이 가늘고 긴 볼펜 뚜껑을 삼키면 기도가 막혀 질식사할 가능성이 있다. 유명한 소아의학 학술지 '피디아트릭스'에 따르면 미국에서만 한 해 1만 2천 명이 넘는 아이들이 기도가 막혀 병원을 찾는다고 한다. 작고 긴 볼펜 뚜껑을 삼켜서 기도가 막히더라도 뚜껑에 있는 작은 구멍으로 산소가 통과해 질식 사고를 막는 것이다. 이 때문에 지금은 대부분의 문구용품 제조사도 비슷한 디자인의 볼펜을 내놓고 있다.

- 설계심사(design review)에 안전성 평가(safety assessment)를 포함시키고 이를 반드시 기록으로 남긴다. 이 기록은 PL사고로 인한 법적 문제가 발생할 경우 매우 중요한 항변 자료가 된다.

- 설계기술로 안전성을 충분히 확보하기 어려운 불가피한 경우에는 적절한 주의·경고 표시를 통해 사용자에게 이를 명확히 알릴 수 있도록 한다.

② 제조상의 결함 대책

제조상의 결함을 예방하기 위해서는 설계도나 규격서에 부합하는 제품이 만

들어질 수 있도록 사내 공정관리를 철저하게 진행하는 것이 중요하다. 이를 위해서는 다음과 같은 사항들을 반영해야 한다.

- 기존의 품질관리 활동을 안전관리 측면에서 재검토하고 이를 철저히 실행한다.
- 라인스톱시스템 등을 도입하여 불량품이 발생하면 라인을 정지시키더라도 후(後)공정으로 넘기지 않는다. 또한 불량이 발생한 근본원인을 분석하고 재발방지 대책을 마련 후에 공정을 재가동한다.
- 외부 협력업체로부터 공급받는 부품에 결함이 있는 경우에도 책임을 면할 수 없으므로 유능한 외주업체를 선정하고 외주품의 품질관리도 철저히 실행한다.
- 완성품 검사 시 안전과 관련된 항목을 엄격히 적용하고 합격된 제품만 출하시킨다.

③ 표시·경고상의 결함 대책

일반적으로 PL사고의 발생원인 중 표시 및 경고상의 결함 비중이 가장 높다. 미국 보험협회의 조사에 의하면 PL보험금 지급 사례 중 44% 정도가 표시 및 경고상의 결함 때문인 것으로 나타났다. 표시 및 경고상의 결함을 주장하는 소송 제기가 높은 이유 중 하나는 설계 결함이나 제조상의 결함은 기술적 내용이 포함되어 있어서 일반 소비자가 주장하기 힘들지만 표시 및 경고상의 결함은 상대적으로 입증이 쉽기 때문이다. 표시 및 경고상의 결함에 대한 시비를 줄이려면 다음과 같은 사항들을 고려해야 한다.

- 제품에 부수되는 각종 매뉴얼, 품질보증서, 제품에 표시된 각종 라벨, 판매 시 제공하는 팜플렛 등과 같은 소비자 '사용정보' 뿐 아니라 제품의 광고나 판매원의 구두 설명 등과 같은 '선택정보'까지 모두 관리해야 한다. 적법한 광고라 할지라도 '안심하고 사용할 수 있다', '안전을 보장한다'는 등과 같은 표현이 들어가면 PL사고 발생 시 표시상의 결함으로 인정될 확률이

높으므로 주의해야 한다.

- 사용에 관한 충분한 정보를 제공하는 것도 중요하지만 식별이 어려운 정도의 작은 글씨나 난해한 설명 등과 같은 형식적 문제도 표시상의 결함으로 인정될 가능성이 있다. 따라서 인간공학 전문가의 도움을 받아 전사 차원에서 표시 및 경고의 위치, 크기, 형태, 색상, 그림문자(pictogram) 등을 통일할 필요가 있다.

〈그림 22.3〉은 기업이 확보해야 할 안전성의 범위를 요약한 것이다. 기업은 정상적인 사용 하에서 발생할 수 있는 사고뿐 아니라 예견 가능한 오사용에 의한 사고까지 고려해야 한다.

콘솔(console)형 게임기 시장에 돌풍을 일으켰던 닌텐도 위(Wii) 게임기를 예로 들어보자. 테니스나 야구 등과 같은 게임을 즐기기 위해 사용자가 위모컨(Wiimocon)이라고 불리는 리모컨을 손에 쥐고 좁은 실내에서 게임에 몰입하다 보면 손에 든 위모컨으로 옆 사람을 치거나 격렬한 동작 시 손에 난 땀 때문에 리모컨이 미끄러져 날아가 집안 내 기물을 파손시키는 사고가 더러 있었다. 이처럼 닌텐도 위(Wii) 게임을 즐기다가 발생한 사고 때문에 입은 신체 부상을 윈저리(Wiinjury)라고 하였는데 이는 정상적인 사용에서 일어날 수 있는 충분

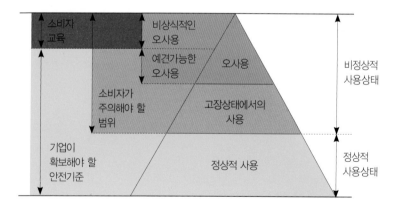

〈그림 22.3〉 안전성 확보의 개념도

히 예견 가능한 사고이다.

오작동이나 고장상태에서 사용하다가 발생할 수 있는 사고를 방지하기 위해서는 비정상 상태에서는 작동 자체가 되지 않도록 하는 '실수방지(fool-proof)' 및 '고장 시 안전(fail-safe)' 설계를 도입해야 한다. 2015년 미국의 정보기술(IT) 전문매체 PC월드, 삼모바일 등은 삼성전자가 출시한 대(大)화면 스마트폰 '갤럭시노트5' 하단부에 들어있는 S펜을 기기에 거꾸로 집어넣으면 펜이 빠지지 않으므로 "갤럭시노트5에 S펜을 꽂을 때 반대 방향으로 넣지 않도록 각별한 주의를 기울여야 한다"고 보도했다. 이 경우 펜을 거꾸로 꽂아서 발생하는 고장을 예방하기 위해 거꾸로 집어넣으면 아예 삽입이 안 되도록 만드는 것이 '실수방지(fool-proof)' 설계다.

22.3 제품책임방어(PLD)

PL사고가 발생할 경우 사고의 원인이 자사가 제조·판매한 제품의 결함이라면 당연히 책임을 져야 하지만 책임의 소재를 명확히 하고 부당한 희생이나 필요 이상의 과다한 부담을 지는 것은 피해야 한다. 제품책임방어(PLD, Product Liability Defense)는 PL사고가 발생했을 때 그로 인한 피해를 최소화하기 위한 사후 방어대책을 말한다. PLD는 향후 PL사고가 일어날 경우 그 피해를 줄이기 위해 미리 대비하는 사전 PLD와 실제 사고 발생 시 이의 효과적 처리를 위한 사후 PLD로 나눌 수 있다.

(1) 사전 PLD

① PL방어를 위한 문서관리

PL소송이 제기되면 원고측 변호사는 제품의 안전성과 관련된 방대한 종류의 사내 문서를 요구한다. 원고측은 이러한 문서를 바탕으로 제품안전에 대한 기업의 자세를 추궁하거나 제품 안전성에 대한 의혹이나 결함을 파고든다. 따라서 기업은 문서를 통해 다음과 같은 것을 확실히 수행했다는 것을 입증할 수 있어야 한다.

- 제품안전에 대한 사내 조직 및 역할과 책임
- 설계단계에서 설계심사나 안전성평가를 통해 안전성을 충분히 검토했다는 사실
- 설계에 부합하는 제품을 만들기 위해 사내 공정관리가 철저히 이루어졌다는 것과 공정검사와 출하검사를 통해 결함이 있는 제품이 제조·유통되는 것을 방지하기 위해 충분히 노력했다는 사실
- 원재료나 외주품의 구매·조달에도 수입검사를 통해 안전성을 확보하기 위해 충분히 노력했다는 사실
- ISO 9000 등과 같은 품질경영시스템의 도입을 통해 생산과정에 대한 전(全)과정 관리가 이루어지고 있다는 사실

② 소송방어체계의 구축

PL소송이 제기되었을 때 우왕좌왕하지 않고 체계적으로 대응할 수 있도록 미리 소송대응 체계를 마련할 필요가 있다. 이를 위해서는 다음과 같은 사항들을 준비해야 한다.

- 사고 발생 시 진상을 즉시 파악할 수 있는 조기경보시스템의 구축
- 초동 단계의 사건 조사기법 교육, 조사 전문가 육성, 조사 기록관리 체계의 확립
- 사내 법무 팀이나 고문 변호사 등과의 협조체계 구축
- 사고처리의 절차와 내용을 정리한 사고처리 매뉴얼 작성
- 피해자와 손실보상에 대해 적정선에서 합의가 이루어지지 않을 경우에도 가능하면 소송으로 연결되지 않도록 공적인 분쟁조정기구와 같은 제3자적

위치에 있는 유관기관의 이용 방안 모색

- 매스컴에 대한 대응책 마련

③ PL보험의 가입

PL보험의 공식 명칭은 '생산물 배상 책임보험'이다. 거액의 PL보상금이 지급될 경우 기업은 위기에 처할 수 있다. 따라서 기업의 리스크관리 차원에서도 PL보험의 가입을 적극적으로 고려할 필요가 있다.

PL보험의 또 다른 장점은 PL사고가 발생할 경우, 풍부한 경험을 가진 보험회사와 전문 변호사가 해당 기업을 대신하거나 해당 기업과 공동으로 대응하여 피해자측의 소송에 맞서 기업측에 유리한 판결을 끌어낼 가능성을 높일 수 있다는 것이다. 아울러 보험회사를 통해 사고사례 및 PL과 관련된 각종 정보를 받을 수 있으며 해당 기업의 PL대응 현황에 대해 전문적인 조언을 받을 수 있다.

(2) 사후 PLD

사후 PLD는 PL사고로 인한 분쟁처리에 관한 것인데 올바른 초동대책과 손실확대 방지를 위한 후속 조치로 구성된다.

① 초동 대책

초동(初動) 단계의 증거는 소송 등에 결정적 영향을 미치므로 PL사고가 일단 발생하면 초기대응이 매우 중요하다. 적절한 초기대응을 위해서는 다음과 같은 사항들을 고려해야 한다.

- 처음부터 '당사에는 일체의 책임이 없다'는 자세로 임하면 상대방과의 관계가 악화되고 이후 원만한 처리에도 장애가 된다. 그렇다고 해서 상대방을 누그러뜨리기 위해 섣불리 당사의 책임을 인정하는 것도 금물이다. 무엇보다 중요한 것은 사고의 진상을 규명하는 것이다. 따라서 '충분히 조사한 뒤

에 대응한다'는 진솔한 자세를 견지하되 필요하다면 피해자를 문병하는 등 성의를 다해 응대한다.

- 사고 발생과 관련된 피해자의 과실이 없는지 세심하게 살펴본다. 이를 위해 서는 제품을 판매한 내부조직의 관계자뿐 아니라 PL에 대한 기본적인 지식이 있는 사내 기술자가 초기조사에 참여할 필요가 있다.

- 소비자로부터 사고 클레임을 받은 경우에는 가능한 한 조기에 사고현장을 방문해 사진 촬영을 하고 목격자 증언을 청취하고 기록을 남긴다.

- 사고를 일으킨 제품이 잔존해 있을 경우에는 그 제품을 회수하여 사고원인을 규명해 보는 것이 바람직하다. 그러나 이를 위해서는 상대방의 충분한 동의를 얻을 수 있도록 진실한 원인 규명의 약속과 신속한 결과 통지 및 조사 결과에 상응하는 사후처리를 약속하는 등 성의 있는 대응이 필요하다.

- PL보험에 가입하였을 경우에는 보험회사에 신속하게 사고내용을 통지하고 보험회사의 도움을 받으면서 대응한다.

② 손실확대 방지

PL사고가 발생할 경우 일반적으로 기업 내부에서는 방어본능이 작동하여 "사용자의 잘못된 사용방법 때문에 사고가 발생했으며 제품 자체에는 문제가 없다", "생각할 수 없는 우연한 상황이 겹쳐서 사고가 발생했지만 그런 일이 다시 일어날 가능성은 없다"는 식으로 생각하기 쉽다. 이 때문에 사고의 진상 규명이나 결함의 발견, 결함에 대한 책임 인정이 늦어질 수 있다.

객관적인 조사 결과 사고의 원인이 제품 자체의 결함으로 밝혀지면 손실확대의 방지에 즉시 나서야 한다. 최고경영자의 결단 하에 결함 제품의 회수·수리, 해당 제품의 생산중단, 보완책 마련 등을 통해 사태를 신속하게 해결할 필요가 있다. 이런 과감한 결단과 신속한 행동은 궁극적으로 고객의 신뢰를 확보하는 데에도 도움이 된다. 특히 대량 유통된 제품에서 제품 결함으로 인해 신체상에 큰 영향을 주는 사고가 발생하면 신문이나 방송 같은 언론을 이용하여 적극적인 리콜을 실시해야 한다.

〈그림 22.4〉는 지금까지 설명한 PL대책의 체계를 요약하여 도식화한 것이다.

〈그림 22.4〉 PL대책 체계도

📚 **참고문헌**

• 구성현(2008), "닌텐도 위, 집에서 즐기다가 사람 잡는다?", 조선닷컴, 4월 18일.
• 나진희(2016), "볼펜 뚜껑에 구멍이 난 이유 아세요?", 세계일보, 1월 27일.
• 전준범(2015), "S펜 거꾸로 꽂으면 갤노트5 고장", 조선일보, 8월 26일.
• 하종선, 최병록(1997), 「PL법과 기업의 대응방안」, 한국경제신문사.
• 한국소비자원(2010), 「사례로 살펴보는 제조물 책임법」, 소비자교육교재.
• 日科技連製品安全グル-プ(1990), 「製品安全技術: PLP 實施の手引き」, 日科技連.
• 日本品質管理學會 PL研究會(1994), 「品質保證と 製品安全」, 日本規格協會.
• Goodden, R.L.(1996), Preventing and Handling Product Liability, Marcel Dekker.
• Goodden, R.L.(2000), Product Liability: A Strategic Guide, ASQ Quality Press.
• Hunziker, J.R. and Jones, T.O.(1994), Product Liability and Innovation: Managing in an Uncertain Environment, National Academy Press.
• Murph, D.(2006), "Wii–related injury roundup", Engadget, December 16.

23장
리콜

세계 차량 에어백 3위 기업 다카타가 2017년 6월 파산 신청을 했다. 이 회사는 제품의 크기를 줄이고 제조 원가를 낮추기 위해 에어백 팽창용 화약으로 질산암모늄을 처음으로 사용했다. 질산암모늄에 습기가 차면 폭발할 위험이 있었지만 밀폐용기 내에 있기 때문에 그럴 일이 없다고 생각하고 대량 생산에 나섰다. 2004년 에어백 결함으로 첫 사고가 발생한 이후 2009년에는 사망사고까지 일어났다. 그러나 '원인 규명이 먼저'라며 2016년까지 리콜을 미루었다가 결국 도산에 이르게 된 것이다.

Quality is King!

23.1 리콜의 종류

'리콜(recall)'은 소비자의 생명·신체 및 재산상에 위해를 끼치거나 끼칠 우려가 있는 제품 결함이 발견될 경우, 사업자 스스로 또는 정부의 강제 명령에 의해 제품의 결함 내용을 알리고 해당 제품 전체를 수거하여 수리, 교환, 환급 등과 같은 적절한 시정조치를 취하는 것이다.

리콜은 소비자 보호를 목적으로 하지만 기업의 측면에서는 PL사고를 미연에 방지함으로써 소비자 피해에 대한 손해배상의 부담을 줄일 수 있다. 또한 적극적인 리콜을 통해 비용이 들더라도 자사가 만든 제품에 대해 끝까지 책임지는 윤리경영을 실천한다는 인식을 심어줌으로써 기업 이미지를 높일 수도 있다. 일반적으로 리콜은 다음과 같이 분류된다.

① **시점에 따른 분류**

- 사전적 리콜 : 위해(危害) 발생 전에 실시하는 리콜로서 사후적 리콜보다 효율적이고 비용도 상대적으로 적게 든다.
- 사후적 리콜 : 소비자에게 신체 또는 재산상의 피해가 발생한 이후에 실시하는 리콜로서 소비자 피해의 확산을 방지하는 데 의의가 있다.

② **강제성에 따른 분류**

- 자발적 리콜 : 사업자의 자발적 의사에 따라 결함 제품에 대한 수거, 수리, 교환, 환급 등과 같은 적절한 시정조치가 이행되는 것을 말한다. 미국의 경우 리콜의 95% 정도가 자발적으로 이루어진다고 한다.
- 강제적 리콜 : 위해물품에 대해 자발적 리콜이 이루어지지 않거나 미흡할 경우 정부의 명령에 의해 제조·판매금지 및 결함사실 공표 등의 절차를 이행하는 것을 말한다.

23.2 리콜 사례에서 배우는 교훈

(1) 완구업계의 리콜 사례

리콜을 통해 품질의 위기를 극복한 대표적 사례로는 바비인형이 있다. 대다수 사람들이 알고 있듯이 바비는 맑고 투명한 푸른 빛 눈동자와 금발의 생머리를 가진 패션 인형이다. 이 인형은 1959년에 출시되었지만 지금도 전 세계 어린이들의 사랑을 받고 있다. 바비 인형의 식을 줄 모르는 인기 덕분에 제조업체 마텔(Mattel)은 세계 완구업체 정상의 지위를 오랫동안 지켜왔다.

이 인형의 주된 수익원은 인형이 아니라 인형을 치장하는 옷과 액세서리다. 제조사인 마텔은 50여 년 전부터 본체는 싸게 팔되 소모품으로 수익을 내는 '면도기-면도날 사업모델'을 완구산업에 적용해 왔다. 이와 더불어 바비를 여자 월드컵 축구선수, 공주, 치어리더, 정치인, 치과의사 등과 같은 다양한 캐릭터의 모델로 재탄생시키는 브랜드 확장 전략을 성공적으로 추진해 왔다.

승승장구를 거듭하던 마텔은 2007년 여름 큰 경영 위기에 봉착했다. 당시 마텔은 전체 제품의 65%를 중국에서 생산하고 있었는데 완구 표면에 칠한 페인트에서 기준치 이상의 납 성분이 검출되었다. 이 때문에 문제가 된 제품 약 100만 개를 리콜했다. 브랜드 이미지는 물론 매출이 급감하고 주가도 폭락했

바비(Barbie)인형, Pixabay

당신 아이들이 곧
우리 아이들이기 때문입니다.

친애하는 동료 부모님들께

우리 아이들의 안전보다 더 중요한 것은 없습니다. 네 아이의 아버지로서, 아이들에게 가장 중요한 것을 제공하는 것에 대해 함께 생각해 보고자 합니다. 아마도 알고 계시겠지만, 두 가지 다른 이유로 우리는 자발적인 리콜을 실시했습니다: 용납할 수 없는 납 페인트의 사용과 소형 강력 자석의 위험성.

모든 부모님들이 이러한 문제에 대한 소식을 신속히 접하고, 이와 관련된 장난감들을 우리 회사로 반품해 주시길 원합니다. 우리 회사 장난감들의 안전을 확실히 보장하기 위한 추가적 조처를 이미 실행에 옮겼습니다. mattel.com/safety/ 사이트를 방문하셔서 문제가 된 제품과 우리가 취한 조처를 확인하시고, 여러분들의 궁금증이 해소되길 원합니다.

마텔의 안전에 대한 오랜 족적은 왜 우리가 부모님들께 가장 신뢰받는 브랜드 중 하나가 되었는지를 보여줍니다. 저는 우리가 취한 조처들이 그러한 신뢰를 유지시켜 줄 것이라고 확신합니다.

여러분들의 우려를 불식하고, 안전 창출을 지속하고, 여러분과 자녀들이 장난감을 즐길 수 있도록 우리 회사가 극도로 노력하고 있다는 것을 개인적으로 확실히 말씀 드립니다.

진심을 담아서

밥 에커트(Bob Eckert)
주식회사 마텔 회장

다. 때를 놓치지 않고 경쟁사들은 "우리 제품에는 납 성분이 들어 있지 않습니다"라는 광고로 공격했다. 설상가상으로 그로부터 2주 후 또 다른 문제가 터졌다. 완구 제작에 사용된 소형 자석을 어린아이들이 떼서 삼킬 잠재적 위험성이 부각되었다. 이 문제는 중국 공장의 문제가 아니라 마텔의 설계 결함이 원인이었다. 마텔은 1천 800만 개의 완구를 다시 리콜했다.

마텔은 신속하게 진심어린 사과와 더불어 안전을 위한 진정성 있는 노력을 병행했다. 리콜 사실을 소비자들에게 적극적으로 알리기 위해 유명 포털 사이트에 리콜 제품의 사진을 올리는 한편 리콜을 안내하는 웹사이트를 만들었다. 이 웹사이트에서 고객들이 리콜 산청양식을 다운로드 받아 수신자 부담으로 우편 발송이 가능하도록 하였다. 또한 〈표 23.1〉과 같은 리콜 안내문을 뉴욕타임스와 같은 유력 신문에 전면 광고로 실었다. 이러한 신속하고 적극적인 대응 덕분에 그해 4분기 마텔의 순이익은 전년 동기 대비 15%나 증가하였다.

(2) 자동차업계의 리콜 사례

수 만개의 부품이 사용되는 자동차는 품질 문제가 발생할 확률이 매우 높다. 또한 원가절감을 위해 도입된 부품 공용화로 인해 하나의 부품이 여러 차종에 사용되기 때문에 특히 대량 리콜이 많다. 2010년에 발생한 도요타자동차의 대규모 리콜 사태는 널리 알려져 있다. 다음은 도요타의 리콜 사례를 잘 요약한 기사이다(고정식, 2014).

도요타 '리콜 사태'는 2009년 8월 촉발됐다. 당시 미국 캘리포니아 샌디에이고 인근 고속도로에서 벌어진 사고가 시발이었다. 도요타의 렉서스 ES 350 승용차가 가속페달 결함으로 질주, 시속 190km에 이른 상태에서 충돌하는 사고가 발생한 것이다. 이 사고로 일가족 네 명이 사망하는 참극이 벌어졌다. 당시 도요타는 즉각 차량 결함을 인정하지 않았다. 오히려 운전미숙이 원인이라고 주장했다.

하지만 미국 고속도로교통안전국(National Highway Traffic Safety

Administration, 이하 NHTSA)의 입장은 달랐다. "도요타와 렉서스 일부 모델의 가속페달이 길어 매트에 걸릴 수 있으니 리콜하라"고 명령을 내린 것이다. 더불어 "도요타의 급발진 의심 사고는 지난 2007년부터 보고됐고, 이로 인해 최소 5명의 사망자가 발생했다"고 지적했다. 도요타 역시 "안전 결함을 인지하고도 무대응으로 일관했다"고 인정했다. 도요타는 2010년에야 리콜을 시작, 모두 1천 2백만 대를 리콜했다.

사건이 커지며 미국 법무부가 나섰다. 검찰을 통해 도요타 리콜 사태를 수사했다. 의회도 거들었다. 청문회를 열고, 아키오 도요타 사장을 출석시켰다. 소비자들도 소송을 제기했다. 손해배상을 요구했다. 상황은 점점 악화일로로 치달았다. 사고 전까지 세계 자동차 판매량 1위를 기록했던 도요타는 결국 2011년, 4위까지 주저앉았다. 당시 판매량은 790만 대로 리콜한 대수보다 4백만 대 이상 모자라는 숫자였다.

도요타는 이 사태로 수 조원의 관련비용을 지출해야 했다. 리콜 비용으로만 24억 달러, 우리 돈으로 약 2조 6천억 원이 들어갔다. 민사 합의금으로는 11억 달러, 한화로 약 1조 1,900억 원을 물어야 했다. 그리고 지난 19일에는 12억 달러, 우리 돈으로 1조 3천억 원에 육박하는 벌금을 냈다. 지난한 시련에 종지부를 찍는데 시간은 5년, 돈은 약 5조 8백억 원이나 필요했다.

도요타자동차의 아키오 도요타 회장은 2010년 2월 미국 의회에서 자사의 리콜 사태와 관련하여 다음과 같이 증언하였다(Montopoli, 2010).

도요타는 지난 몇 년간 사업이 급속히 팽창하였습니다. 솔직히 말씀드리자면 너무 빠른 성장 속도가 걱정되었습니다. 전통적으로 도요타는 다음과 같은 우선순위를 갖고 있었다는 것을 이 자리에서 말씀드리고 싶습니다.
첫째는 안전, 둘째는 품질, 그리고 셋째가 생산량.
그런데 이러한 우선순위를 혼동하여 예전처럼 멈추고, 생각하고, 개선하지 못했습니다. 또한 더 좋은 제품을 만들기 위해 고객의 목소리에 귀를 기울인다는 기본자세도 다소 느슨해졌습니다.
우리 직원들과 우리 조직의 능력 개발 속도를 넘어서는 성장을 추구했는데, 우리는 이 문제에 대해 각별히 유념해야만 했습니다. 이것이 안전 문제로 인한 리콜 사태를 초래한 데 대해 유감스럽게 생각하며, 도요타 운전자들이 겪은 모든 사고에 대해 마음 깊이 사과드립니다.

여러분들도 잘 아시지만 저는 창업주의 손자이고 도요타 자동차에는 제 이름이 붙어있습니다. 그렇기 때문에 저로서는 자동차가 훼손되면 제 자신이 그렇게 되는 것과도 같습니다. 저는 어느 누구보다도 더, 도요타 자동차가 안전하고, 고객들이 안심하고 운전할 수 있기를 원합니다. 창업 초기부터 굳게 견지해 왔던 안전과 품질 최우선의 가치를 다시 확고히 하는데 제가 앞장서겠습니다.

이 사태를 계기로 도요타는 '리콜은 소비자를 위한 보호조치일 뿐 아니라 품질향상의 기회'라는 생각을 전사적으로 공유하였으며, '잘못이 있으면 발견 즉시 대응한다'는 것을 기업 운영지침으로 삼았다. 도요타의 학습효과는 다른 업체들에도 영향을 미쳤다. 미국 시장에서 전체 자동차 리콜에서 업체의 자발적 리콜이 차지하는 비중은 2011년 53%였으나 2013년에는 70%로 늘었다(김영훈, 2014).

자동차산업 역사상 최대 규모의 리콜은 점화스위치 결함으로 2014년도에 무려 2천 900만 대를 리콜한 GM 사태이다. 다음은 이 사태를 요약한 기사이다(정유진, 2014).

GM 사태의 발단은 2001년으로 거슬러 올라간다. 당시 신형 모델 '새턴 이온' 개발을 맡은 연구팀은 제품 테스트 중 점화스위치에서 이상을 발견했다. 하지만 이들은 디자인을 변경해 문제를 해결했다고 보고했고, 2003년 정식으로 '새턴 이온'을 출시했다. 그리고 2004년 '새턴 이온'의 자매모델 격인 '쉐보레 코발트'에서 또다시 점화스위치 이상이 보고됐다. GM은 내부 조사에 나섰지만, '비용이 많이 든다'며 대안으로 제시된 방안들을 모두 묵살했다.

2014년 4월 GM이 미 의회 청문회에 제출한 자료에 따르면, 당시 점화스위치 결함을 수리하기 위한 부품 교체에 드는 비용은 대당 고작 57센트(약 600원)였던 것으로 드러났다. 57센트의 추가 비용으로 점화스위치 안 스프링 부품의 강도를 높였더라면 이런 비극이 발생하지 않을 수 있었다는 것이다.

미국 고속도로교통안전국(NHTSA)은 GM이 소비자와 법적 분쟁이 발생할 때 불리한 증거로 채택될 것에 대비하여 각종 서류에 결함과 안전, 문제 등과 같은 68개 단어를 쓰지 못하도록 교육한 사내 문서를 공개했다. 다음은 이와 관련된 문서 내용을 소개한 것이다(나지홍, 2014).

"보고서를 작성하거나 누군가와 대화할 때 항상 '이것이 주요 신문이나 방송에 보도될 때 스스로 어떻게 대응할 것인가'를 자문하라"면서 "좋다(good)나 나쁘다(bad)처럼 가치 판단이 반영된 단어 사용을 피하라"고 밝혔다. 이 문서는 특히 "결함이라는 단어는 법적인 책임 인정으로 간주될 수 있다"면서 "결함 대신 이슈(issue)나 상태(condition), 사안(matter) 같은 단어를 쓰라"고 권고했다. 자동차 사고 시 법적 책임문제와 직결되는 "안전(safety)에 문제 있다"는 표현도 "안전과 관련된 잠재적인 상황(potential safety implications)이 있다"는 식으로 대체하도록 했다. 또 '위험한(dangerous)', '끔찍한(terrifying)', '지독한(horrific)', '(사악하다고 할 만큼) 유해한(evil)' 등과 같은 형용사와 '죽음의 함정(deathtrap)', '매우 위험한 일(widow-maker)' 등과 같은 명사도 "부정적 인상을 심어줄 수 있다"는 이유로 사용을 금하고 있다.

GM이 내부적으로 결함을 인지하고서도 10년 이상 이를 방치하여 최악의 사태를 맞게 된 데에는 이러한 면피(免避) 성향의 기업문화가 크게 작용했다는 것이다. 이것은 '품질 최우선' 경영의 중요성을 다시금 깨우쳐 준다.

(3) 가구업계의 리콜 사례

2016년 6월 가구업체 이케아(IKEA)는 미국 시장에서 서랍장 2천 900만 개를 리콜하겠다고 발표했다. 인기상품인 3~6단의 말름(MALM) 모델 서랍장

리콜 대상이 된 이케아 서랍장.
YouTube Screen Capture, Ikea Recalls 29M Dressers, Chests, CC

800만 개, 다른 모델이 2천 100만 개였다. 미국 소비자제품안전위원회(CPSC, Consumer Product Safety Commission)는 이로 인해 미국에서 유통되는 이케아 서랍장의 절반이 리콜 영향권에 놓인다고 밝혔다. 또한 이케아 캐나다도 넘어질 위험이 있는 서랍장 660만 개의 리콜을 발표했다.

서랍장이 앞으로 넘어지면서 어린이가 밑에 깔린 사고가 41건 접수되었으며, 이로 인해 6명의 어린이가 사망한 것으로 알려졌다. 문제의 서랍장들은 모두 벽에 고정돼 있지 않은 상태였다. CPSC와 이케아는 2015년 7월부터 서랍장의 안전한 설치를 홍보하면서 서랍장 고정장치를 매장에서 나눠주는 대책을 취했지만, 이후 더 많은 사고가 보고됐다.

이케아는 2002년부터 2016년 사이에 제조된 리콜 대상 서랍장에 대해 '고정장치 설치'를 위한 방문 서비스를 실시하기로 했다. 또한 소비자가 원할 경우 전액 환불해 주기로 했다.

참고문헌

- 고정식(2014), "5년 만에 리콜 사태 마무리한 토요타, 배턴은 GM에게", 카미디어, 3월 21일.
- 김영훈(2014), "공용 부품 많고, 전자장치 늘어나고 … 리콜 한 번 터졌다 하면 수백만 대", 중앙일보, 6월 23일.
- 김화영(2016), "이케아, 미국서 '어린이 사망사고' 서랍장 2천900만개 리콜", 연합뉴스, 6월 29일.
- 나지홍(2014), "1200만대 리콜한 GM, '결함(defect)'이 사내 금기어였다", 조선일보, 5월 19일.
- 이강원, 김세진, 심인성(2014), "GM, 845만대 추가리콜…올해 리콜대수 2천900만대", 연합뉴스, 7월 1일.
- 정성택(2011), "제품 대신 경험을 팔아라, '52세의 바비인형' 식지않는 인기", 한국경제신문, 4월 22일.
- 정유진(2014), "GM 리콜 차량 2000만대 넘었다", 경향신문, 6월 29일.
- Montopoli, B.(2010), "Akio Toyoda Congressional Testimony", CBS News, February 23.
- Story, L. and Barbozaaug, D.(2007), "Mattel recalls 19 million toys sent from China", New York Times, August 15.

VIII부
서비스품질과
고객만족

24장
서비스품질

품질분야에서 제품품질과 서비스품질을 따로 다루고 있지만 모든 상품은 제품과 서비스의 결합이다. 제품품질은 물리적·화학적 특성에 의해 객관적으로 평가할 수 있지만 서비스품질은 고객의 사전 기대수준과 사후 인지수준의 차이에 의해 결정된다. 따라서 서비스품질을 높이려면 기대수준과 실감수준의 격차를 줄여야 한다.

Quality is King!

24.1 서비스품질의 이해

(1) 제품과 서비스의 동반

서비스경제와 관련된 일반적 인식오류는 제품과 서비스를 별개라고 생각하는 것이다. 그러나 우리가 구매하는 대부분의 상품은 제품과 서비스의 결합체이다.

예를 들어 식당을 생각해 보자. 식당에서 제공하는 제품은 음식이지만 우리가 어떤 식당에 개인적으로 만족하거나 또는 이 식당을 다른 사람들에게 추천하는 데 있어서 음식 자체만을 고려하는 것은 아니다. 음식 이외에도 식당의 위치, 청결도, 음식을 담는 식기, 직원의 친절도, 실내장식이나 음악을 포함한 전반적인 분위기, 서비스 속도 등을 종합적으로 판단한다. 따라서 우리가 지갑을 열어 구매하는 상품은 제품과 서비스의 결합체이다. 이처럼 하나의 상품 안에 다양한 제품속성과 서비스속성이 들어 있기 때문에 서비스경영에서는 이를 '총상품(total product)'이라고도 한다.

우리가 구매하는 대부분의 상품이 제품과 서비스의 결합체임에도 불구하고

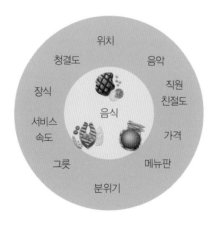

〈그림 24.1〉 제품과 서비스의 결합으로 이루어진 상품

통상적으로 우리는 제품 속성과 서비스 속성의 비율 중 어떤 속성이 더 많은가에 따라 제품과 서비스로 구분해 왔다. 식료품의 경우 원재료를 처리하여 가공식품으로 만드는 것은 제품 속성이지만 이를 판매하는 행위는 서비스다. 호텔은 대표적인 서비스업으로 분류되지만 호텔의 건물과 시설은 제품속성에 속한다. 지식산업의 꽃인 컨설팅의 경우도 컨설턴트가 사용하는 정보기기나 문서의 재질 및 양식 등은 제품 속성으로 볼 수 있다.

이와 관련된 흥미로운 일화를 하나 소개한다(장시형, 2014). 1980년대 후반 삼성그룹의 이건희 회장은 신라호텔의 한 임원에게 호텔업의 본질이 무엇이냐고 물었다. 그 임원이 서비스업이라고 답하자 이 회장은 다시한번 잘 생각해보라고 일렀다. 이후 이 임원은 해외 유명호텔들을 벤치마킹하면서 깊이 생각한 후 호텔업의 본질이 '장치산업과 부동산업'에 가깝다는 보고를 했다. 흔히들 호텔업은 친절과 서비스가 핵심이라고 생각하지만 입지나 시설이 차별적 경쟁력의 토대가 된다는 것을 깨달았기 때문이다.

서비스경제의 진화에 따라 '제품-서비스 통합시스템(PSS, product-service system)'에 대한 관심도 나날이 높아지고 있다. PSS는 제품과 서비스를 의도적으로 결합하여 상품의 부가가치를 높이려는 비즈니스 모델을 말한다. 정수기나 비데를 판매하는데 그치지 않고 주기적인 청소와 부품교환 서비스를 결합한 웅진코웨이의 사업모델은 PSS의 대표적인 예이다.

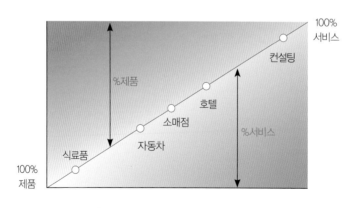

〈그림 24.2〉 제품 속성과 서비스 속성의 구성 비율

(2) 서비스품질의 특징

일반적으로 서비스의 대표적 특성은 다음과 같은 4가지로 요약할 수 있다.

① 무형성(intangible)

서비스는 기본적으로 가시적인 실체가 따로 없다. 물적 제품은 눈으로 보고 손으로 만질 수 있지만 서비스는 그렇지 못하다. 서비스 제공에 있어서 물적 제품이나 도구의 사용이 수반되는 경우는 있지만 서비스는 본질적으로 하나의 수행(performance)이고 경험이기 때문에 '무형적'이다.

법률서비스나 경영컨설팅의 경우 보고서 형태의 결과물이 나오기는 하지만 그것의 본질인 지식서비스는 '무형적'이다. 서비스가 무형적이기 때문에 서비스의 구매가 소유권(ownership)의 구매를 의미하지는 않는다.

② 불가분성(inseparable)

공연이나 병원 진료처럼 서비스는 현장에서 생산과 동시에 소비된다. 관객이 없는 공연이나 환자가 없는 진료는 있을 수 없기 때문에 생산과 서비스를 별개의 것으로 나눌 수 없다.

생산과 동시에 소비된다는 의미에서 '불가분성'을 '동시성(simultaneous)'이라고도 한다. 또한 서비스는 생산과 동시에 소비되지만 그 과정에는 공급자와

〈표 24.1〉 서비스품질의 4가지 특성

주요 특징	설명
무형성(intangible)	수행 또는 경험이기 때문에 가시적 실체가 없다
불가분성(inseparable)	생산과 동시에 소비가 이루어짐, 공동생산
이질성(heterogeneous)	상호작용으로 인한 변동성, 표준화의 어려움
소멸성(perishable)	재고 보관이 불가능, 수율관리가 중요, 예약으로 보완

사용자의 상호작용이 존재한다. 의사가 진료를 잘 하려면 환자가 자기 증상을 잘 설명해야 하며 배우가 공연에 몰입하려면 관객이 관람 예절을 지키고 공감·호응해야 한다. 이러한 의미에서 '불가분성'을 '공동생산(co-production)'이라고도 한다.

③ 이질성(heterogeneous)

동일한 서비스라도 사람이나 상황에 따라 이를 다르게 받아들인다. 예를 들어 매장을 찾은 고객에게 '무엇을 도와 드릴까요?'라고 물으며 밀착 서비스를 하면, 이를 불편하게 여기는 고객이 있지만 그렇게 하지 않으면 대접받지 못한다고 느끼는 고객도 있다. 이것은 사람에 따른 이질성의 예이다.

다음과 같이 상황에 따른 이질성도 있다. 호텔에서 바이어와 상담하던 고객이 "재떨이를 너무 자주 바꿔주는 직원 때문에 상담에 몰입할 수 없었다"고 불평한다면 청결 유지를 위한 서비스가 오히려 문제된 것이다.

이처럼 서비스는 받아들이는 사람에 따라, 또한 서비스가 제공되는 상황에 따라 평가가 달라질 수 있기 때문에 '이질성'을 '변동성(variable)'이라고도 한다. 이러한 변동성 때문에 일률적으로 서비스표준을 적용하기 어렵다.

④ 소멸성(perishable)

공연 좌석, 항공기 좌석, 호텔 객실처럼 사용되지 않은 서비스상품은 가치가 소멸된다. 또한 서비스는 재고로 보관할 수 없기 때문에 미리 생산해 놓을 수 없을 뿐 아니라 필요로 할 때 제공하지 못하면 아무런 소용이 없다.

따라서 서비스에서는 공급 능력(용량)과 수요의 균형을 맞추는 '수율관리(yield management)'가 매우 중요하다.

재고의 개념은 아니지만 서비스에서는 예약을 통해 수요를 사전에 어느 정도 예측하고 수율관리에 반영할 수 있다. 또한 예외적으로 공연 실황이나 온라인 강의 녹화물 등은 '소멸성'을 보완하기 위한 일종의 수단으로 볼 수 있다.

(3) 서비스품질의 차원

제품품질의 차원에 대해 1장에서 논의한 것처럼 서비스품질에도 차원이 있다. 서비스품질의 차원이란 서비스 만족을 결정하는 보편적인 특성이나 요인을 말한다. 파라슈라만과 자이타믈 및 베리(A. Parasuraman, V.A Zeithaml, and L.L. Berry, 보통 이 세 사람의 이름 머리글자를 따서 PZB라고 지칭함)는 경영진과 고객 초점집단(focus group) 면접을 통하여 〈표 24.2〉와 같은 서비스품질의 5가지 차원을 도출하였다. 서비스품질의 5가지 차원은 각 차원의 영문명 머릿글자를 따서 'RATER'라고 부르기도 한다.

〈표 24.2〉 서비스품질의 5가지 차원의 내용과 예

5가지 차원	의미	은행의 예
신뢰성 (Reliability)	약속한 서비스를 제대로 수행할 수 있는 능력	• 서비스 약속시간의 준수 • 문제를 한 번에 제대로 해결 • 고객의 요구대로 이행
확신성 (Assurance)	고객에게 믿음과 신뢰를 줄 수 있는 직원의 지식과 예절 및 능력	• 거래 시의 안심감 • 직원들의 친절도 • 직원들의 업무지식
유형성 (Tangibles)	시설과 장비의 외관, 직원 외모, 서류 외양 등과 같이 눈에 보이는 모양새	• 건물이나 시설의 외관 • 직원들의 복장 • 안내장이나 서류의 외양
공감성 (Empathy)	고객에 대한 개별적 관심과 배려	• 고객 개개인에 대한 관심 • 고객편의를 고려한 일정 조정 • 고객에 대한 개별적 배려
대응성 (Responsiveness)	고객을 돕고자 하며 신속한 서비스를 제공하려는 자세	• 정확한 서비스 시간 약속 • 신속한 서비스 • 서비스에 대한 자발적 태도

24.2 서비스품질의 평가

(1) 서비스품질 평가의 기본개념

서비스품질의 평가는 기본적으로 서비스를 경험하기 전의 기대수준과 서비스를 경험하고 난 후의 인지수준의 비교에 의해 이루어진다. 〈그림 24.3〉에 나타낸 바와 같이 고객의 사전 기대를 뛰어넘으면 고객 감동, 사전 기대가 충족되면 고객 만족, 충족되지 못하면 고객 불만이 초래된다.

고객의 사전 기대수준은 주위의 평판이나 입소문, 개인적인 필요, 과거의 경험에 의해 결정된다. 또한 서비스에 대한 고객의 사전 기대나 사후 인지 수준은 서비스품질의 5가지 차원의 측면에서 형성된다.

서비스품질의 수준은 고객의 사전 기대수준과 사후 인지수준의 차이에 의해 결정되므로 이러한 차이가 발생하는 원인을 파악하여 관리할 필요가 있다. 〈그림 24.4〉는 서비스에 대한 고객의 사전 기대수준과 사후 인지수준 사이에 발생하는 격차를 설명하는 '서비스 격차 모형(service gap model)'을 단순화시킨 것이다. 이 모형에 있는 각 격차의 의미는 다음과 같다.

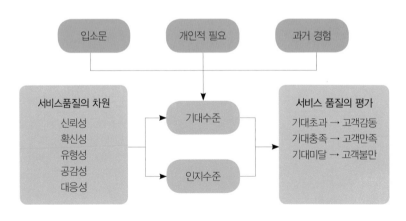

〈그림 24.3〉 서비스품질의 평가와 고객만족

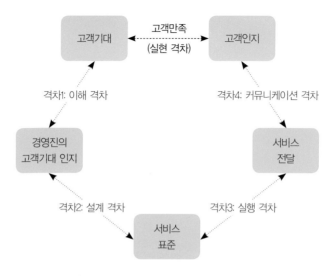

〈그림 24.4〉 서비스품질 격차 모형의 개요

- **격차 1: 이해 격차**

고객의 실제 기대와 경영진이 인지한 고객 기대 사이의 불일치를 말한다. 이 것은 고객에 대한 경영진의 이해 부족 또는 지식 부족으로 인해 발생한다. 고객 에 대한 이해부족에서 비롯된 것이므로 '이해 격차' 또는 '지식 격차'라고 한다.

- **격차 2: 설계 격차**

경영진이 인식한 고객의 기대와 이를 이행하기 위한 지침인 서비스표준 사이 의 불일치를 말한다. 이것은 서비스표준이 제대로 설계되지 못해 발생하는 '설 계 격차'라고 할 수 있다.

- **격차 3: 실행 격차**

설계된 서비스표준과 고객에게 실제로 전달된 서비스 사이의 불일치를 말한 다. 이것은 서비스표준대로 시스템을 운영하지 못해 발생한 격차이므로 '실행 격차' 또는 '운영 격차'라고 볼 수 있다. 또한 규격에 적합하지 못해 발생한 격차 이므로 '적합성 격차'라고 말할 수 있다.

〈표 24.3〉 서비스 격차의 발생원인과 해소방안

서비스 격차의 종류	발생원인	격차 해소 방향
격차 1 이해 격차	시장조사의 불충분 상향 커뮤니케이션 부족 고객에 대한 초점 결여	고객의 기대를 정확히 이해한다.
격차 2 설계 격차	고객지향적 표준의 부재 서비스 리더십 부족 미흡한 서비스표준	올바른 서비스품질 표준을 세운다.
격차 3 실행 격차	인적자원 관리 부족 수요와 공급의 균형유지 실패	서비스품질 표준을 충족시킬 수 있도록 성과를 관리한다.
격차 4 커뮤니케이션 격차	고객 기대관리 미숙 과잉 약속 수평적 커뮤니케이션 부족	약속한 사항을 확실히 이행하도록 관리한다.

• **격차 4: 커뮤니케이션 격차**

고객에게 전달한 서비스와 고객이 체감하는 서비스 사이의 불일치를 말한다. 이것은 실제로 전달한 만큼 고객이 실감하지 못해 발생하는 '커뮤니케이션 격차'라고 할 수 있다.

이상의 4가지 격차가 누적되어 고객의 사전 기대수준과 사후 인지수준 사이의 실현 격차가 생기게 되는데 이 누적 격차를 통상 '격차 5'라고 한다. 이 누적 격차에 의해 고객만족이 결정되므로 이러한 격차를 줄이는 것이 서비스품질 관리의 초점이 된다.

(2) SERVQUAL 평가 모형

앞서 설명한 '서비스 격차 모형(service gap model)'을 일반적으로 'SERVQUAL 모형'이라고 하는데, 이는 이론적으로 〈그림 24.5〉와 같이 표현된다. 이 그림에서 고객이 실제로 느끼는 격차는 '격차 5'이며, 고객 격차를 결정하는 것은 서비스 제공자가 유발한 '격차 1, 2, 3, 4'라는 것을 볼 수 있다.

SERVQUAL 모형을 이용하여 서비스품질을 평가할 때에는 이번 장 부록에 수록한 설문지 I과 설문지 II를 이용한다. 각 설문지는 모두 22개 문항으로 구성되어 있는데, 이 문항들은 다음과 같은 5가지 차원으로 구분된다.

- 문항 1~4: 유형성
- 문항 5~9: 신뢰성

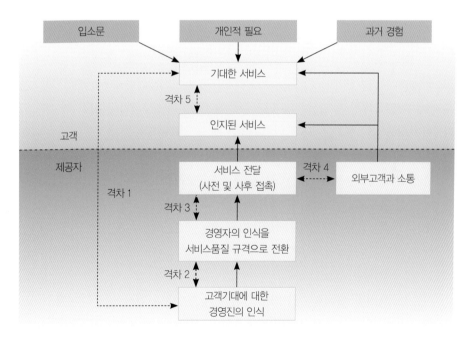

〈그림 24.5〉 서비스품질 격차 모형

- 문항 10~13: 대응성
- 문항 14~17: 확신성
- 문항 18~22: 공감성

22개의 설문 문항 중 첫 번째 문항 하나만 은행을 예로 들면 다음과 같다.

설문지 I: 고객 기대수준 조사용 설문
1. 훌륭한 은행은 현대적으로 보이는 설비를 보유하고 있을 것이다.

매우 부정			부정도 긍정도 아님			매우 긍정
1( )	2( )	3( )	4( )	5( )	6( )	7( )

설문지 II: 고객 인지수준 조사용 설문
1. 이 은행은 현대적으로 보이는 설비를 보유하고 있다.

매우 부정			부정도 긍정도 아님			매우 긍정
1( )	2( )	3( )	4( )	5( )	6( )	7( )

기대수준에 대한 응답점수와 인지수준에 대한 응답점수가 서비스 격차가 된다. 서비스품질의 평가 절차는 다음과 같다.

[단계 1] 서비스품질을 평가하고 싶은 특정 조직을 선택한 후 먼저 설문지 I의 22개 문항에 대한 고객의 평가를 받는다. 다음으로 동일한 고객을 대상으로 설문지 II의 22개 문항에 대한 고객의 평가를 받는다.
[단계 2] 두 개의 설문지에 대해 각 차원별(즉 문항 1~4, 문항 5~9, 문항 10~13, 문항 14~17, 문항 18~22) 평가점수의 평균을 구한 다음, 차원별 평균점수의 격차를 구한다. '격차 = 인지점수−기대점수'이므로 격차는 통상 마이너스(−) 값을 갖는다.
[단계 3] 각 차원별 격차점수의 산술평균(또는, 필요에 따라 가중평균)을 구

하면 전반적인 서비스 격차가 된다.

예를 들어 각 차원별 평균 평가점수가 〈표 24.4〉와 같다고 가정해 보자. 〈표 24.4〉의 평가점수를 이용해 격차점수를 구하면 〈표 24.5〉와 같다.

〈표 24.5〉를 보면 유형성 차원의 인지점수가 가장 낮지만 격차는 공감성 차원이 가장 큰 것을 볼 수 있다. 이것은 공감성 차원의 사전 기대가 상대적으로 높았기 때문이다. 따라서 이러한 평가 결과에 비추어 볼 때 공감성 차원을 우선적으로 개선해야 한다.

〈표 24.4〉 서비스품질 평가 예: 차원별 인지점수와 기대점수

차원	평균 인지점수	평균 기대점수	비고
유형성	3.4	4.2	문항 1~4의 평균점수
신뢰성	4.6	5.6	문항 5~9의 평균점수
대응성	4.2	5.5	문항 10~13의 평균점수
확신성	5.2	5.4	문항 14~17의 평균점수
공감성	3.8	5.2	문항 18~22의 평균점수

〈표 24.5〉 서비스품질 평가 예: 차원별 격차

차원	평균 인지점수	평균 기대점수	격차 (인지점수 − 기대점수)
유형성	3.4	4.2	-0.8
신뢰성	4.6	5.6	-1.0
대응성	4.2	5.5	-1.3
확신성	5.2	5.4	-0.2
공감성	3.8	5.2	-1.4

참고문헌

- 박영택(2014), "서비스품질의 관리: 서비스 격차를 잡아라", 품질경영, 1월호.
- Fitzsimmons, J.A. and Fitzsimmons, M.J.(2007), Service Management: Operations, Strategy, Information Technology, Sixth Edition, McGraw-Hill.
- Haksever, C. et. al.(2000), Service Management and Operations, Second Edition, Prentice Hall.
- Parasuraman, A., Zeithaml, V.A. and Berry, L.L.(1988), "SERVQUAL: A multi-item scale for measuring consumer perceptions of the service quality", Journal of Retailing, Vol.64 No.1, pp.12-40.
- Zeithaml, V.A., Parasuraman, A. and Berry, L.L.(1990), Delivering Quality Service: Balancing Customer Perceptions and Expectations, The Free Press.

[설문지 I] 고객 기대수준 조사용

1. 훌륭한 서비스센터는 현대적으로 보이는 설비를 보유하고 있을 것이다.

   전혀 아니다   매우 그렇다
   1( )   2( )   3( )   4( )   5( )   6( )   7( )

2. 훌륭한 서비스센터의 물리적 시설은 보기에도 멋있을 것이다.

   전혀 아니다   매우 그렇다
   1( )   2( )   3( )   4( )   5( )   6( )   7( )

3. 훌륭한 서비스센터의 직원들은 외모가 단정할 것이다.

   전혀 아니다   매우 그렇다
   1( )   2( )   3( )   4( )   5( )   6( )   7( )

4. 훌륭한 서비스센터에서 제공하는 (팸플릿이나 문서 등의) 서비스 자료는 보기에도 멋있을 것이다.

   전혀 아니다   매우 그렇다
   1( )   2( )   3( )   4( )   5( )   6( )   7( )

5. 훌륭한 서비스센터는 언제까지 어떤 일을 하겠다고 약속하면 그것을 지킬 것이다.

   전혀 아니다   매우 그렇다
   1( )   2( )   3( )   4( )   5( )   6( )   7( )

6. 훌륭한 서비스센터는 고객에게 어떤 문제가 생길 경우 그것을 해결하는 데 진지한 관심을 보일 것이다.

   전혀 아니다   매우 그렇다
   1( )   2( )   3( )   4( )   5( )   6( )   7( )

7. 훌륭한 서비스센터는 처음부터 올바른 서비스를 제공할 것이다.

전혀 아니다   매우 그렇다
1( )   2( )   3( )   4( )   5( )   6( )   7( )

8. 훌륭한 서비스센터는 해주기로 약속한 시간에 서비스를 제공할 것이다.

전혀 아니다   매우 그렇다
1( )   2( )   3( )   4( )   5( )   6( )   7( )

9. 훌륭한 서비스센터는 문서(기록)상 오류를 용납하지 않으려 할 것이다.

전혀 아니다   매우 그렇다
1( )   2( )   3( )   4( )   5( )   6( )   7( )

10. 훌륭한 서비스센터는 서비스가 언제 수행될 것인지 정확하게 알려줄 것이다.

전혀 아니다   매우 그렇다
1( )   2( )   3( )   4( )   5( )   6( )   7( )

11. 훌륭한 서비스센터는 고객에게 신속한 서비스를 제공할 것이다.

전혀 아니다   매우 그렇다
1( )   2( )   3( )   4( )   5( )   6( )   7( )

12. 훌륭한 서비스센터는 언제라도 고객을 기꺼이 도우려 할 것이다.

전혀 아니다   매우 그렇다
1( )   2( )   3( )   4( )   5( )   6( )   7( )

13. 훌륭한 서비스센터는 바쁘다고 고객의 요구에 대응하지 못하는 일이 결코 없을 것이다.

전혀 아니다   매우 그렇다
1( )   2( )   3( )   4( )   5( )   6( )   7( )

14. 훌륭한 서비스센터의 직원들은 고객에게 신뢰감을 줄 것이다.

전혀 아니다   매우 그렇다
1( )   2( )   3( )   4( )   5( )   6( )   7( )

15. 훌륭한 서비스센터의 고객들은 안심하고 거래할 것이다.

전혀 아니다   매우 그렇다
1( )   2( )   3( )   4( )   5( )   6( )   7( )

16. 훌륭한 서비스센터의 직원들은 고객에게 한결같이 예의 바를 것이다.

전혀 아니다   매우 그렇다
1( )   2( )   3( )   4( )   5( )   6( )   7( )

17. 훌륭한 서비스센터의 직원들은 고객의 문의에 대답할 수 있는 지식이 있을 것이다.

전혀 아니다   매우 그렇다
1( )   2( )   3( )   4( )   5( )   6( )   7( )

18. 훌륭한 서비스센터는 고객들에게 개별적인 관심을 보일 것이다.

전혀 아니다   매우 그렇다
1( )   2( )   3( )   4( )   5( )   6( )   7( )

19. 훌륭한 서비스센터의 업무시간은 모든 고객들에게 편리한 시간대일 것이다.

전혀 아니다   매우 그렇다
1( )   2( )   3( )   4( )   5( )   6( )   7( )

20. 훌륭한 서비스센터는 고객들에게 개별적인 관심을 보이는 직원들을 보유하고 있을 것이다.

전혀 아니다   매우 그렇다
1( )   2( )   3( )   4( )   5( )   6( )   7( )

21. 훌륭한 서비스센터는 고객의 최대 관심사를 염두에 둘 것이다.

전혀 아니다   매우 그렇다
1( )   2( )   3( )   4( )   5( )   6( )   7( )

22. 훌륭한 서비스센터의 직원들은 고객의 구체적 요구를 이해하고 있을 것이다.

전혀 아니다   매우 그렇다
1( )   2( )   3( )   4( )   5( )   6( )   7( )

1. 이 서비스센터는 현대적으로 보이는 설비를 보유하고 있다.

   전혀 아니다   매우 그렇다
   1( )   2( )   3( )   4( )   5( )   6( )   7( )

2. 이 서비스센터의 물리적 시설은 보기에도 멋있다.

   전혀 아니다   매우 그렇다
   1( )   2( )   3( )   4( )   5( )   6( )   7( )

3. 이 서비스센터의 직원들은 외모가 단정하다.

   전혀 아니다   매우 그렇다
   1( )   2( )   3( )   4( )   5( )   6( )   7( )

4. 이 서비스센터에서 제공하는 (팸플릿이나 문서 등의) 서비스 자료는 보기에도 멋있다.

   전혀 아니다   매우 그렇다
   1( )   2( )   3( )   4( )   5( )   6( )   7( )

5. 이 서비스센터는 언제까지 어떤 일을 하겠다고 약속하면 그것을 지킨다.

   전혀 아니다   매우 그렇다
   1( )   2( )   3( )   4( )   5( )   6( )   7( )

6. 이 서비스센터는 고객에게 어떤 문제가 생길 경우 그것을 해결하는 데 진지한 관심을 보인다.

   전혀 아니다   매우 그렇다
   1( )   2( )   3( )   4( )   5( )   6( )   7( )

7. 이 서비스센터는 처음부터 올바른 서비스를 제공한다.

   전혀 아니다   매우 그렇다
   1( )   2( )   3( )   4( )   5( )   6( )   7( )

8. 이 서비스센터는 해주기로 약속한 시간에 서비스를 제공한다.

전혀 아니다   매우 그렇다
1( )   2( )   3( )   4( )   5( )   6( )   7( )

9. 이 서비스센터는 문서(기록)상 오류를 용납하지 않으려 한다.

전혀 아니다   매우 그렇다
1( )   2( )   3( )   4( )   5( )   6( )   7( )

10. 이 서비스센터는 서비스가 언제 수행될 것인지 정확하게 알려준다.

전혀 아니다   매우 그렇다
1( )   2( )   3( )   4( )   5( )   6( )   7( )

11. 이 서비스센터는 고객에게 신속한 서비스를 제공하고 있다.

전혀 아니다   매우 그렇다
1( )   2( )   3( )   4( )   5( )   6( )   7( )

12. 이 서비스센터는 언제라도 고객을 기꺼이 도우려 한다.

전혀 아니다   매우 그렇다
1( )   2( )   3( )   4( )   5( )   6( )   7( )

13. 이 서비스센터는 바쁘다고 고객의 요구에 대응하지 못하는 일이 결코 없다.

전혀 아니다   매우 그렇다
1( )   2( )   3( )   4( )   5( )   6( )   7( )

14. 이 서비스센터의 직원들은 고객에게 신뢰감을 준다.

전혀 아니다   매우 그렇다
1( )   2( )   3( )   4( )   5( )   6( )   7( )

15. 이 서비스센터의 고객들은 안심하고 거래한다.

전혀 아니다   매우 그렇다
1( )   2( )   3( )   4( )   5( )   6( )   7( )

16. 이 서비스센터의 직원들은 고객에게 한결같이 예의 바르다.

전혀 아니다 매우 그렇다
1 ( ) 2 ( ) 3 ( ) 4 ( ) 5 ( ) 6 ( ) 7 ( )

17. 이 서비스센터의 직원들은 고객의 문의에 대답할 수 있는 지식이 있다.

전혀 아니다 매우 그렇다
1 ( ) 2 ( ) 3 ( ) 4 ( ) 5 ( ) 6 ( ) 7 ( )

18. 이 서비스센터는 고객들에게 개별적인 관심을 보이고 있다.

전혀 아니다 매우 그렇다
1 ( ) 2 ( ) 3 ( ) 4 ( ) 5 ( ) 6 ( ) 7 ( )

19. 이 서비스센터의 업무시간은 모든 고객들에게 편리한 시간대이다.

전혀 아니다 매우 그렇다
1 ( ) 2 ( ) 3 ( ) 4 ( ) 5 ( ) 6 ( ) 7 ( )

20. 이 서비스센터는 고객들에게 개별적인 관심을 보이는 직원들을 보유하고 있다.

전혀 아니다 매우 그렇다
1 ( ) 2 ( ) 3 ( ) 4 ( ) 5 ( ) 6 ( ) 7 ( )

21. 이 서비스센터는 고객의 최대 관심사를 염두에 두고 있다.

전혀 아니다 매우 그렇다
1 ( ) 2 ( ) 3 ( ) 4 ( ) 5 ( ) 6 ( ) 7 ( )

22. 이 서비스센터의 직원들은 고객의 구체적 요구를 이해하고 있다.

전혀 아니다 매우 그렇다
1 ( ) 2 ( ) 3 ( ) 4 ( ) 5 ( ) 6 ( ) 7 ( )

25장
서비스시스템

비즈니스 리엔지니어링의 창시자인 마이클 해머는 "리무진 운전사의 미소가 자동차를 대신할 수 없다"고 했다. 이것은 친절과 미소가 서비스라는 잘못된 생각을 지적하는 것이다. 훌륭한 서비스를 제공하려면 친절한 고객 응대가 필수적이기는 하지만 이보다 더 중요한 것은 약속한 서비스를 제대로 수행할 수 있도록 시스템을 설계하는 것이다.

Quality is King!

25.1 서비스청사진

설계 도면 없이 건축하는 것은 상상하기 힘들다. 공장에서 작은 물건을 만들어도 설계 도면이 필요하다. 무형적인 서비스도 사전에 계획되고 설계되어야 하며, 기존의 서비스도 제품과 마찬가지로 지속적 개선이 필요하다.

서비스의 설계나 개선을 위해서는 관계자들 사이에 명확히 소통될 수 있는 서비스 설계도가 필요하다. 서비스청사진은 이러한 생각 하에 고안된 것이다.

제조공정에서 제품의 생산 및 배달에 필요한 활동들과 그들 사이의 연관성을 파악하고 개선의 기회를 찾기 위해 공정표를 사용하듯이, 서비스의 생산 및 전달 프로세스 설계에도 '서비스청사진(service blueprint)'이라고 불리는 프로세스차트를 이용할 수 있다. 이 청사진은 고객이 경험하는 서비스사이클의 각 단계를 여러 서비스제공자가 취하는 개별적 조처들과 연관시켜 작성한 흐름도이다.

서비스청사진의 특징 중 하나는 '가시선(line of visibility)'을 기준으로 서비스 프로세스에 포함된 일련의 서비스 활동들을 두 부분으로 나눈다는 것이다. 가시선 위에 있는 '현장(onstage)' 활동은 고객이 눈으로 볼 수 있는 부분이고, 가시선 아래에 있는 '후방(backstage)' 활동은 서비스 임무의 달성을 위해 꼭

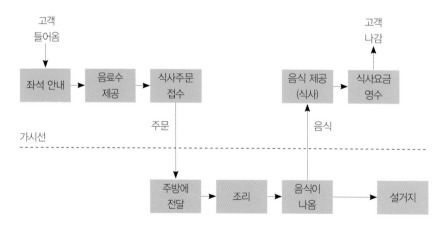

〈그림 25.1〉 식당의 음식제공 프로세스에 대한 서비스 청사진

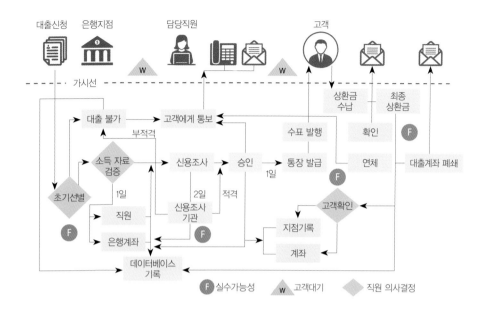

〈그림 25.2〉 은행 대출 및 상환 프로세스의 서비스청사진(Shostack, 1987)

필요하지만 고객의 눈에는 보이지 않는다. 일반적으로 가시선은 현장 업무와 후방 업무를 물리적으로 구분하는 시설물이나 경계선이 되는 경우가 많다.

〈그림 25.1〉은 음식을 주문해서 받기까지의 프로세스를 서비스청사진으로 나타낸 것이다. 고객이 식당에 들어와서 관찰할 수 있는 현장 업무는 종업원(외모, 태도, 말씨, 복장 등)이나 물리적 환경(실내장식, 탁자와 의자, 시설, 조명, 냄새) 등이다. 이러한 현장 업무는 서비스에 대한 고객의 인식에 큰 영향을 주기 때문에 특별히 신경 써야 하는 부분이다. 그러나 주방 내에서 이루어지는 후방 업무도 고객의 눈에 보이지는 않지만 음식제공 과정에 있어서 생략될 수 없는 중요한 부분이다. 또한 후방 업무에서 지연과 실수가 발생하면 현장 업무에 차질을 초래하기 때문에 후방 업무의 효율화에도 관심을 기울여야 한다.

〈그림 25.2〉는 은행 대출을 받아서 상환을 완료하기까지의 프로세스를 서비스청사진으로 나타낸 것인데, 이를 보면 다음과 같은 청사진의 용도를 쉽게 이해할 수 있다.

첫째, 서비스전달 프로세스를 구성하는 일련의 활동들이 어떻게 진행되는지 보여준다. 일반적으로 직원들은 자기 업무에만 관심을 두는 경향이 있지만 청사진을 그려보면 자신의 업무가 다른 업무들과 어떻게 연결되는지 이해하게 되므로 고객지향 마인드가 강화된다.

둘째, 고객이 서비스의 진행을 인지할 수 있는 현장 업무와 보이지는 않지만 이를 지원하는 후방 업무, 그리고 고객과 상호작용이 일어나는 부분(통상적으로 가시선을 가로지르는 활동)을 쉽게 알 수 있다. 이처럼 고객에게 보이는 부분과 보이지 않는 부분, 고객과의 접촉이 이루어지는 부분이 명확히 나타나기 때문에 서비스전달시스템 설계에 도움이 된다.

셋째, 실수가 발생할 가능성이 있는 '실수가능점(fail point)'을 미리 확인함으로써 실수를 줄일 수 있는 방안이나 '실수방지(mistake-proof)' 또는 '고장 시 안전(fail-safe)' 설계를 사전에 강구할 수 있는 기회를 제공한다.

넷째, 서비스 프로세스의 어떤 부분에서 대기가 발생하는지 알 수 있으므로 이에 대한 대책을 마련할 수 있다. 대기시간을 어떻게 줄일 수 있는가와 더불어 기다리는 동안 지루함을 덜기 위해 '대기의 심리학'을 고려할 필요가 있다. 예를 들어, 대출 담당자와 상담하기 위해 기다리는 고객에게 얼마나 기다리면 상담할 수 있는지 미리 알려주거나 기다리는 동안 커피나 읽을거리를 제공하면 체감 대기시간이 짧아진다.

다섯째, 중요한 의사결정이 이루어지는 의사결정점을 쉽게 알 수 있기 때문에 의사결정을 위한 정보나 지침 등을 사전에 명확히 할 수 있다.

이처럼 서비스청사진을 잘 이용하면 다양한 이점이 있다. 서비스청사진을 제대로 활용하려면 다음과 같은 사항을 염두에 두고 작성해야 한다.

- 현장 고객에 대한 서비스 활동의 이상적 시나리오는 무엇인가? (아마도 그 단계를 제거하는 것일지도 모른다.)
- 어디에 실수가능점이 있으며, 현장 및 후방 업무에서 무엇이 잘못될 수 있는가?

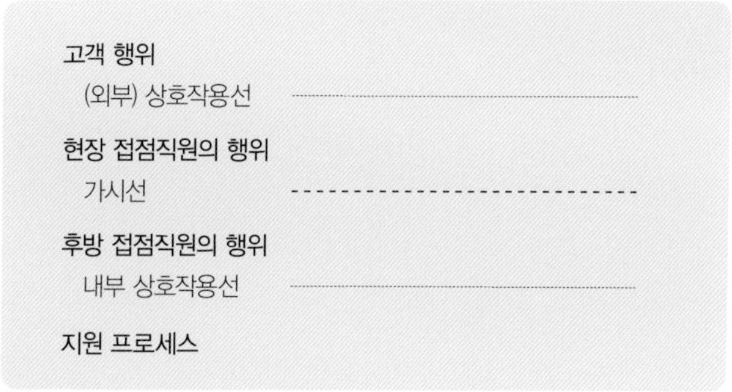

〈그림 25.3〉 서비스청사진의 구성요소

- 어떻게 하면 실수를 지체 없이 발견할 수 있으며, 그에 대한 신속한 조처나 예방대책을 마련할 수 있는가?
- 서비스 프로세스의 각 단계에서 어느 직원, 어떤 시설 및 장비가 이용되고 있는가?
- 어떤 특정한 서비스를 고객에게 제공하는 데 필요한 후방 업무는 무엇인가?

일반적인 서비스청사진은 다음과 같이 4종류의 행위가 포함되어 있다.

- 고객의 행위 : 프로세스 내에서 고객이 수행하는 행위
- 현장 접점직원의 행위 : 고객 앞에서 수행되는 서비스제공자의 행위
- 후방 접점직원의 행위 : 고객의 시선을 벗어난 영역에서 수행되는 서비스 제공자의 행위
- 지원 프로세스 : 서비스팀의 다른 직원에 의해 수행되는 행위. 통상적으로 고객의 눈에 보이지는 않음.

또한 이러한 행위는 상호작용선, 가시선, 내부 상호작용선의 3가지 선에 의해 분리되어 있다. 〈그림 25.4〉는 호텔 숙박 과정을 서비스청사진으로 나타낸 것이다.

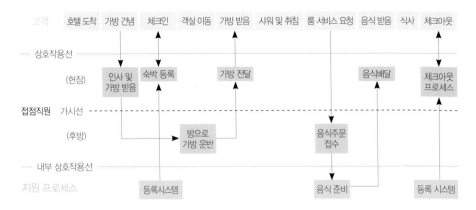

〈그림 25.4〉 호텔 숙박과정을 나타낸 서비스청사진(Zeithaml and Bitner, 1998)

25.2 서비스 실수방지시스템

서비스품질이 제품품질과 다른 점 중 하나는 생산과 동시에 소비가 이루어지며 그 과정에서 고객의 참여나 고객과의 상호작용이 매우 중요하다는 것이다. 이런 점에서 서비스는 고객과 공동생산(co-production)하는 것이라고 볼 수 있다. 제조시스템에서 널리 사용되는 실수방지(fool-proof 또는 mistake-

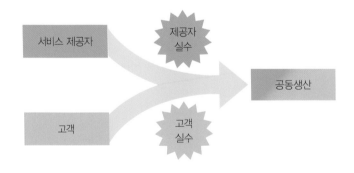

〈그림 25.5〉 서비스시스템의 특징과 서비스 오류

proof)시스템이 서비스시스템에도 적용될 수 있지만 공동생산이라는 관점에서 서비스제공자의 실수뿐 아니라 서비스를 제공받는 고객의 실수방지까지도 고려해야 한다.

참고적으로 실수방지시스템과 관련된 용어 설명을 추가하기로 한다. 예전에 많이 사용하던 'fool-proof'라는 용어를 직역하면 '바보방지'가 된다. "바보스런 일을 방지한다"는 뜻의 fool-proof는 실수하는 사람을 비하하는 어감이 있으므로 요즈음은 바보방지 대신 '실수방지'라는 뜻의 'mistake-proof'를 사용한다. "사람은 누구라도 실수할 수 있기 때문에 실수가 발생하지 않도록 실수방지시스템을 구축해야 한다"는 사상은 도요타생산방식에서 나왔다. 일본에서도 초기에는 바보방지라는 뜻의 '바카요케(バカヨケ)'라는 용어를 사용하였으나 요즈음은 실수방지라는 뜻의 '포카요케(ポカヨケ)'라는 용어를 사용한다.

(1) 서비스제공자의 실수방지

서비스제공자가 범할 수 있는 실수는 다음과 같은 3가지로 나눌 수 있는데 영문 머리글자가 모두 T로 시작하기 때문에 '3T'라고도 한다.

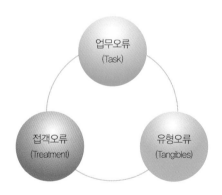

〈그림 25.6〉 서비스 제공자가 범할 수 있는 오류(Chase and Stewart, 1994)

① 업무오류(Task Errors)

업무수행 오류, 요구되지 않은 업무수행, 잘못된 업무수행 순서, 지나치게 느린 업무수행 등과 같이 업무를 제대로 수행하지 못하는 오류를 말한다. 이러한 오류를 방지하기 위한 시스템의 예로는 다음과 같은 것들이 있다.

- 수술 환자의 몸속에서 수술 기구나 사용하고 난 거즈가 제거되지 않는 오류를 방지하기 위한 계수(計數)관리, 각각의 수술 기구를 반드시 지정된 위치에 두도록 하는 용기
- 맥도날드의 프렌치프라이 주걱 (주걱으로 떠서 손잡이의 구멍을 통해 봉지에 담는데 이는 고객에게 제공하는 양이 불균일한 것을 방지하기 위한 시스템이다.)
- 응대순서의 실수를 방지하기 위한 은행 창구의 대기 번호표

② 접객오류(Treatment Errors)

고객을 못 알아보거나, 고객의 이야기에 귀를 기울이지 않거나, 고객에 대한 부적절한 응대 등과 같이 고객 응대를 제대로 수행하지 못하는 오류를 말한다. 이러한 오류를 방지하기 위한 시스템의 예로는 다음과 같은 것들이 있다.

- 고객의 출입을 인지하지 못하는 오류를 방지하기 위해 문에 매달아 놓은 종.
- 미국의 한 호텔에서 재방문한 고객을 알아보지 못하는 실수를 방지하기 위해 실시한다고 알려진 흥미로운 사례. 벨맨(bellman)이 호텔에 도착한 고객의 짐을 받기 위해 인사하면서 이번이 첫 방문인지 묻는다. 만약 이미 투숙한 적이 있다고 답하면 벨맨은 이를 프런트데스크에 알리기 위해 은밀히 자신의 귀를 잡아당긴다. 벨맨으로부터 사인을 받은 프런트데스크에서는 고객이 오면 "다시 또 방문해 주셔서 감사합니다"라고 맞이한다.
- 서양에서는 고객과 눈을 마주치지 않으면 건성으로 대한다고 느끼거나 무언가 속인다고 생각하는 경향이 있다. 어떤 은행에서는 창구 직원이 고객 응대 시 고객과 반드시 눈을 마주치도록 하기 위해 응대를 시작할 때 먼저

고객의 눈동자 색깔을 체크리스트에 표시하도록 하고 있다.

- 상담직원이 고객과 통화할 때 '웃는 목소리'로 이야기하는 것을 잊지 않도록 전화기 옆에 거울을 두는 것.

- 서비스 직원이 무심코 바지 주머니에 손을 넣고 고객을 응대하면 고객이 무례하다고 느낄 수 있다. 이를 방지하기 위해 신입 직원들의 바지 주머니를 꿰매는 강력한 통제방법을 사용한 놀이공원이 있었다고 한다.

③ 유형오류(Tangible Errors)

청결하지 못한 시설, 깨끗하지 못한 복장, 소음·냄새·조명·온도의 조절 실패, 문서의 오탈자 등과 같이 외형적/외부적으로 드러나는 오류를 말한다. 이러한 오류를 방지하기 위한 시스템의 예로는 다음과 같은 것들이 있다.

- 고객을 맞이하기 전에 자신의 용모를 자동적으로 점검할 수 있도록 서비스 직원의 대기석에 거울을 두는 것.

- 공공 대합실에서 의자에 드러누운 사람이 있으면 많은 사람들의 눈살을 찌푸리게 하므로 의자 팔걸이를 고정식으로 설치하여 아예 눕지 못하도록 하는 것.

- 예전에 호텔에서 많이 사용하던 방법. 화장실 청소가 완료되거나 새 수건을 비치하면 종이 띠를 둘러서 그렇지 않은 것과 구분하는 것.

- 워드프로세서의 맞춤법 점검 기능.

(2) 고객의 실수방지

고객이 범하는 오류는 서비스의 진행 과정에 따라 다음과 같은 3가지 종류가 있다.

〈그림 25.7〉 고객이 범할 수 있는 오류(Chase and Stewart, 1994)

① 준비오류(Preparation Errors)

고객이 서비스 이용에 필요한 준비물을 지참하지 않거나 요구사항을 숙지하지 못하는 것과 같이 서비스 이용을 위한 사전 준비를 제대로 하지 않는 오류를 말한다. 이러한 오류를 방지하기 위한 시스템의 예로는 다음과 같은 것들이 있다.

- 초청장에 옷차림(dress code)을 명시하는 것.
- 병원 건강검진 날짜와 준비사항을 휴대폰 문자 메시지로 사전에 상기시키는 것.

② 접점오류(Encounter Errors)

부주의·오해·망각 등으로 인해 고객이 서비스 이용 절차나 지침을 준수하지 못하는 경우가 있다. 서비스 이용 중에 발생하는 이러한 오류를 방지하기 위한 시스템의 예로는 다음과 같은 것들이 있다.

- 선착순 서비스를 제공하기 위한 대기라인용 체인.
- 비행기 화장실에서 문을 잠그고 용무를 보도록 잠금장치를 밀어야만 조명 등이 밝게 켜지도록 설계한 것 (화장실 문을 반드시 잠그도록 하는 또 하나의 이유는 '사용중(occupied)'이라는 표시등을 자동적으로 켜기 위한 것이다.)
- 놀이공원에는 안전상의 이유로 키가 기준치 이상인 어린이들만 태우는 놀이기구들이 있다. 이 기구의 탑승 대기라인에 어린이의 키가 기준치 이상인지 확인하기 위해 설치한 막대.
- 은행의 현금자동입출금기(ATM)나 골프 연습장의 연습공 인출에 사용되는 카드 등을 삽입 방식으로 설계하면 사용 후 카드를 회수하지 않는 실수가 발생할 수 있다. 이러한 실수를 방지하기 위해 전자판독기의 틈새에 카드를 통과시키거나 센서에 갖다대는 접촉 방식으로 재설계한 것.
- 자동차에 시동이 걸려 있을 때 안전벨트를 착용하지 않으면 울리는 경보음.

③ 종결오류(Resolution Errors)

서비스 이용이 끝난 후 서비스에 대한 평가나 개선이 필요하다고 느낀 부분이 서비스 제공자에게 피드백되지 않거나 뒷정리가 제대로 되지 않는 오류를 말한다. 이러한 오류를 방지하기 위한 시스템의 예로는 다음과 같은 것들이 있다.

- 호텔에서 퇴실할 고객들에게 보낼 요금명세서에 고객의견카드(comment card)와 작은 선물이용권을 동봉하는 것.
- 구내식당에서 식사 후 만족 여부를 표시하는 작은 구슬을 회수 용기에 넣도록 하는 것.
- 셀프서비스 식당에서 고객이 뒷정리를 쉽게 할 수 있도록 출구 방향에 트레이 회수대와 쓰레기통을 비치하는 것.
- 사용하고 난 물품을 정위치에 되돌리기 위해 보관함에 밑그림을 그려놓는 형적(形迹)관리.

25.3 대기시간의 관리

서비스를 받기 위해 줄을 서서 기다리는 문제는 서비스경영의 가장 중요한 주제 중 하나이다. 대기시간이 길어지면 고객만족도가 떨어지는 것은 물론 온라인거래에서는 대기 중 이탈하는 고객도 적지 않다.

대기라인의 운영전략은 크게 두 가지로 나눌 수 있다. 그 중 하나는 대기시간을 줄이거나 차별화하는 것이고, 다른 하나는 물리적 대기시간은 그대로 두더라도 체감 대기시간을 줄이는 것이다.

(1) 대기라인 운영시스템

① 운영시스템 변경

서비스 대기시간을 관리하는 가장 이상적인 방법은 서비스 운영시스템을 바꿔서 고객의 대기시간 자체를 줄이는 것이다. 이것은 돈 들여서 서비스용량을 늘리는 것만을 의미하지는 않는다.

공항 혼잡을 피하기 위한 도심공항터미널의 운영, 기차역이나 공항의 자동발매기, 은행의 현금자동입출금기(ATM) 등은 운영시스템 변경의 예이다. 또한 슈퍼마켓의 소액 전용계산대, 고객이 몰리는 피크시간대의 시간제 직원 투입이나 관리사원 지원 등도 운영시스템 변경의 또 다른 예이다.

물리적으로 줄을 세우는 것이 불가피할 경우에는 어떤 유형의 대기라인을 사용할 것인지 결정해야 한다. 〈그림 25.8〉에 나타낸 대기라인의 유형별 특징은 다음과 같다.

(a) 단일 대기라인

서비스를 받기 위해 도착하는 고객은 뱀처럼 구불구불한 대기라인의 맨 뒤에 합류한다. 이러한 단일 대기라인은 다음과 같은 여러 가지 장점이 있다.

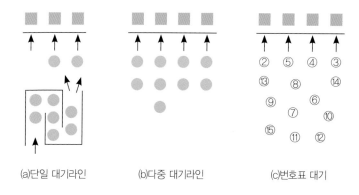

(a)단일 대기라인　　　(b)다중 대기라인　　　(c)번호표 대기

〈그림 25.8〉 대기라인의 기본적 유형

- 모든 고객에게 '선착순(FCFS, first come first served)'으로 서비스를 제공하기 때문에 업무 공정성이 확실하다.
- 어느 곳에 대기해야 빨리 서비스를 받을 수 있을지 신경 쓸 필요가 없다.
- 대기라인의 입구가 하나이기 때문에 새치기의 발생 가능성이 낮다.
- 대기라인의 길이는 길지만 줄이 줄어드는 것을 체감할 수 있다.

그러나 줄이 지나치게 길어 보이면 기다리지 않고 떠나는 고객이 있으며, 특정 서비스제공자를 선택할 수 없다는 단점도 있다.

(b) 다중 대기라인

여러 대기라인 중 하나를 선택해서 대기한다. 대기 중에도 다른 줄 끝으로 옮길 수 있기 때문에 한 번 결정한 것을 바꾸지 못하는 것은 아니다. 다중 대기라인의 장점은 다음과 같다.

- 서비스를 차별화할 수 있다. (예: 노약자 우대라인, 간편 서비스 우선처리 등)
- 분업이 가능하다. (예: 은행의 기업고객 전용 창구)
- 고객이 특정한 서비스제공자를 선택할 수 있다.
- 단일 대기라인에서처럼 긴 대기라인에 지레 질려서 서비스를 포기하는 일이 적다.

그러나 어느 라인에 대기하는 것이 좋을지 신경 써야 하며, 대기 중 다른 줄이 더 빨리 줄어드는 것을 보면 재수가 나쁘다는 생각이 들 수 있다.

(c) 번호표 대기

단일 대기라인의 장점은 취하되 편한 장소에서 다른 일을 하면서 기다릴 수 있다. 그러나 방심하다가 자신의 순서를 놓칠 수 있기 때문에 기다리는 동안에도 주의를 기울여야 한다. 이러한 불편을 줄이기 위해 커피전문점이나 푸드코트(food court) 등에서는 고객들에게 진동호출기를 제공한다.

② 예약시스템 이용

병원진료 예약과 같이 예약시스템을 이용하면 대기시간을 줄일 수 있을 뿐 아니라 고객이 몰리는 시간대를 분산시킬 수 있다. 그러나 예약시스템을 활용할 경우 예약을 하고도 (사전 취소 통보 없이) 나타나지 않는 '예약 불이행(no-show)'이 문제가 된다. 이 때문에 비행기나 호텔 객실 등의 경우 과거의 예약 불이행률을 감안하여 '초과예약(overbooking)'을 받는다. 그러나 예측이 틀릴 경우 예약 고객 중 일부가 오래 기다려야 하거나 아니면 (비행기 좌석처럼) 서비스 자체를 제공받지 못하는 경우가 발생한다.

디즈니랜드와 같은 테마파크의 경우 대다수의 사람들로부터 인기를 끄는 몇몇 놀이시설이 있다. 이러한 인기 시설의 경우 대기라인이 매우 길기 때문에 이를 기다리다가는 다른 시설을 즐길 시간이 없다. 이러한 불편을 해소하기 위해 디즈니랜드는 1999년 '패스트패스(Fastpass)'라는 예약시스템을 도입하였다. 놀이시설 앞에 있는 예약용 기계에 입장권을 넣으면 별도의 대기라인을 통해 신속히 입장할 수 있는 시간대가 찍혀서 나온다. 이를 이용하면 기다리는 동안 다른 놀이시설을 이용할 수 있기 때문에 고객의 시간 활용도를 높일 수 있을 뿐 아니라 놀이공원 전체의 전반적 가동률도 높아진다.

예약과 예매를 연계하여 서비스조직이 해야 할 일을 고객에게 떠넘김으로써 고객의 대기시간을 줄이고 서비스효율을 높이는 보다 적극적인 방법도 있다. PC용 홈티켓이나 스마트폰용 모바일 승차권이 아주 좋은 예이다. PC나 스마트폰으로 고객이 예약, 좌석지정 및 결재까지 모두 수행하기 때문에 승차권 판매 창구 직원의 업무가 대폭 경감된다. 이것은 '공동생산'이라는 서비스의 특성을 활용하여 고객참여를 최대한으로 증가시킨 것이다.

③ 대기고객 차별화

'대기 운영규칙(queue discipline)'을 활용하면 고객 서비스를 차별화할 수 있다. 이러한 차별적 서비스는 선착순 서비스를 원칙으로 하되 다음과 같은 사항들을 반영한다.

- 고객의 중요성 : 단골고객이나 중요고객에게 서비스 우선권을 주기 위해 별도의 대기실이나 대기라인을 제공한다.
- 서비스의 긴급성 : 병원 응급실과 같이 긴급 서비스가 필요한 고객에게 먼저 서비스를 제공한다.
- 프리미엄 가격 : 비행기 일등석과 같이 별도의 요금을 추가적으로 지불하면 우선권을 준다. 이 경우 다중 대기라인의 일부를 프리미엄 전용라인으로 사용할 수 있다. 그러나 다른 고객들의 상대적 박탈감을 감안해 별도의 장소에 전용 대기실이나 대기라인을 만드는 경우도 있다.

(2) 대기의 심리학

대기시간을 물리적으로 단축하기 어려운 경우에는 기다리는 시간이 덜 지루하도록 만듦으로써 체감 대기시간을 줄일 필요가 있다. 이를 위해서는 '대기의 심리학(psychology of waiting lines)'을 이해할 필요가 있다. 대기의 심리학은 다음과 같은 8가지 원칙으로 구성되어 있다.

원칙1: 비어 있는 시간은 무언가를 하는 시간보다 더 길게 느껴진다.
할 일 없이 기다리면 대기시간이 더 길게 느껴진다. 대기하는 동안 고객에게 무언가 할 일을 제공하면 기다리는 시간이 덜 지루하다. 대기하는 동안 읽을거리나 볼거리를 제공하는 것도 그 때문이다. 오랫동안 대기해야 하는 자동차 정비센터에 웹 브라우징을 할 수 있도록 PC룸을 두거나 실내 골프연습장을 설치할 수도 있다. 디즈니에서 대기라인을 '사전 쇼(pre-show)'라고 하는 이유는 기다리는 동안 분장을 한 직원들이 볼거리를 제공하기 때문이다. 스릴 있는 놀이기구를 타기 위해 대기하는 동안 놀이기구를 탄 사람들의 긴장된 극적 표정을 모니터로 보여주는 것도 좋다. 승강기 내부에 거울을 설치하는 것도 체감 대기시간을 줄여준다.

원칙2: 프로세스 시작 전의 대기가 프로세스 내의 대기보다 더 길게 느껴진다.

대기라인에서 기다리는 동안 앞 사람의 서비스시간이 길어지면 엄청 지루하지만 본인의 서비스시간은 그렇지 않다. 이처럼 서비스에 들어가기 전의 대기시간이 더 길게 느껴지기 때문에 이미 서비스가 시작되었다는 느낌을 주도록 하는 것이 좋다. 기다리는 동안 곧 받게 될 서비스와 연관된 활동들을 제공하면 원칙1을 충족시키는 것이기도 하지만 이미 서비스가 시작되었다는 느낌도 준다. 이를테면 음식점에서 메뉴판을 먼저 주고 밑반찬을 미리 제공하는 것이 여기에 해당한다. 테마파크의 실내 놀이기구를 보면 실외에서도 대기하지만 실내에 들어가서도 대기한다. 그러나 실내로 들어서는 순간 서비스 프로세스가 시작된 것 같은 느낌을 받기 때문에 실외에서만 기다리는 것보다 덜 지루하게 느껴진다. 또한 건강검진 시 의사와 상담하기 위해 기다리는 동안 문진표를 미리 작성하게 하는 것은 원칙1과 관련이 있지만 이 원칙과도 같은 관련이 있다.

원칙3: 염려가 있으면 대기시간이 더 길게 느껴진다.

걱정이나 염려는 체감 대기시간을 길게 만든다. 예를 들어 장거리 항공이동시 중간에서 환승하는 경우를 생각해 보자. 날씨나 공항사정으로 인해 출발지에서 비행기의 이륙이 지연된다면 환승할 수 있는 시간적 여유가 있을지 걱정스러울 것이다. 이 경우 초조하게 이륙을 기다리는 시간은 정말 지루하겠지만, 만약 항공사끼리 연락해서 환승에 문제가 없도록 조처하였다는 정보가 있다면 같은 시간을 기다려도 덜 지루할 것이다.

원칙4: 불확실한 기다림이 더 길게 느껴진다.

얼마나 기다려야 할지 모른 채 기다리면 더 지루하다. 고객센터에 전화를 걸면 통화량이 많을 때 얼마 후 담당자와 연결되는지 미리 알려주는 것도 이 때문이다. 가전제품 A/S를 요청할 경우 수리기사가 당일 오겠다는 것보다 내일 언제쯤 오겠다는 것을 일반적으로 더 선호한다. 왜냐하면 시간이 더 걸리더라도 불확실성이 적은 것을 선호하기 때문이다. 지하철 승강장에 있는 안내 전광판도 다음 열차가 언제쯤 도착할 것인지 알려주기 때문에 체감 대기시간을 줄여준다. 마찬가지로 비행기 기내에서 제공하는 운항정보도 체감 대기시간을 줄여준다. 동일한 시간을 운전하더라도 늘 다니던 길보다 초행길이 더 시간이 많이 걸린 것으로 느껴지는 것도 같은 이치이다. 놀이공원의 대기라인 중간중간에 남은 대기시간을 표시해주는 것도 마찬가지다.

원칙5: 대기하는 이유를 모르면 더 길게 느껴진다.

비행기 탑승 후 이륙 대기시간이 길어진다고 가정해 보자. 이 경우 이유를 모르면 기다리는 시간이 더 지루하다. 그러나 활주로 혼잡으로 인해 관제탑의 이륙허가가 늦어지고 있다는 짧은 안내방송이라도 들으면 기다리는 시간이 덜 지루해진다. 대기하는 이유를 모르면 염려가 되고 얼마나 더 기다려야 할지 모르므로 이 원칙은 원칙3과 원칙4와도 관련이 있다.

원칙6: 불공정한 대기가 더 길게 느껴진다.

식당에서 음식이 나오기를 기다리고 있는데 나중에 온 고객에게 먼저 식사가 제공되면 짜증이 나지만 기다리는 시간도 더 길게 느껴진다. 이런 점에서 선착순 서비스원칙은 매우 중요하다. 그러나 앞서 설명한 바와 같이 고객을 차별화하는 합당한 이유가 있고 그것을 고객들이 알고 있다면 선착순이 공정성의 전부라고 생각하지는 않는다.

원칙7: 서비스의 가치가 클수록 더 오래 기다릴 용의가 있다.

신형 스마트폰이나 게임기가 발매되면 이를 구매하기 위해 밤새워서 기다리는 사람도 있다. 이들은 그것이 자신에게 그럴만한 가치가 있다고 생각하기 때문에 기꺼이 밤새워가며 기다린 것이다. 마찬가지로 고급식당에서 평소에 먹지 못하던 진귀한 요리를 먹기 위해 기다린다면 늘 먹던 대중음식점보다 더 오래 기다릴 수 있을 것이다. 또한 마트에서 카트 가득 물건을 담았다면 라면 몇 개를 살 때보다 계산대 앞에서 더 오랜 시간 기다려도 큰 불만이 없을 것이다.

원칙8: 혼자서 기다리면 더 길게 느껴진다.

사람들은 혼자 기다릴 때보다 여럿이 함께 기다리면 덜 지루하게 느껴진다. 이것은 함께 기다리는 다른 구성원들이 제공하는 주의분산 때문이기도 하고, 기다리는 동안 다른 사람들과 떠들며 이야기할 수 있기 때문이기도 하다.

📚 참고문헌

- 박영택(2005), 「품질기법 핸드북」, 한국품질재단
- 박영택(2014), "서비스시스템의 설계와 운영: 서비스도 과학이다", 품질경영, 4월호.
- Chase, R.B. and Stewart, D.M.(1994), "Make your service fail-safe", Sloan Management Review, Spring, pp.35-44.
- Czepiel, J.A., Solomon, M. R. and Suprenant, C.F.(1985), The Service Encounter: Managing Employee/Customer Interaction in Service Business, Lexington Books.
- Fitzsimmons, J.A. and Fitzsimmons, M.J.(2007), Service Management: Operations, Strategy, Information Technology, Sixth Edition, McGraw-Hill.
- Haksever, C. et. al.(2000), Service Management and Operations, Second Edition, Prentice Hall.
- Lovelock, C.H. and Wright, L.(2002), Principles of Service Marketing and Management, Second Edition, Prentice Hall.
- Maister, D.H.(2005), "The Psychology of waiting lines", www.davidmaister.com
- Shostack, G.L.(1984), "Designing services that deliver", Harvard Business Review, January-February, pp.133-139.
- Shostack, G.L.(1987), "Services positioning through structural change", Journal of Marketing, Vol.51, January, pp.34-43.
- Zeithaml, V.A. and Bitner, M.J.(1998), Service Marketing, McGraw-Hill. (전인수 역(1998), 「서비스마케팅」, 석정)

26장
고객만족
경영

"우리에게 월급을 주는 사람은 고용주가 아니다. 그들은 단지 돈을 다룰 뿐이다. 우리에게 월급을 주는 사람은 고객이다." 고객만족과 관련하여 자주 회자되는 이 표현은 자동차 왕 헨리 포드의 말이다. 그가 세기의 사업가로 기념비적 업적을 남긴 것도 성공의 원천이 고객이라는 것을 누구보다 잘 알았기 때문이다.

Quality is King!

26.1 고객만족경영의 이론적 기반

(1) 고객충성도 효과

고객만족이 왜 중요한지는 쉽게 설명이 된다. 만족한 고객은 단골고객으로 남을 뿐 아니라 좋은 평판을 퍼뜨려 새로운 고객도 창출한다. 이에 반해 불만족한 고객은 이탈할 뿐 아니라 불만 경험을 퍼뜨려 잠재고객까지 쫓아낸다.

〈그림 26.1〉은 이러한 설명을 도식화한 것이다. 만족한 고객은 재구매 확률이 높아질 뿐 아니라 거래 지속기간 또한 늘어난다. 이러한 '충성고객(loyal customer)'은 기업에 많은 기여를 한다.

충성고객이 기업의 이익에 미치는 총체적 효과를 '충성도효과(loyalty effect)'라고 하는데, 이 효과는 우리가 일반적으로 생각하는 것보다 훨씬 더 크다. 거래기간이 늘어나면 반복구매에 따른 매출증가뿐 아니라, 판촉비의 감소나 간접비 배분금액의 감소 등을 통한 운영비 절감, 호의적 입소문에 의한 신규고객 증대, 상향판매를 통한 프리미엄 가격 부과 등과 같은 다양한 수익창출의 기회가 있기 때문이다.

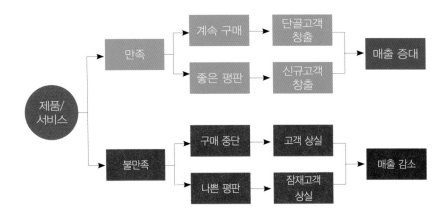

〈그림 26.1〉 고객만족이 매출에 미치는 영향

(2) 만족도와 충성도의 관계

고객만족도의 해석에 한 가지 유의할 점은 "만족만으로는 만족할 수 없다"는 것이다. 1980년대 중반 제록스의 회장이었던 데이비드 컨즈(David Kearns)는 '품질을 통한 리더십(LTQ, Leadership Through Quality)'이라는 전사적 품질혁신의 일환으로 강력한 고객만족경영을 추진하였다. 1990년까지 응답자의 90%가 '만족' 또는 '매우 만족'이라고 대답할 수 있도록 하고, 1993년 말까지 이 비율을 100%로 올린다는 것을 목표로 정했다. 그런데 '만족'이라고 답한 고객들과 '매우 만족'이라고 답한 고객들의 재구매 의사를 조사해 보고 그 결과에 깜짝 놀랐다. '매우 만족'한다고 답한 사람들의 재구매 의사가 그냥 '만족'이라고 답한 사람들보다 무려 6배나 높았기 때문이다.

하버드경영대학원의 헤스켓(J.L. Heskett) 교수 등은 경쟁 환경에 따라 만족도와 충성도의 관계가 어떻게 변하는지 연구하고 그 결과를 〈그림 26.2〉와 같이 정리하였다.

과거 휴대폰이 나오기 전에 정부에서 운영하던 전화국만 있던 시절이 있었다. 이때에는 고객들이 만족여부와 상관없이 전화서비스를 계속 구매할 수밖에

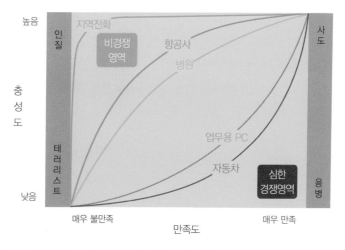

〈그림 26.2〉 경쟁환경에 따른 충성도와 만족도의 관계(Jones and Earl Sassar, Jr., 1995)

없었다. 왜냐하면 달리 다른 대안이 없었기 때문이다.

항공사는 경쟁산업에 속해 있지만 상용고객 우대프로그램인 마일리지 제도를 이용하여 고객이탈을 어느 정도 방지하고 있으며, 병원은 과거의 진료 이력 때문에 다른 병원으로 쉽게 이동하기 어렵다. 그러나 자동차산업과 같이 완전 경쟁시장에서는 '만족'과 '매우 만족'의 충성도 차이가 크기 때문에 '만족'만으로는 만족할 수 없으며 '매우 만족'을 추구해야 한다는 것이다.

헤스켓 교수 등은 경쟁환경에 따라 다음과 같은 4가지 극단적인 유형의 고객이 존재한다고 하였다.

- 사도 : 성경에 나오는 열두 명의 사도처럼 진실로 충성된 고객을 말한다. 이들은 만족도와 충성도 모두 매우 높은 고객으로서 다른 잠재고객들에게 적극적으로 이용을 권한다.
- 용병 : 일시적으로 만족도가 높기는 하지만 (돈으로 고용한 용병처럼) 가격조건이 더 좋은 다른 대안이 나오면 언제라도 옮겨갈 사람들이다.
- 인질 : 불만스럽지만 다른 대안이 없기 때문에 남아 있는 사람들이다.
- 테러리스트 : 자신의 불만을 떠벌리고 다니며 어떻게든 다른 사람들의 이용을 막으려고 애쓰는 사람들이다.

이들 4가지 그룹 중 사도는 이익의 주원천이 되는 정말로 소중한 그룹이며 준사도(즉, 단순히 만족한다고 답한 사람들)를 사도로 만들기 위한 투자가 필요하다. 또한 테러리스트를 잠잠하게 만들기 위한 투자도 적극 고려해야 한다.

(3) 종업원 제일주의

서비스기업이 수익을 내고 성장할 수 있는 구조를 밝힌 '서비스-수익 체인'에서 따로 설명하겠지만 직원만족이 고객만족보다 선행되어야 한다. 이러한 종업원 제일주의는 세계적인 서비스 우수기업들의 공통적 특징이다. 이것은 페덱

〈그림 26.3〉 페덱스의 P–S–P 기업이념

스의 'P–S–P(people–service–profit)' 기업이념에도 잘 나타나 있다. 페덱스의 종업원 제일주의는 '공정대우 보장 프로그램(GFTP)'과 '서베이–피드백–액션(SFA) 시스템'에 의해 철저히 뒷받침되고 있다.

① 공정대우 보장 프로그램(GFTP)

'GFTP(Guaranteed Fair Treatment Program)'는 페덱스만의 아주 독특한 제도이다. GFTP는 회사 내 어떤 직원이든지 부당한 대우를 받았다고 느끼는 사람은 필요한 경우 최고경영자에게까지 상급자의 잘못을 시정해 줄 것을 요청할 수 있는 제도다. 3단계로 되어 있는 이 제도의 탁월한 특징은 동료들이 심의에 참여한다는 것이다.

GFTP는 다음과 같이 운영된다. 불만이 있는 직원은 일차적으로 자신의 바로 위 상사에게 이를 접수시킨다. 그러면 이 관리자는 이른바 '관리자 심의회'라는 것을 열어 경영관리직 가운데 하위 직급의 두 단계에 위치한 사람들로 하여금 불만을 가진 직원과 문제의 전모를 조사하고 해결방안을 강구한다. 만약 이 단계의 결정에 해당 직원이 만족하지 못한다면 다음 단계에 불만 처리를 호소할 수 있는데 여기서는 그 직원이 소속된 사업부의 최고책임자가 심의에 참여한다.

이 사업부의 최고책임자는 상정된 사안에 대해 나름대로 청취하고 조사한 후 가부간 결정을 내리든지 아니면 '동료심의 이사회'에 회부한다. '동료'라는 이름이 붙은 것은 사건의 심의를 맡을 5명의 위원들 중 3명을 불만을 제기한 당사자가 지명할 수 있기 때문이다.

② 서베이−피드백−액션(SFA) 시스템

페덱스의 종업원 제일주의를 강력하게 뒷받침하고 있는 또 하나의 기둥은 'SFA시스템'이다. 이 시스템은 다음과 같은 3단계로 이루어져 있다.

- 모든 종업원들이 29개의 조사문항에 대해 익명으로 응답한다.
- 문제점을 찾아서 대책을 마련할 수 있도록 관리자들에게 조사결과를 피드백한다.
- 각 업무그룹의 관리자들은 종업원들과 함께 대책을 수립하고 실행계획을 마련한 후 이를 문서화한다.

매년 봄 실시되는 이 조사의 처음 10개 항목은 자신이 속한 업무부서의 환경에 대하여 질문하고 있다. 그 다음의 질문들은 직속 부서장의 책임 한계를 넘어서는 고위경영진에 관한 사항들이다. 그리고 나머지 질문들은 전반적인 회사환경에 대한 것이다. 또한 마지막 질문은 지난해에 지적된 문제들에 대해 페덱스가 얼마나 잘 처리하였는지를 묻는다.

이 조사의 결과는 부서별로 도표화되고, 각 부서장은 전체 점수뿐 아니라 29개의 질문 하나하나에 대하여 점수를 피드백 받는다. 처음 10개의 질문에 대한 점수의 합을 '리더십 지표(leadership index)'라고 하는데, 이 지표에 대한 목표는 매년 설정된다.

〈표 26.1〉 SFA 프로그램의 설문항목

1. 내가 생각하는 것을 상사에게 자유롭게 말할 수 있다.

2. 상사가 나에게 무엇을 기대하는지 말해 준다.

3. 우리 업무그룹의 분위기는 우호적이다

4. 내 상사는 일을 더 잘할 수 있도록 도와준다.

5. 내 상사는 나의 관심사를 기꺼이 경청하려 한다.

6. 내 상사는 업무에 대한 나의 생각을 묻는다.

7. 내 상사는 내가 일을 잘 처리했을 때 이야기해 준다.

8. 내 상사는 나를 인간적으로 존중해 준다.

9. 내 상사는 내가 알아야 할 필요가 있는 정보를 항상 제공해 준다.

10. 내 상사는 내가 방해받지 않고 일할 수 있도록 해준다.

11. 내 상사의 상사는 우리에게 필요한 지원을 해준다.

12. 고위 경영진은 우리에게 회사가 성취하고자 하는 바를 알려준다.

13. 고위 경영진은 우리의 아이디어와 제안에 주의를 기울인다.

14. 나는 경영진의 공정성을 믿는다.

15. 내가 일을 잘하는 한 직장에서 계속 근무할 수 있다는 것을 확신한다.

16. 페덱스에서 일하는 것이 자랑스럽다.

17. 페덱스에서 일하면 아마도 내가 원하는 장래가 실현될 수 있을 것이다.

18. 페덱스는 고객에게 잘 봉사하고 있다고 생각한다.

19. 모든 것을 고려해 볼 때 페덱스에 근무하는 것이 나로서는 만족스럽다.

20. 내가 하는 일에 비추어 볼 때 나는 정당한 보수를 받고 있다.

21. 후생복리 프로그램은 내가 필요로 하는 것들을 만족시킨다.

22. 맡은 일을 완수하기 위해 업무그룹 내의 대다수 사람들은 서로 협력한다.

23. 페덱스 내의 업무그룹 간에 협력이 잘 이루어지고 있다.

24. 나는 안전작업이 일반적인 업무관행으로 정착된 환경 하에서 일하고 있다.

25. 내가 얼마나 일을 잘 해낼 수 있는가에 규정이나 절차가 방해되지 않는다.

26. 업무수행에 필요한 물품과 다른 자원들을 지원받을 수 있다.

27. 내 업무를 잘 할 수 있도록 충분한 자유가 주어진다.

28. 우리 고객에 대한 서비스를 개선하기 위한 활동에 우리 그룹이 참여하고 있다.

29. 지난해의 SFA 피드백 단계에서 우리 그룹이 지적한 사항들이 만족스럽게 처리되었다.

(4) 서비스-수익 체인

① 서비스-수익 체인의 연결구조

'서비스-수익 체인(service-profit chain)'은 훌륭한 서비스가 어떻게 기업의 이익과 성장에 기여하는지 논리적으로 설명하는 모델이다. 이 모델을 간단히 설명하면 다음과 같다.

- 기업의 수익과 성장을 좌우하는 주된 요소는 고객충성도이며, 고객충성도는 고객만족의 직접적 산물이다.
- 고객만족은 주로 그들이 제공받는 서비스의 가치에 영향을 받는다.
- 서비스의 가치는 서비스를 제공하는 직원들의 충성도가 높을수록 커지는데 직원들의 충성도는 직원만족의 산물이다.

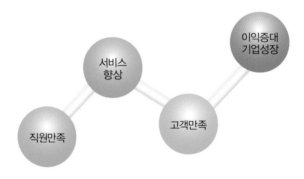

〈그림 26.4〉 서비스-수익 체인의 기본개념

② 고객가치 방정식

고객이 지각하는 서비스의 가치를 높이기 위해서는 고객가치의 구조를 알아야 한다. 고객이 체감하는 가치의 크기는 다음과 같은 방정식에 의해 결정된다.

$$\text{가치} = \frac{\text{결과물 + 프로세스품질}}{\text{가격 + 고객접근비용}}$$

의료서비스를 대상으로 고객가치 방정식의 4가지 요소에 대해 살펴보자.

- 결과물(results) : 의료서비스의 결과물이란 정확한 진단이나 치료효과를 말한다. 사실 고객이 구매하는 것은 제품이나 서비스 자체가 아니라 그것의 이용이 가져다주는 결과물이다.
- 프로세스 품질(process quality) : 서비스는 제품과 달리 현장에서 생산과 동시에 소비되며 이 과정에서 고객과의 상호작용이 일어난다. 따라서 서비스가 제공되는 프로세스의 품질 또한 매우 중요하다. 몇몇 연구조사에 의하면 의료소송의 절반 이상이 의료의 결과물(치료성과나 부작용 등)과는 관련이 없었다고 한다. 병원 내의 대기시간이나 접점직원의 친절도 등은 프로세스 품질의 일부이다. 그러나 프로세스품질에 너무 집착한 나머지 결과물의 품질을 망각하거나 소홀히 해서는 안 된다. 좋은 서비스가 '환한 미소'나 '친절한 응대'라고 생각하는 것은 서비스에 대한 시야가 극히 좁기 때문이다.
- 가격 및 접근비용(access costs) : 보통 가격 대비 효용을 가치라고 생각하나 고객이 지불하는 가격뿐 아니라 서비스를 이용하기 위해 얼마나 많은 노력이 요구되는지를 함께 고려해야 한다. 예를 들어 서비스시설의 입지, 서비스시간, 방문서비스, 원격서비스 등은 모두 접근비용과 관계된다. 접근비용을 낮추기 위한 가격인상이 정당화되는 경우도 적지 않다.

③ 고객 평생가치(3R)

서비스-수익 체인에서는 고객이 지갑을 여는 순간의 이익이 아니라 그 고객이 기업에게 주는 '평생가치(lifetime value)'에 주목하라고 한다. 충성고객이 기업에 주는 평생가치는 다음 3가지 관점에서 설명될 수 있다.

- 고객 유지(retention) : 반복구매에 따른 매출증가
- 반복 비즈니스(repeat business) : 상향판매, 교차판매 등의 연관판매(related sales)를 통한 매출 기반 확대

• 추천(referrals) : 호의적 구전을 통한 신규고객의 확보

이상의 3가지 요소의 영문 첫 글자를 따서 보통 '3R'이라고 부른다.

④ 만족거울

"서비스를 제공하는 직원이 직무에 만족하면 고객 서비스가 좋아지고, 그에 따라 고객도 만족한다"는 믿음을 '만족거울(satisfaction mirror)'이라고 한다. 즉, 다시 말해 서비스직원의 직무만족이 고객만족에 반사(투영)된다는 것이다.

〈그림 26.5〉에 나타낸 것처럼 직원이 고객요구의 충족방법에 친숙해지면 고객의 반복 구매가 증가하고, 서비스 실수를 만회할 수 있는 기회가 많아지면 서비스 실수에 대한 고객의 불만 토로가 증가하는 경향을 보이며, 직원의 높은 생산성은 고객의 비용을 절감시키며, 서비스품질의 개선은 더 좋은 고객성과로 나타난다는 것이다.

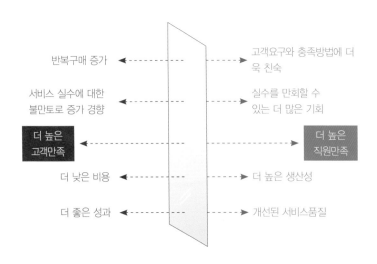

〈그림 26.5〉 만족거울(Heskett, et. al, 1997)

26.2 고객만족경영의 기본요소

(1) 권한위임

고객만족경영의 출발은 고객중심으로 생각하는 것이다. 헨리 포드는 '만약 성공의 비결이 하나라도 있다면 그것은 상대방의 관점에서 사물을 바라볼 수 있는 능력'이라고 한 바 있다. 바로 역지사지(易地思之)의 능력이다. 테마파크라는 새로운 산업을 개척한 월트 디즈니는 디즈니랜드가 개장하기 전 공사 현장을 여러 번 방문했는데, 종종 쭈그려 앉아서 건물을 올려다보았다고 한다. 아이들의 시선에서 어떻게 보이는지 머릿속에 그려보기 위해서였다.

기업의 일반적인 조직구조를 보면 꼭대기에 최고경영자(CEO)가 있고, 그 밑에 고위 간부인 임원, 그 아래에 중간관리자, 제일 밑에 일선 직원들이 배치되어 있다. 〈그림 26.6〉에 나타낸 이러한 조직은 꼭대기의 정점에서부터 아래로 내려갈수록 수적으로 많아지기 때문에 삼각형의 피라미드 모양을 하고 있다.

그러나 이러한 조직이 고객을 최고로 모시겠다는 말은 할 수 있지만 조직 구조도를 보면 고객을 발로 밟고 있는 모양새다. 고객을 진정한 왕으로 모시려

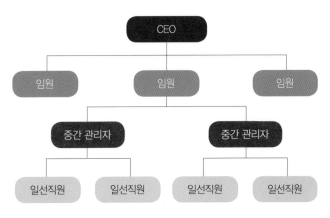

〈그림 26.6〉 피라미드 조직구조

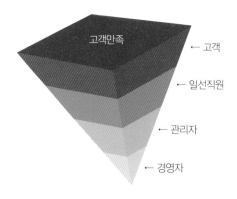

<그림 26.7> 역피라미드 조직구조

면 고객을 바닥에 둘 것이 아니라 맨 위로 모셔야 한다. 그렇게 하려면 〈그림 26.7〉과 같이 피라미드 조직구조의 위아래를 뒤집으면 된다.

고객을 최고로 모시려면 고객과 직접 대면하는 일선 직원들이 제대로 일을 할 수 있도록 중간 관리자들이 뒷받침해 줘야 한다. 또한 중간관리자들이 이러한 역할을 잘 할 수 있도록 경영진이 후견인 역할을 해야 한다. 이것이 역피라미드 조직의 기본적 발상이다. 조직 구조도만 거꾸로 그린다고 무엇이 달라질 수 있을까? 역피라미드 조직구조의 취지를 살리려면 일선 직원들에게 고객만족 활동에 필요한 권한을 위임하여 합리적인 범위 내에서 재량권을 주어야 한다. 특히 고객 불만을 현장에서 해결할 수 있는 재량권이 중요하다.

〈그림 26.8〉에 나타난 바와 같이 불만족한 고객이라도 불만이 신속히 해결되면 90%는 되돌아온다. 그러나 접수된 고객 불만을 상부에 보고하여 처리 지침을 받은 후 조처에 나서면 신속한 해결이 불가능하다. 신속한 불만 처리를 위해서는 현장에서 바로 해결할 수 있도록 일선 직원들에게 재량권을 주어야 한다. 일례로 리츠칼튼호텔에서는 고객 불만을 즉석에서 해결할 수 있도록 직급에 상관없이 모든 직원들에게 2천 달러 한도 내에서 상부의 결재 없이 예산을 집행할 수 있도록 재량권을 부여하고 있다. 이를테면 객실 서비스에 실수가 있었다면 객실 담당자는 자신의 판단에 따라 고객에게 포도주나 과일 바구니를 선물할 수도 있고 무료 식사권을 제공할 수도 있는 것이다.

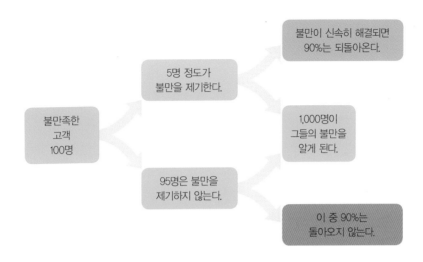

〈그림 26.8〉 불만족한 고객에 주목해야 하는 이유

(2) 선행형 고객만족시스템

고객 불만이 신속히 해결되면 대부분이 되돌아오지만 문제는 불만족한 고객 중 95%는 그 불만을 말해주지 않는다는 것이다. 불만이 있는 고객 중 50% 정도는 아무에게도 불만을 말하지 않으며, 45% 정도는 현장에서 일선 직원들에게 불만을 표출하지만 별도로 이의를 제기하지 않는다. 따라서 공식적으로 접수되는 불만은 전체의 5% 정도에 지나지 않는다.

고객 불만이 드러나지 않는 주된 이유는 다음과 같다.

- 불만을 제기하는 것이 번잡할 뿐 아니라 말다툼하기 싫다.

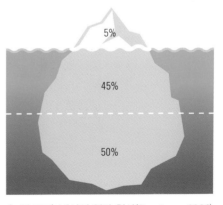

〈그림 26.9〉 빙산의 일각 현상(Goodman, 2006)

- 불만을 제기해 봐야 아무런 소용이 없다.
- 불만을 전달할 수 있는 마땅한 방법이 없다.

　　신속한 불만해결을 위해 아무리 노력한다고 하더라도 이를 말해주지 않는 95%의 고객은 여전히 관리의 사각(死角)지대에 머무르게 된다. 따라서 신속한 불만해결보다 더욱 중요한 것은 고객이 불만을 말해주지 않더라도 잠재된 불만을 찾아내어 미리 해결하는 '선행형' 시스템의 구축이다.

　　고객만족을 위한 접근방법은 크게 둘로 나눌 수 있다. 하나는 고객이 불만을 제기하면 해결하겠다는 '대응형(reactive)' 접근이고 다른 하나는 고객이 불만을 토로하기 전에 미리 해결하려는 '선행형(proactive)' 접근이다.

　　고객상담실이나 민원실의 운영, 고객이 불만을 쉽게 토로할 수 있는 직통전화의 개설 등은 본질적으로 먼저 불만을 알려주면 해결해 주겠다는 대응형 방법인데 반해 고객만족경영 전문가가 고객을 가장하여 서비스를 경험하면서 불만을 야기할 수 있는 잠재적 문제를 미리 찾아내는 암행구매(mystery

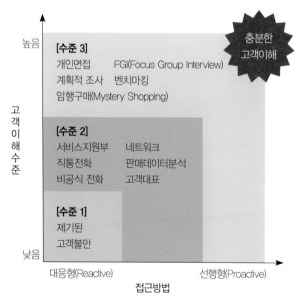

〈그림 26.10〉 고객의 요구를 이해하기 위한 방법(Tenner and DeToro, 1992)

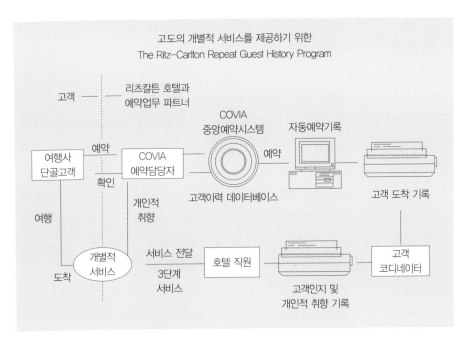

고도의 개별적 서비스를 제공하기 위한
The Ritz-Carlton Repeat Guest History Program

〈그림 26.11〉 리츠칼튼의 고객인지 프로그램

shopping)나 공식적인 설문조사를 통해 알아내기 어려운 고객의 숨은 욕구를 찾아내기 위해 소집단을 대상으로 자연스러운 분위기에서 심층면접을 진행하는 포커스그룹 인터뷰(FGI, focus group interview)는 대표적인 선행형 방법이다.

선행형 고객만족시스템의 예로서 가장 널리 알려진 것은 리츠칼튼호텔의 '고객인지 프로그램(customer recognition program)'인데 이것은 하버드 경영대학원의 교육과정에도 포함되어 있다. 이 시스템이 어떻게 움직이는지 살펴보자.

리츠칼튼의 모든 체인점에는 한두 명의 고객인지 코디네이터(guest recognition coordinator)가 근무하고 있는데, 이들의 주요업무는 자기 호텔에 머무르는 고객의 개인적 취향에 대해 조사하고 고객별로 차별화된 서비스의 제공을 위해 이를 활용하는 일이다. 예약고객의 명단이 입수되면 코디네이터는 고객과 리츠칼튼 체인 호텔 사이에서 일어났던 일을 저장해 놓은 고객이력 데이터베이스에 접속한다. 이 데이터베이스는 1992년부터 구축되었기 때문에 지금은 수백만 명에 달하는 고객의 이력과 개인적 취향에 관한 정보가 들어있다. 이 프로그램의 도입 이후 리츠칼튼의 고객유지율이 25%나 증가하였는데, 이것이 수익성에 상당한 공헌을 하였다는 것은 두말할 필요가 없다.

고객인지 코디네이터가 일하는 방식을 보자. 매일 아침 호텔 내의 간부회의에 참석하여 지배인, 객실 관리자, 식·음료부 관리자 및 기타 관계자들에게 당일에 투숙할 고객에 대해 자기가 입수한 모든 정보를 제공한다. 예를 들어 투숙할 고객이 과거에 체인 내의 어떤 호텔에 투숙하였을 때 아침 일찍 특정 신문을 넣어달라고 부탁한 적이 있다면, 별도의 요청이 없더라도 이 손님이 머무르는 객실에는 그 신문이 새벽에 배달된다. 마찬가지로 캔디나 초콜릿을 좋아하는 고객이라면 이들을 작은 상자에 담아 미리 객실에 갖다 놓는다.

직원들이 근무 중에 관찰한 사실도 고객정보를 보충하는데 이용된다. 모든 직원들은 항상 '고객취향수첩(guest preference pad)'이라는 작은 메모장을 갖고 다니는데, 고객 서비스 향상에 도움이 될 가능성이 있다고 생각되는 사실을 발견하는 즉시 여기에다가 기록한다. 예를 들어 청소부가 객실 정리를 하다가 테니스 라켓과 신발 및 테니스 잡지가 방 안에 있는 것을 보았다면 "○○○호실에 투숙한 △△△씨가 테니스를 좋아하는 것 같다"라고 기록한 뒤, 이를 고객 코디네이터에게 전해 준다. 이를 전달받은 코디네이터는 해당 직원에게 테니스장 개방시간과 고객에게 도움이 되는 기타 서비스 정보를 제공해 주라고 주의를 환기시킨 다음 이 정보를 데이터베이스에 입력한다. 체인 호텔들이 이러한 고객정보를 공유하고 있기 때문에, 고객이 어느 곳에 있는 리츠칼튼 호텔에 다시 투숙하게 되더라도 동일한 서비스를 제공받을 수 있다.

호텔 내의 특정한 일이나 서비스에 대해 불만을 제기한 고객에 대해서는 특별히 신경쓰고 있다. 예를 들어 어떤 고객이 무엇인가에 대해 불평하거나 화를 낼 경우, 이 고객을 상대한 직원은 사건의 경위와 고객의 불만원인 및 이를 해결하기 위해 자신이 무엇을 어떻게 조처했는지 상세히 기록한다. 이 정보를 활용하면 같은 고객에게 동일한 실수가 재발되는 것을 방지할 수 있다. 예를 들어 애틀랜타에 있는 호텔에서 불만을 토로하였던 고객이 캔자스에 있는 체인 호텔

에 숙박 예약을 했다면, 캔자스의 코디네이터는 고객이력 데이터베이스를 통해
이 사실을 알 수 있다. 또한 그는 상황을 보다 상세히 알기 위해 애틀랜타에 전
화를 걸어 사실을 확인하고, 자기 호텔의 직원들에게 이 고객에 대해 보다 각별
한 주의를 기울여 줄 것을 미리 당부한다.

(3) MOT 관리

고객만족경영에서 'MOT(moment of truth)'는 통상 '진실의 순간'이라고 번
역되나 의미상 이것은 옳지 않다. 이 용어는 원래 투우에서 나온 것으로 '투우
사가 투우의 숨통을 끊기 위해 성난 소의 등에 칼을 깊숙이 내리꽂으려는 순간'
을 말한다. 이 순간에 실수를 하면 투우사의 생명이 위험하므로 '작은 실수도
용납되지 않는 매우 중요한 순간'이라는 의미를 내포하고 있다. 따라서 '진실의
순간'보다는 '결정적 순간'이라고 번역하는 것이 좋다.

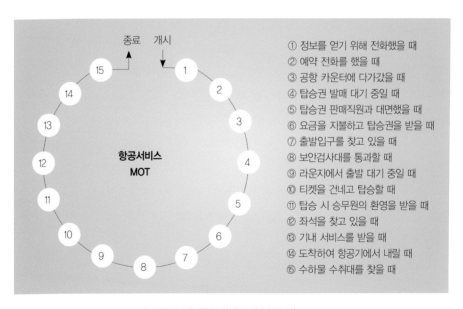

〈그림 26.12〉 항공서비스의 MOT 예

MOT라는 용어를 경영분야에 널리 전파한 사람은 스칸디나비아항공(SAS)의 CEO였던 얀 칼슨(Jan Carlzon)이다. 그는 MOT를 '고객에게 어떤 인상을 심어줄 수 있는 고객과 조직의 접점이나 상호작용'이라고 보았다. 따라서 MOT는 대면 접촉만을 의미하지 않는다. 서비스 직원의 단아한 복장이나 깨끗한 서비스 시설 등도 MOT가 될 수 있다. 항공서비스를 예로 들면 〈그림 26.12〉와 같은 MOT가 있을 수 있다. 고객이 서비스 조직의 어느 일면과 접하는 순간순간 좋은 인상을 계속 받으면 단골고객으로 남게 된다는 것이 얀 칼슨의 생각이었다.

MOT가 중요한 이유 중 하나는 이른바 '곱셈의 법칙'이 적용되기 때문이다. 즉, 여러 개의 MOT 중 어느 하나만 나빠도 고객이 실망한다는 것이다. 따라서 고객들에게 매 순간 좋은 이미지를 주려면 MOT를 정의하고 관리해야 한다. 모든 MOT들의 중요도가 동일한 것은 아니므로 중요한 MOT를 정의하고 이 순간에 실수하지 않도록 서비스표준을 정하여 실천하자는 것이 MOT 관리의 핵심이다.

재일교포인 유봉식 회장이 일본 교토에 설립한 MK택시의 운전기사들의 서비스표준은 다음과 같다.

- "고맙습니다"라는 승차 인사
- "저는 MK택시의 OOO입니다"라는 자기 소개
- "어디까지 가십니까? XXX까지 가시는군요"라는 행선지 확인
- "감사합니다. 잊은 물건은 없습니까?"라는 하차 인사

이와 같이 중요한 MOT에 대해 서비스표준을 개발하고 직원 모두가 이를 실천하면 대량 서비스의 품질수준을 일관되게 유지할 수 있다.

26.3 고객만족도 측정

고객 '순추천지수(NPS, net promoter score)'는 고객만족도를 측정하는 가장 간편한 방법이다. 이 방법은 베인앤컴퍼니(Bain & Company)의 라이켈트 (F.F. Reichheld)가 1993년 「하버드 비즈니스 리뷰」에 발표한 후 널리 알려지게 되었다. 그의 연구에 의하면 고객충성도를 대변하는 가장 좋은 지표는 주변 사람들에게 '추천할 의향'이라는 것이다. 충성도가 매우 높은 고객이 아니고서는 자신의 평판을 걸고 다른 사람들에게 쉽게 추천하기는 어렵다.

NPS를 설명하기 위해 이 책을 예로 들어보자. 독자들에게 "이 책을 친구나 동료들에게 추천하시겠습니까?"라고 물은 후 〈그림 26.13〉에 나타낸 것과 같은 11점 척도에 자신의 생각을 표시해 달라고 요청한다. 이러한 질문에 대한 응답 자들의 대답을 모은 후 응답고객을 다음과 같은 세 그룹으로 나눈다.

- 추천 고객(promoters) : 9점이나 10점을 준 고객으로서, 강력한 추천의향을 가진 사람들이다. 시쳇말로 '강추'해 주는 고객을 말한다.

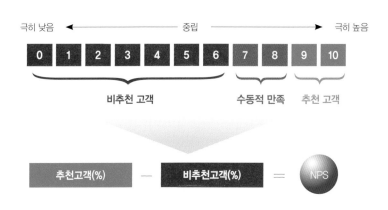

〈그림 26.13〉 NPS의 산출방법

- 소극적 고객(passives) : 7점이나 8점을 준 고객으로서, 강력히 추천할 의향은 없는 사람들을 말한다.
- 비추천 고객(detractors) : 0점에서 6점 사이의 점수를 준 고객으로서, 추천의향이 별로 없는 사람들이다. 시쳇말로 '비추'하는 고객을 말한다.

NPS는 전체 고객 중 추천 고객과 비추천 고객의 비율 차이를 말한다. 추천보다 비추천이 많으면 NPS는 마이너스 값이 될 수 있다.

NPS의 사용과 관련하여 추천의향이 다른 지표보다 특별히 나을 것이 없다는 의견도 있으며, 11점 척도로 조사한 결과를 세 그룹으로 단순화시키기 때문에 정보 손실이 발생한다는 비판이 있기는 하지만 매우 실용적이고 간편한 방법이기 때문에 이를 사용하는 기업이 많다.

참고문헌

- 박영택(2005), 「이노베이션 스토리: 혁신에 성공한 기업들이 펼치는 감동의 경영 파노라마」, 네모북스.
- 박영택(2005), 「품질기법 핸드북」, 한국품질재단
- AMA Management Briefing(1997), Blueprints for Service Quality: The Federal Express Approach, 3rd Edition, American Management Association.
- Barsky, J. D.(1995), World-Class Customer Satisfaction, Irwin. (김경자 외 2인 역(1998), 「세계 최고의 고객만족」, 시그마프레스.)
- Bounds, G., Yorks, L., Adams, M. and Ranney, G.(1994), Beyond Total Quality Management: Toward The Emerging Paradigm, McGraw-Hill.
- Carlzon, J.(1987), Moments of Truth, HarperCollins Publishers. (김영한 역(1992), 「고객을 순간에 만족시켜라」, 성림.)
- Fryer, B.(2001), "High tech the old-fashioned way," Harvard Business Review, March, pp 118-125.
- Goodman, J.(2006), "Manage complaints to enhance loyalty", Quality Progress, February, pp.28-34.
- Heskett, J.L., Earl Sassar, Jr., W. and Schlesinger, L.A.(1997), The Service Profit Chain, The Free Press. (서비스경영연구회 역(2000), 「서비스 수익모델」, 삼성경제연구소)
- Heskett, J.L., Jones, T.O., Loveman, G.W., Earl Sassar, Jr., W. and Schlesinger, L.A.(2008), "Putting the service-profit chain to work", Harvard Business Review, July-August, pp.118-129.
- Jones, T.O. and Earl Sassar, Jr., W.(1995), "Why satisfied customers defect", Harvard Business Review, November-December, pp88 -91.
- Reichheld, F.F.(2003), "The one number you need to grow", Harvard Business Review, December, pp.46-54.
- Reichheld, F.F.(2006), The Ultimate Question: Driving Good Profits and True Growth, Harvard Business School Press.
- Reichheld, F.F. and Earl Sassar, Jr., W.(1990), "Zero defection: Quality comes to services", Harvard Business Review, September-October, pp.105-111.
- Reichheld, F.F. and Teal, T.(1996), The Loyalty Effect: The Hidden Force Behind Growth, Profits, and Lasting Value, Bain & Company, Inc. (조은정, 김형중(1997), 「로열티 경영」, 세종서적)
- Sanders, B.(1995), Fabled Service, Jossey-Bass. (전원재 역(1997), 고객 서비스의 신화, 미래미디어.)
- Spector, R. and McCarthy, P. D.(1995), The Nordstrom Way, John Wiley & Sons. (이수영 역(1997), 「노드스트롬의 서비스 신화」, 세종서적.)
- Tenner, A.R. and DeToro, I.J.(1992), Total Quality Management, Addison-Wesley Publishing Company Inc. (신동설 역(1994), 「종합적 품질경영」, 석정)
- Wetherbe, J. C.(1996), The World on Time: The 11 Management Principles That Made FedEx an Overnight Sensation, Knowledge Exchange.

품질혁신과
경영품질

27장
식스시그마
품질혁신

하니웰의 데이비드 코트 회장은 "비록 식스시그마
에서 많은 기술적 도구들이 사용되고 있지만 그것
은 기술적 프로그램이라기보다는 리더십과 변화
관리 프로그램으로 볼 수 있다"라고 말한다. GE의
잭 웰치 전임 회장도 "식스시그마는 GE의 유전자
를 바꾸었다"라고 밝힌 바 있다. 이것은 식스시그
마의 전략적 의미를 잘 함축하고 있다.

Quality is King!

27.1 식스시그마의 기초

(1) 식스시그마의 통계적 의미

식스시그마의 통계적 의미는 산포를 줄이는 것이다. 산포관리의 중요성을 이해하기 위해 사람의 수명을 생각해 보자. 평균수명이 상대적으로 긴 경제적 선진국을 기준으로 하더라도 사람들의 평균수명은 대략 80세 초반 정도이다. 그렇다면 사람의 설계수명은 얼마나 될까? 인간신뢰도(human reliability)란 학문 분야에서는 설계수명을 대략 150세 정도로 추정하고, 의학에서는 120세 정도로 보고 있다. 다시 말해 우리 몸을 이상적으로 잘 관리할 수만 있다면 120세에서 150세 정도까지 살 수 있다는 이야기이다. 그런데 실제 생존수명은 왜 설계수명에 턱없이 못 미치는 것일까?

그것은 중요한 인체 기관들의 수명이 제각각이기 때문이다. 인체의 주요 기관들은 신뢰도 구조상 직렬구조로 연결되어 있기 때문에 뇌, 심장, 간 등과 같은 주요 기관(부품) 중 어느 하나가 기능을 멈추면 시스템 자체가 작동하지 못해 사망하게 된다. 이처럼 인간 수명은 인체를 구성하는 주요 부품 중 가장 먼저 고장나는 것에 의해 결정된다. 인체의 주요 기관들이 모두 다 잘 작동하다가 비슷한 시간대에 수명이 다하여 함께 와르르 고장이 난다면 가장 이상적일 것이다. 따라서 건강관리를 잘 한다는 것은 결국 부품수명의 산포(散布)를 줄이는 것이다.

다른 예를 가지고 산포관리의 중요성을 설명해 보자. 〈그림 27.1〉은 두 사람의 출근시간 분포를 나타낸 것이다. 회사에서 상대적으로 가까운 곳에 사는 '유망주'는 버스로 출근하고, 더 멀리 사는 '진면목'은 지하철로 출근한다. 버스가 평균적으로 시간은 적게 걸리지만 도로의 교통 혼잡상태에 많은 영향을 받으므로 지하철을 이용하는 것에 비해 산포가 크다. 9시부터 근무하기 위하여 두 사람이 똑같이 1시간 전에 집을 나선다면 어떤 결과가 나타날까? 출근에 소요되는 시간이 평균적으로 더 큰 진면목보다 산포가 큰 유망주가 지각할 가능성

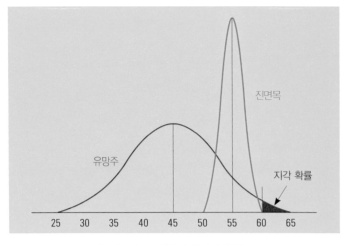

<그림 27.1> 두 사람의 출근시간 분포

이 오히려 더 높다. 이처럼 특성치의 산포가 크면 결함(이 예에서는 지각)이 발생할 확률이 커진다.

산포관리의 중요성을 사람의 수명과 출근시간에 비유해서 설명했으나 제품·서비스·공정의 품질이 좋다는 것은 많은 경우 품질특성의 산포가 적다는 것과 같은 동일한 의미를 갖는다. 예를 들어 전기의 품질이 좋다는 것은 규정된 전압과 주파수가 일정하게 유지되는 것이다. 따라서 전압과 주파수의 산포가 적을수록 전기의 품질이 좋은 것이다.

(2) 시그마와 시그마수준

산포란 데이터가 흩어진 정도를 의미한다. 즉, 품질특성치들이 서로 비슷한 값들을 가지면 산포가 작은 것이고, 들쑥날쑥하면 산포가 큰 것이다. 앞의 설명에서와 같이 품질수준을 높이려면 무엇보다 산포를 줄여야 한다. 통계학에서는 산포의 크기를 측정하는 단위로서 표준편차라는 척도를 사용한다. 편차란 중심치(통상적으로 평균값)와의 차이를 말한다. 일반적으로 표준편차를 나타내는 기호로서 그리스 문자 시그마(σ)를 사용한다. 간단히 말해 시그마란 산포의 크기를 나타내는 수치이며, 시그마 값이 크다는 것은 산포가 크다는 뜻이므로 시그마 값은 작을수록 좋다.

식스시그마에서는 품질수준을 '시그마'가 아니라 '시그마수준'으로 나타낸다. 산포가 클수록 시그마 값이 커지므로 시그마 값은 작을수록 좋다. 또한 시그마 값이 작을수록 품질수준이 높으므로 시그마수준은 클수록 좋다. 따라서 식스시그마는 '6시그마수준'을 줄여서 부르는 말이라고 볼 수 있다.

시그마수준의 의미를 설명하기 위해 다음과 같은 예를 생각해 보자. 음료수를 병에 주입하는 3개의 공정 A, B, C에서 한 병에 들어가는 양의 분포 형태를 조사해 보았더니 〈그림 27.2〉와 같이 공정 A의 산포가 가장 작고 공정 C의 산포가 가장 크게 나타났다. 한 병에 200ml를 담는 것이 목표지만 주입량의 산포 때문에 ±12ml의 편차를 허용한다. 그러면 주입량의 목표치는 200ml, 규격하한(LSL)은 188ml, 규격상한(USL)은 212ml가 된다.

'시그마수준(sigma level)'은 '규격중심(목표치)에서 규격한계까지의 거리가 표준편차(즉, 시그마 값)의 몇 배'인지를 나타낸다. 〈그림 27.2〉에서는 규격중심 200에서 규격한계(상한 212 또는 하한 188)까지의 거리가 12이므로, 표준편차

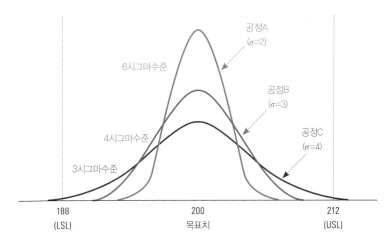

〈그림 27.2〉 시그마와 시그마수준

가 2인 공정 A의 시그마수준은 6(=12/2)이 된다. 마찬가지로 공정 B와 C의 시그마수준은 각각 4(=12/3)와 3(=12/4)이 된다. 이처럼 시그마 값이 작아지면 시그마수준은 높아지고 규격한계를 벗어난 불량품이 나올 확률은 줄어든다.

시그마수준별로 불량률이 어느 정도 되는지 앞서 설명한 음료수 주입공정을 가지고 설명해 보자. 만약 한 병에 주입되는 양의 분포가 〈그림 27.3〉과 같다면 이 공정의 시그마수준은 얼마일까? 규격중심에서 규격한계까지의 거리가 표준편차(시그마)의 3배이므로 3시그마수준이 된다. 이 경우 주입량이 규격하한과 상한을 벗어날 확률은 각각 1,350PPM이다. 따라서 규격한계를 벗어나는 용량 불량의 발생확률은 2,700PPM이 된다. 다시 말해 음료수 용량이 허용 범위를 벗어나는 경우는 100만 병당 2,700병 정도가 된다.

그런데 〈그림 27.4〉에 나타낸 바와 같이 공정중심(공정평균값)이 목표치인 규격중심과 일치하지 않으면 어떻게 될까? 공정중심을 목표치인 규격중심과 일치하도록 기계의 상태를 조정해 두었다 하더라도 오랜 시간이 지나면 이 상태를 유지하기 어렵다. 예를 들어 음료수의 끈적끈적한 점성 때문에 음료수가 주입관에 달라붙으면서 관을 통과하는 음료수의 양이 줄어든다든지 아니면 주입 밸브가 헐거워지면서 주입량이 늘어난다든지 하는 일이 발생할 수 있다.

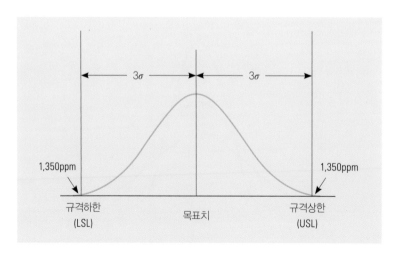

〈그림 27.3〉 공정중심이 목표치와 일치하는 경우

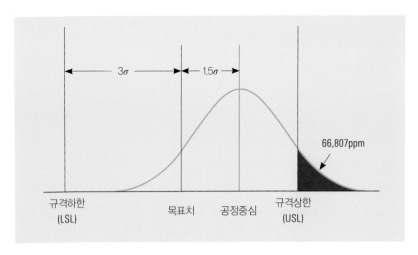

〈그림 27.4〉 공정중심이 목표치에서 1.5시그마 이탈한 경우

식스시그마를 처음으로 고안한 모토롤라는 대략 공정중심이 목표치에서 표준편차(시그마)의 1.5배 정도 이동하는 것을 경험하였다고 한다. 이 때문에 식스시그마에서는 통상적으로 공정중심이 목표치에서 1.5시그마 벗어난다고 가정하고 불량률을 계산한다. 〈그림 27.3〉에서는 규격을 벗어날 확률이 2,700PPM이었으나 〈그림 27.4〉에서와 같이 공정중심이 목표치에서 1.5시그마 이탈한다면 불량률은 66,807PPM으로 대폭 증가한다.

27.2 식스시그마의 측정척도

(1) PPM과 DPMO

① PPM

식스시그마에서는 불량율을 표현할 때 보통 'PPM(parts per million)'이라는 단위를 사용한다. PPM은 수질오염도나 대기오염도 등과 같이 화학이나 환경 분야에서 자주 사용되는 단위로서 백만분율을 나타낸다. 불량품이 평균적으로 제품 100개당 하나의 비율로 발생하면 백분율로는 1%가 된다. 이것을 백만분율로 나타내면 100만 개당 만 개에 해당하므로 10,000PPM이 된다.

② DPMO

'DPMO(defects per million opportunities)'라는 이름에 'O(opportunity, 기회)'가 들어가는 이유를 설명하기 위해 다음과 같은 경우를 생각해 보자. 제품 불량률이 100PPM인 자전거 공장과 1,000PPM인 자동차 공장 중 어느 쪽의 품질관리 능력이 더 우수할까? 자동차 공장의 불량률이 자전거 공장의 불량률보다 10배가 높다고 자전거 공장의 품질관리 수준이 훨씬 더 높다고 말할 수 있을까? 물론 그렇지 않다. 자동차 제조공정은 자전거 공정보다 훨씬 더 많은 부품이 필요하고 공정도 복잡하다.

이처럼 공정의 난이도나 복잡성을 무시한 채 완성품 불량률만 가지고 품질관리 수준을 판단할 수 없다. 이러한 문제를 보완하기 위해 나온 품질측정 단위가 DPMO이다. DPMO는 '결함이 발생할 가능성이 있는 백만 번의 기회당 실제로 결함이 발생하는 횟수'를 나타낸다. 이를 설명하기 위해 〈그림 27.5〉에 나타낸 바와 같이 철판에 5개의 구멍을 뚫는 간단한 가공공정을 가정해 보자. 구멍을 너무 넓게 또는 너무 좁게 뚫어 구멍의 크기가 정해진 규격을 충족시키지 못하면 결함이 된다. 결함이 하나라도 있는 제품은 불량품이 된다.

이 예에서는 제품 4개 중 불량품이 2개이므로 제품 불량률은 50% 또는 50만PPM이 된다. 그러나 불량발생의 기회를 기준으로 보면 다른 결과가 나온다.

제품 하나에는 5개의 불량발생 기회가 있으므로 제품 4개를 생산하는 데에는 모두 20(=4×5)번의 불량발생 기회가 존재한다. 〈그림 27.5〉를 보면 첫 번째 제품에 결함이 2개, 네 번째 제품에 결함이 1개 발견되었다. 따라서 20번의 불량발생 기회당 3번의 결함이 발생하였으므로 결함발생 기회 한 번당 결함률은 0.15(=3/20)가 된다. 이것은 100만 번의 기회당 15만 번의 결함이 발생하는 것과 같은 비율이므로 15만DPMO에 해당한다.

결함

〈그림 27.5〉 불량품과 결함

〈표 27.1〉은 공정중심이 목표치에서 1.5시그마 이동한다는 가정 하에 시그마수준별 결함률을 DPMO 단위로 정리한 것이다.

〈표 27.1〉의 오른쪽 맨 아래 나와 있는 값처럼 6시그마수준에서는 불량률이 3.4 PPM이므로 100만 개의 제품 중 불량품이 3개 내지 4개 정도밖에 나오지 않는다고 많은 사람들이 이야기하는데, 이것은 잘못된 것이다. 휴대폰 공장이나 자동차 공장에서 제품 100만 개당 불량품이 3.4개라 한다면 제품 30만 개당 불량품이 하나밖에 나오지 않는다는 이야기이다. 이것이 현실적으로 가능한 이야기일까?

〈표 27.1〉 시그마수준별 결함률

시그마수준	결함률	시그마수준	결함률	시그마수준	결함률
0.0	933,193	2.0	308,537	4.0	6,210
0.2	903,199	2.2	242,071	4.2	3,467
0.4	864,334	2.4	184,108	4.4	1,866
0.6	815,940	2.6	135,687	4.6	968
0.8	758,036	2.8	96,809	4.8	483
1.0	691,462	3.0	66,807	5.0	233
1.2	621,378	3.2	44,566	5.2	108
1.4	541,693	3.4	28,717	5.4	48
1.6	461,139	3.6	17,865	5.6	21
1.8	382,572	3.8	10,724	5.8	8.6
2.0	308,537	4.0	6,210	6.0	3.4

보통 식스시그마수준은 불량률 3.4PPM이라고 이야기하지만 정확하게 표현하면 3.4PPM이 아니라 3.4DPMO이다. 따라서 식스시그마수준에 도달했다고 하더라도 자동차 제조공정과 같이 부품이 많이 들어가고 여러 단계를 거치면 불량 발생의 기회도 많아지기 때문에 최종 제품의 불량률은 훨씬 더 늘어나게 된다. 그렇다고 해서 식스시그마 품질수준의 달성이 결코 만만한 것은 아니다.

(2) 시그마수준의 계산

시그마수준을 계산하기 위해서는 고객이 중요하게 생각하는 핵심품질특성(CTQ)과 관련된 데이터의 분포형태와 표준편차 값을 추정해야 하지만 그것이 현실적으로 어려운 경우가 많다. 이러한 경우에는 〈표 27.1〉을 이용하여 DPMO 값으로부터 시그마수준을 구한다. 예를 들어 공중화장실의 관리를 위해 바닥 청소상태, 변기 청소상태, 변기 급수상태, 화장지 비치여부 등과 같은

〈표 27.2〉 시그마수준의 계산을 위한 예

일시 점검사항	08:00	08:30	09:00	09:30	10:00	10:30	11:00	11:30	12:00	12:30	13:00	13:30	14:00	14:30	15:00	15:30	16:00	16:30	17:00	17:30
1. 바닥 청소상태																				
2. 변기 청소상태									V											
3. 변기 급수상태																				
4. 세면기 청소상태						V														
5. 세면기 급수 여부																				
6. 거울 청소상태																				
7. 전등 점등상태																				
8. 환기 상태																				
9. 화장지 비치 여부																				
10. 전기 드라이어 작동상태																				

10개의 항목에 대해 매일 20번씩 점검한다고 가정해 보자. 일일 점검 결과 〈표 27.2〉에서와 같이 변기의 청소상태가 불량한 경우가 1번, 세면기의 청소상태가 불량한 경우가 1번 있었다면 화장실의 관리 상태는 몇 시그마수준이 될까?

10개의 점검항목에 대해 매일 20번 점검하므로 하루에 200(=10×20)번의 결함발생 기회가 존재한다. 200번의 결함발생 기회 중 2번의 결함(변기 청소 불량, 세면기 청소 불량)이 발견되었으므로 결함률은 1%(=2/200)가 된다. 이를 백만분률 단위로 나타내면 10,000DPMO가 되는데, 〈표 27.2〉를 보면 이것은 대략 3.8시그마수준에 해당한다.

27.3 식스시그마 추진 인력

식스시그마에서는 개선의 전문가를 양성하고 이들을 활용하기 위한 자격제도를 운용하고 있다. 이 제도는 무술에서 수련생들을 훈련시키고 그들의 실력을 공인해 주는 것에서 아이디어를 얻은 것이다. 태권도에서 수련생이나 선수들의 공인받은 실력을 허리띠(belt)의 색깔로 구분하듯이 식스시그마에서도 다음과 같은 벨트제도를 활용하고 있다.

① 블랙벨트(BB, Black Belt)

실무적으로 개별 프로젝트를 책임지고 이끌어 가는 개선의 유단자(즉, 혁신활동의 전문가)를 지칭한다. 원칙적으로 이들은 일상적 업무에서 벗어나 전업(full-time)으로 식스시그마 프로젝트의 수행만 담당한다.

② 그린벨트(GB, Green Belt)

자신의 본래 업무를 수행하면서 식스시그마 프로젝트 팀의 일원이 되어 블랙벨트의 활동을 돕거나 자기 업무와 직접 관련이 있는 소규모의 프로젝트를 책

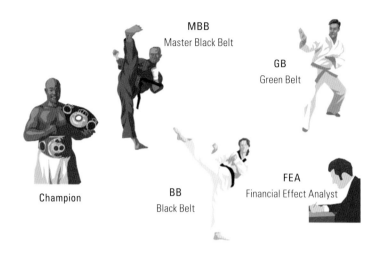

MBB
Master Black Belt

GB
Green Belt

Champion

BB
Black Belt

FEA
Financial Effect Analyst

〈그림 27.6〉 식스시그마 추진인력의 구성

임지고 수행한다.

③ 마스터 블랙벨트(MBB, Master Black Belt)

프로젝트가 진행되는 전 영역에 걸쳐 챔피언과 블랙벨트 및 개선 팀원들에게 지도·조언·자문하는 역할을 담당하는 사람들로서 통계적인 전문지식뿐 아니라 사람을 다루는 역량까지 갖추어야 한다.

④ 챔피언(Champion)

식스시그마 활동을 총괄하는 경영진으로서 전략적으로 중요한 프로젝트를 발굴하고, 이를 책임지고 추진할 블랙벨트를 선정하고, 프로젝트의 추진이 잘 진행될 수 있도록 장애요인을 제거하고 필요한 자원을 지원해 주는 든든한 후원자 역할을 한다.

⑤ FEA(Financial Effect Analyst)

식스시그마 추진 팀이나 이들을 지도한 마스터 블랙벨트(MBB), 또는 이들을 후원한 챔피언은 CEO에게 프로젝트의 성과를 실제 이상으로 부풀려서 보고할 가능성이 있다. 이를 방지하기 위해서는 프로젝트의 추진에 직·간접적으로 관계되지 않은 제3자가 객관적으로 성과를 검증할 필요가 있다. 이러한 역할을 전문적으로 수행하는 사람을 말한다.

한 가지 유념할 것은 통상 고위간부가 맡는 챔피언을 제외하고 난 마스터 블랙벨트(MBB), 블랙벨트(BB), 그린벨트(GB)와 같은 벨트의 자격은 직위와는 상관없이 그들이 맡는 역할에 의해 결정된다는 점이다. 다시 말해, 블랙벨트(BB)가 그린벨트(GB)보다 상위 직급인 것은 아니며, 마스터 블랙벨트(MBB)가 블랙벨트(BB)의 상사인 것도 아니다.

〈표 27.3〉 식스시그마 추진요원의 구성

구 분	주요 인력	역 할	교 육
챔피언	경영간부	식스시그마 추진에 필요한 자원을 할당하고 블랙벨트의 개선프로젝트 수행을 뒷받침한다. 또한 성과에 따른 보상을 실시한다.	1주일간의 챔피언 교육
마스터 블랙벨트 (MBB)	교육 및 지도 전문요원 (식스시그마 전임)	블랙벨트나 그린벨트 등의 품질요원의 양성교육을 담당하고, 블랙벨트의 활동을 지도·지원한다.	블랙벨트로서 2년 정도 활동한 사람 중 희망자, 1개월 정도 추가교육
블랙벨트 (BB)	개선프로젝트 추진책임자 (식스시그마 전임)	식스시그마 개선 프로젝트의 실무 책임자로서 활동 한다.	4주간의 교육을 포함하여 총 4개월간의 교육 및 실습
그린벨트 (GB)	현업담당자 (모든 임직원 가능)	블랙벨트의 개선 프로젝트에 파트타임으로 참여하거나, 상대적으로 작은 규모의 프로젝트를 책임지고 수행한다.	블랙벨트와 동일한 교육을 받는 것이 좋으나, 통상 1~2개월의 교육 및 실습

27.4 DMIC 추진 로드맵

무협지에서와 같이 무술을 비방(秘方)으로 숨기지 않고, 무술도장과 같은 공개된 장소에서 수련생을 지도하고 유단자를 양성하려면 교본에 따라 정석을 가르쳐야 한다. 이와 마찬가지로 식스시그마에서도 BB나 GB의 양성교육을 실시할 때 사용하는 표준적인 문제해결 방법론이 있다. 이 표준적인 문제해결 절차를 보통 '식스시그마 로드맵'이라고 한다.

로드맵(roadmap)이란 단어를 직역하면 도로 지도이다. 지도를 보고 찾아가면 시행착오를 적게 거치고도 목적지에 도착할 수 있듯이 식스시그마 프로젝트도 표준적인 문제해결 절차에 따라 추진하는 것이 효과적이다. 이 절차가 정의(define), 측정(measure), 분석(analyze), 개선(improve), 관리(control)의 다섯 단계로 구성되어 있기 때문에 이들의 영문 머리글자를 따서 'DMAIC(드마익) 로드맵'이라고 한다. 〈표 27.4〉는 DMAIC 로드맵의 각 단계를 요약한 것이다.

DMIC의 각 단계를 조금 더 자세히 살펴보자.

〈표 27.4〉 식스시그마 프로젝트의 수행단계

단 계	내 용
정의(Define)	핵심품질특성(CTQ)을 파악하고 개선 프로젝트를 선정한다.
측정(Measure)	측정방법을 확인하고, 현재의 CTQ 충족정도를 측정한다.
분석(Analyze)	CTQ와 그에 영향을 미치는 요인의 인과관계를 파악한다.
개선(Improve)	CTQ의 충족정도를 높이기 위한 방법과 조건을 찾는다.
관리(Control)	개선된 상태가 유지될 수 있도록 관리한다.

(1) 정의(Define)

DMAIC의 첫 번째 단계는 문제가 무엇인지 정의하는 단계이다. 문제점이란 개선의 기회가 된다는 의미에서 "개선의 기회를 정의"하는 단계로서, 개선 프로젝트의 주제와 그것의 목표 및 범위를 구체적으로 결정하는 부분이다. 이 단계는 식스시그마의 첫 단추를 끼우는 일이므로 매우 중요하다. 일반적으로 좋은 프로젝트가 되기 위한 두 가지 조건을 'M&M(meaningful and manageable)'이라고 하는데 그 의미는 다음과 같다.

- Meaningful(유의미)

성과를 내부 또는 외부 고객이 피부로 느낄 수 있어야 '의미 있는(meaning)' 프로젝트라는 뜻이다. 그러기 위해서는 프로젝트의 목표가 고객의 핵심적 요구사항(CTQ)을 개선하는 것이어야 한다.

- Manageable(관리가능)

제한된 자원으로 주어진 기간 내에 성공적으로 완료할 수 있을 정도로 프로젝트의 규모와 범위가 적절해야 한다는 뜻이다. 프로젝트의 범위와 규모가 너무 작으면 개선의 성과를 고객이 피부로 느낄 수 없는 반면 범위와 규모가 너무 크면 한 웨이브 내에 해결할 수 없다. 따라서 이러한 경우에는 몇 개의 작은 프로젝트로 나누어 여러 팀이 분담하든지 아니면 시간적 여유를 갖고 순차적으로 추진해야 한다.

정의단계의 최종 산출물은 프로젝트의 추진 배경과 목표, 추진팀 구성 및 일정 등을 구체적으로 정리한 '프로젝트 실행계획서(project team charter)'이다. 이 실행계획서의 초안은 챔피언이 작성하되 최종적으로는 프로젝트를 실제로 수행하게 될 팀과 의논하여 필요한 부분을 수정한 후 쌍방의 합의 하에 확정한다.

챔피언과 프로젝트 추진 팀의 합의 하에 프로젝트의 실행계획을 문서로 남

추진배경(Business Case)	목표기술
이 프로젝트가 왜 중요한 것인지 기술 - 유의미(meaningful)하다는 것이 잘 나타나도록 기술해야 한다.	'SMART' 조건을 충족시킬 수 있도록 명확하게 기술
문제/기회 기술	**팀 구성**
해결해야 할 문제 또는 개선의 기회를 구체적으로 기술 - 유의미(meaningful)하다는 것이 잘 나타나도록 기술해야 한다.	팀 리더 팀 구성원
프로젝트 범위	**일정계획**
프로젝트의 범위 및 제약조건 - 관리가능(manageable)하다는 것이 잘 나타나도록 기술해야 한다.	단계(Phase)　　완료예정일(Due Date) 정의(Define) 측정(Measure) 분석(Analyze) 개선(Improve) 관리(Control)

긴다는 것은 프로젝트의 수행이 과외로 하는 부가적 업무가 아니라 챔피언과 프로젝트 추진 팀이 수행해야 할 공동의 임무라는 것을 공식화하는 것이다. 물론 프로젝트가 진행됨에 따라 프로젝트와 관련된 많은 지식들이 쌓이면 현실이 더 잘 반영될 수 있도록 실행계획서의 내용을 수정할 수 있다.

　의욕적으로 시작한 식스시그마 프로젝트가 흐지부지 용두사미(龍頭蛇尾)로 끝나는 것을 방지하려면 프로젝트의 추진 목표가 분명해야 한다. 이를 위해서는 목표기술시 'S·M·A·R·T'라고 불리는 5가지 원칙을 잘 지켜야 한다.

- Specific : 구체적인 목표
- Measurable : 측정가능한 목표
- Aggressive & Achievable : 도전적이면서도 현실적으로 성취 가능한 목표

- **Relevant** : 프로젝트의 본래 수행 목적에 부합하는 목표
- **Time-bound** : 언제까지 어떤 수준에 도달한다는 시간적 조건이 명시된 목표

프로젝트 실행계획서가 작성되고 나면 현재의 수준이나 실태를 파악하기 위한 측정단계로 들어간다.

(2) 측정(Measure)

식스시그마의 가장 큰 특징 중 하나는 사실(즉, 데이터)에 근거하여 모든 것을 판단한다는 것이다. 식스시그마에서 측정하고 분석하는 데이터는 크게 두 가지 유형으로 나눌 수 있는데, 그 중 하나는 CTQ의 충족정도를 나타내는 '성과변수'이고 다른 하나는 이에 영향을 미치는 요인을 나타내는 '원인변수'이다. 오랜 시련 끝에 수제비 가게로 성공한 한 창업가의 다음과 같은 이야기를 생각해 보자(구희령, 2013).

그런데 수제비 맛이 매일 달라요. 황당하더라고요. 왜 이러지, 왜 이러지⋯. 계량까지 해가면서 매번 똑같이 해도 맛은 들쭉날쭉하고⋯. 장사가 안 됐죠, 당연히 안됐죠. 한 3년은 먹고 살기 힘들 정도였어요.

계속 고민하고 인터넷 검색도 해보고, 책도 읽어보고, 맛집도 가보고, 시장 재료상들도 찾아다니고. 나중에야 멸치 탓이었다는 걸 알게 됐어요. 1주일에 한 번씩 농협 마트에 가서 멸치를 쓸 만큼만 사왔거든요. 그러다 보니 멸치 상태가 매번 달랐던 거죠. 그게 가장 큰 문제였던 거죠. 그리고 요리란 게 종합예술이고, 맛은 조립식이 아니더라고요. 재료 하나가 빠지면 딱 그만큼의 맛만 줄어드는 게 아니라 확 바뀌어 버려요.

사실 가게 처음 열 때부터 매일 일지를 썼어요. 오늘은 무슨 재료를 얼마만큼 넣어봤는데 이런 맛이 났다고. 무 한 조각만 더 들어가도 국물 맛이 다르더라고요. 멸치 육수 끓이는 것도 1분 단위로 쓴 맛이 결정되고요. 일지는 요즘도 써요. 지금까지

한 7권쯤 돼요. 보고 싶다고요? 집에 모셔놨어요. 하하.

지금은 '나만의 레시피'가 있죠. 육수도 수천 번 해보고, 겉절이도 수천 번 해봤어요. 다 일지에 기록했고요. 계속 고쳐가면서 3년쯤 걸렸나 보네요. 레시피가 어느 정도 완성됐을 때와 손님이 몰리기 시작한 시기가 비슷해요.

10월에 잡히는 오사리멸치(햇멸치)만 써요. 멸치만 30년 경매한 분께 배웠지요. 1년치를 섭씨 영하 30도 이하로 보관해 놓은 걸 매번 공수해서 써요. 국물 한 번에 2300g을 보자기에 넣어 세 번 우려요. 첫 번째는 물 양을 반만 넣고 찬물부터 끓기까지 17분, 끓고 나서 8분 우리고, 다시 나머지 물을 붓고 끓이는 식인데 항상 타이머를 켜놓아요.

여기서 '수제비의 맛'은 성과변수 Y이며, 이에 영향을 미치는 원인변수 X로는 재료의 종류, 재료의 양, 끓이는 시간, 끓이는 방법 등이 있을 것이다. 따라서 Y와 X의 관계는 다음과 같은 함수로 표현할 수 있다.

$$Y = f(X_1, X_2, \cdots\cdots, X_n)$$

측정단계에서는 현재 고객의 핵심적 요구사항(CTQ)을 얼마나 만족시키고 있는지 알아보기 위해 성과변수 Y의 측정에 초점을 둔다.

연구방법론에서 성과변수 Y 및 독립변수 X에 대한 정의는 '개념적 정의(conceptual definitions)'와 '운영적 정의(operational definitions)'로 구분한다. 예를 들어 "비행기의 정시도착률이 고객만족에 미치는 영향"이란 주제를 생각해 보자. 여기서 '정시도착률'이나 '고객만족'이라는 것은 개념적 정의이다. 실제로 이 주제에 대해 연구하려면 어떤 형태로든 데이터가 필요하다. 데이터를 얻기 위해 개념적 정의를 측정할 수 있도록 구체화한 것을 운영적 정의라고 한다.

이에 대해 조금 더 설명해 보자. 비행기의 정시도착률이라고 하면 머릿속에서는 분명할 것 같지만 실제로는 그렇지 않다. 비행기의 정시도착률을 조사해보라고 몇 사람에게 과제를 주었다고 가정해 보자. 정시도착 여부를 따지기 위해서는(또한 도착예정 시간에서 얼마나 벗어나는지 따지기 위해서는) 비행기의 도착시간을 측정해야 한다. 그런데 도착시간의 기준이 무엇일까? 비행기 바퀴가 공항 활주로 땅에 닿는 착륙 순간? 아니면, 비행기가 착륙 후 첫 번째 승객이 비행기에서 내리는 순간? 그것도 아니면, 첫 번째 승객이 입국장 문에 들어서는 순간? 이처럼 데이터의 측정방법을 명확히 하지 않으면 혼란이 생긴다.

누가 어디서 측정하더라도 동일한 방법으로 측정할 수 있도록 측정방법을 사전에 명확히 정의하지 않으면 안 된다. 측정방법을 이렇게 구체화하는 것을 '운영적 정의'라고 한다. 식스시그마는 데이터를 기반으로 하기 때문에 운영적 정의가 매우 중요하다.

(3) 분석(Analyze)

분석단계에서는 CTQ의 충족정도(Y)에 영향을 주는 잠재적 원인변수들을 찾고, 그 중에서 영향도가 큰 핵심인자 'Vital Few X'를 선별한다. 성과변수 Y에 영향을 주는 잠재적 요인(X)들이 매우 많기 때문에 이들을 제대로 파악한다는 것이 생각처럼 간단치는 않다. 그러나 이러한 잠재원인들을 제대로 파악하지 않은 채 성급하게 해결책을 찾으려한다면 문제의 근본원인을 빠뜨릴 가능성이 높다. 생선초밥의 경우를 생각해 보자.

생선초밥을 맛있게 만드는 방법을 찾는다고 하면 '생선초밥의 맛'이 성과변수 Y가 되고, 맛에 영향을 주는 요인들이 원인변수 X가 된다. 맛(Y)에 영향을 주는 잠재적인 요인(X)들을 찾아보자.

생선초밥이라는 이름에 '생선'과 '초'와 '밥'이라는 3가지 재료가 있는 걸 보니 이 3가지는 당연히 원인변수에 포함될 것 같다. 먼저, 생선과 관련된 잠재적 원인변수들을 생각해 보자. 사용되는 생선의 종류와 부위, 생선의 써는 두께와 방향, 숙성방법과 냉장온도 등이 변수 X에 포함될 수 있을 것이다. 마찬가지로, '초(醋)'의 경우에는 식초의 종류, 식초·설탕·소금의 배합비율, 밥과 초를 섞는 시점 등이 원인변수 X가 될 수 있다. 또한, 밥의 경우는 사용하는 쌀의 종류, 쌀을 씻는 방법, 밥 짓는 물, 취사 화력(火力) 및 뜸 들이는 시간 등이 포함될 수 있다. 이와 같이 하나하나 따져보면 피상적으로 생각했던 것보다 잠재적 원인변수가 상당히 많을 것이다. 생선초밥의 맛에 영향을 주는 요인은 이것이 다가 아니다. 초밥의 크기와 모양, 초밥 쥐기, 고추냉이(일본어로 와사비), 양념간장, 사용하는 칼 및 칼놀림, 취사도구 등도 원인변수가 될 수 있을 것이다.

이렇게 많은 원인변수들을 모두 다 고려한다는 것은 현실적으로 불가능하기 때문에 도출된 잠재적 인자들 중에서 성과변수 Y에 큰 영향을 미치는 중요한 요인(Vital Few X)들을 추출해야 한다.

이를 위해서는 해당분야에서 오랜 경험을 쌓은 전문가의 의견을 들어본다든지, 관련 연구 자료를 조사한다든지, 아니면 원인변수들을 직접 통제(control)하면서 어떤 요인들이 성과변수 Y에 영향을 많이 끼치는지 실험할 필요가 있다. 또한, 문제의 근본원인과 중요한 원인변수(Vital Few X)를 제대로 찾았는지 확인하기 위해 가설검정이나 상관분석, 회귀분석 등과 같은 통계적 방법이 필요한 경우도 많이 있다.

통계적 방법이란 말만 들어도 머리가 아픈 사람들이 적지 않겠지만 그리 겁낼 필요는 없다. 식스시그마에서는 미니탭(Minitab)이라는 통계 소프트웨어를 이용하여 통계학에 대해 전문지식이 없는 사람들도 통계적 방법을 부담없이 활용할 수 있도록 도와준다. 이렇게 엄밀한 분석단계를 거치고 나면 비로소 우리가 중점 관리해야 할 핵심 원인인자(Vital Few X)를 찾을 수 있으며, 이를 토대로 다음 단계인 개선안 도출에 들어간다.

(4) 개선(Improve)

문제의 근본원인과 인과관계를 제대로 이해하지도 못한 채 성급히 문제를 해결하고자 하는 습관이 배여 있기 때문에, 프로젝트를 실제로 수행해 보면 앞서 설명한 정의, 측정, 분석 단계들을 철저하게 밟아 나간다는 것이 어렵다는 것을 자주 경험하게 된다. 그러나 이러한 단계들을 차근차근 밟아 나가면 성과변수 Y에 영향을 미치는 주요인자(Vital Few X)들을 찾을 수 있다.

개선단계는 문제의 근본원인을 제거하고, 핵심 인자의 최적 조건을 찾아내어 프로세스의 개선을 실행하는 단계이다. 개선 방안을 찾기 위해서는 실험계획법이나 각종 아이디어 발상법, 창조적 문제해결기법, 벤치마킹 등과 같은 여러 가지 방법들이 사용될 수 있다. 잠재적 해결 방안들 중에서 가장 효과적인 것을 선택하여 적용한다. 다시 생선초밥의 예를 가지고 설명해 보자.

분석단계에서 초밥의 맛(Y)을 결정하는 핵심요인이 초밥에 사용되는 생선의 부위, 생선의 썬 두께 및 초간장의 배합비율이라는 결론을 얻었다고 가정해 보자. 그러면 이제 남은 문제는 생선의 어떤 부위를 얼마만큼 두껍게 썰어야 하며, 또한 초간장의 배합비율을 얼마로 해야 하는가를 결정하는 것이다. 이를 결정하기 위해서는 생선의 '사용부위'와 '두께', 그리고 양념간장의 '배합비율'을 계속 바꿔가면서 맛을 비교·평가해 보아야 할 것이다.

생선의 부위를 5가지, 써는 두께를 3가지, 양념간장의 배합비율을 3가지로 제한하고, 각각의 경우를 한 번씩만 시도해 보더라도 모두 45(=5×3×3)회의 실험이 필요하다. 생선초밥의 경우라면 이 정도의 실험이야 해볼 만하다는 생각이 들 수도 있겠지만, 실제 우리가 다루는 문제들은 시간이나 비용 또는 다른 이유 때문에 이렇게 많은 실험을 할 수 없는 경우가 대부분이다.

간단한 문제를 이와 같이 복잡하게 다루는 이유가 무엇인지 궁금하게 여길 수도 있다. 예를 들어 3가지 핵심인자 중 나머지 두 인자의 값을 고정시키고 실험한다면 실험의 횟수가 훨씬 줄어들 것이라는 생각을 할 수도 있다. 이를 테면 생선의 두께와 양념간장의 배합비율을 임의의 값으로 고정시키고, 생선의 5가지 사용부위를 가지고 초밥을 만들어 본다면 5번의 실험만으로도 가장 적합한 부위를 찾을 수 있다는 생각이 들 수도 있다. 그러나 이것은 잘못된 것이다. 왜냐하면 생선의 두께나 양념간장의 배합비율에 따라 생선의 맛있는 부위가 다를 수 있기 때문이다. 실험계획법에서는 이것을 교호작용(interaction)이라고 한다. 교호작용이 존재하면 다른 요인들의 값을 고정시킨 채 특정요인의 최적 수준을 결정할 수가 없다. 실험의 횟수를 줄이고도 최적 조건을 찾기 위해서는 실험계획법을 이용해야 한다.

생선초밥 문제와 같이 핵심 인자(Vital Few X)의 최적값을 결정해야 하는 문제라면 실험계획법이 유용하겠지만 그렇지 않은 경우도 많다. 예를 들어 종업원의 이직률을 줄이기 위한 채용 프로세스의 개선이라든지, 놀이공원의 비수기 가동률을 높이기 위한 홍보전략의 수립 등과 같은 문제는 이와 같은 방식으로 해결할 수 없다. 이러한 경우에는 각종 아이디어 발상법이나 창조적 문제해결기법, 또는 벤치마킹 등과 같은 여러가지 방법들을 유연하게 적용할 필요가 있다.

개선 방안을 결정했으면 그것을 제한된 범위 내에서 시범적으로 적용하여 그 효과를 검증하고, 추가적으로 개선해야 할 부분을 찾아가면서 개선 방안의 적용범위를 점차 넓혀 나가도록 한다. 이러한 과정이 끝나면 개선된 상태를 유지·관리하는 마지막 단계로 넘어간다.

(5) 관리(Control)

DMAIC 로드맵을 다이어트 프로그램에 비유한다면, 개선 단계까지 성공적으로 진행하였다는 것은 날씬한 몸매를 가지게 되었다는 것과도 같다. 그런데 오랫동안 몸에 밴 습관을 버리기가 쉽지 않기 때문에 다이어트에 성공했다고 하더라도 시간이 지나면 다시 몸이 불어나는 경우를 자주 볼 수 있다. 따라서 다이어트를 통해 날씬한 몸매를 얻은 것 못지않게 그 이후의 유지·관리가 중요하다.

DMAIC 로드맵의 마지막 관문인 관리 단계에서는 개선된 상태를 어떻게 지속적으로 유지할 것인가를 다룬다. 그런데 이것은 날씬한 몸매를 유지하는 것보다 훨씬 더 어렵다. 왜냐하면 몸매관리와는 달리 업무 프로세스에는 많은 사람들이 연관되어 있기 때문이다.

따라서 관리 단계에서는 개선사항을 표준화한 후 개선안의 실행책임자(process owner)를 결정하고 주기적인 모니터링을 통해 개선된 상태가 제대로 유지되고 있는지를 확인해야 한다. 효과적인 유지·관리를 위해서는 개선안의 이행방법과 개선된 상태가 유지되지 못할 경우에 어떻게 대처할 것인가를 정리한 '관리계획서(control plan)'를 마련해 둘 필요가 있다.

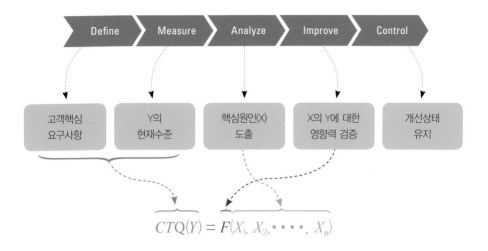

〈그림 27.7〉 DMAIC 로드맵의 기본개념

앞서 설명한 과정을 통해 생선초밥을 맛있게 만드는 비법을 힘들게 찾았다 하더라도, 누가 언제 어디서라도 같은 맛을 낼 수 있도록 하기 위해서는 이를 표준화하고 매뉴얼로 만들어 이에 따라 작업하도록 해야 한다. 맥도날드의 햄버거와 같은 서양의 패스트푸드가 세계적으로 보급될 수 있었던 것도 언제, 어디서 구매하더라도 같은 맛을 즐길 수 있도록 유지·관리되고 있기 때문이다.

지금까지 설명한 DMAIC 로드맵을 간단히 요약하면 〈그림 27.7〉과 같다. 로드맵의 각 단계들이 반드시 앞으로 진행되는 것만은 아니다. 앞 단계에서 소홀하게 다루었던 사항들이 나중에 발견되면 이전 단계로 되돌아가서 미비한 부분을 보충하고 난 후, 원래 하고 있던 단계를 계속 진행한다. 그러나 프로젝트의 원활한 수행을 위해서는 이러한 일이 자주 일어나지 않도록 로드맵의 각 단계를 충실히 이행할 필요가 있다.

참고문헌

- 구희령(2013), "'하루 120인분만' 분당 연남수제비 … 강동진 사장님. 완판 비결 뭡니까", 중앙일보. 9월 23일.
- 박영택(2005), 「이노베이션 스토리: 혁신에 성공한 기업들이 펼치는 감동의 경영 파노라마」, 네모북스.
- 박영택, 손정, 정택진(2007), Six Sigma for CEO: How to Make Breakthrough Happen. 중국 칭화대학교 출판부(중국어판).
- Harry, M. J.(1998), "Six Sigma: A breakthrough strategy for profitability," Quality Progress, May, pp. 60-64.
- Harry, M. J. and Schroeder, R.(1999), Six Sigma: The Breakthrough Management Strategy Revolutionizing the World's Top Corporations, Doubleday. (안영진 역(2000), 「식스시그마 기업혁명」, 김영사)
- Hoerl R. W.,(1998) "Six Sigma and the future of the quality profession," Quality Progress, June, pp. 35-42.
- Pande P., Neuman R. and Cavanagh, R.(2000), The Six Sigma Way: How GE, Motorola, and Other Top Companies are Honing Their Performance, McGraw-Hill. (신완선, 고기전 역(2001), 「식스시그마로 가는 길」, 물푸레)
- Pande P., Neuman R. and Cavanagh, R.(2001), The Six Sigma Way Team Fieldbook: An Implementation Guide for Process Improvement Teams, McGraw-Hill. (심현택, 김창덕 역(2002), 「식스시그마 팀 필드북」, 물푸레)

28장
경영품질의
시대

일본에서 가장 존경받는 기업가인 이나모리 가즈
오 교세라그룹 명예회장은 탐욕으로 인해 병든 자
본주의(資本主義)를 극복하기 위해서는 거래처, 종
업원, 고객 모두가 다 잘되어야 한다는 자비의 정
신이 살아 움직이는 자본주의(慈本主義)가 필요하
다고 강조한다. 자연의 세계를 움직이는 법칙은 약
육강식이 아니라 적자생존이듯이 기업도 자신뿐
아니라 상대방도 잘되어야 한다는 이타(利他)의 이
념이 있어야 오래간다는 것이다.

Quality is King!

28.1 경영품질의 이해

(1) 경영품질이란 무엇인가

한때의 영화(榮華)가 아니라 기업의 영속적 생존과 번영을 위해서는 '지속가능한 성장'이 요구된다. 지속가능한 성장을 위해서는 외부 고객뿐 아니라 내부 직원과 투자자, 협력업체 등과 같이 기업의 성쇠에 직접 영향을 받는 '이해관계자(stakeholder)' 모두의 만족이 필요하다. 따라서 '경영품질'이란 결국 "이해관계자의 균형된 만족과 성장"이라고 볼 수 있다.

「사랑받는 기업」을 출간한 미국 벤틀리 대학의 시소디아(R.S. Sisodia) 교수 등은 자본주의에 역사적인 사회적 변화가 일어나고 있다고 주장한다. 기업의 목적을 주주(shareholder) 가치의 창출보다 더 높은 차원에 두고 있는 기업들이 늘어나고 있다는 것이다. 이러한 기업들은 주요 이해관계자들에게 사랑받기 위하여 말로만 아니라 행동으로 노력하기 때문에 '사랑받는 기업'이라고 명명하였다. 시소디아 교수 등은 현대 기업의 5대 주요 이해관계자들을 다음과 같이 정의하였다.

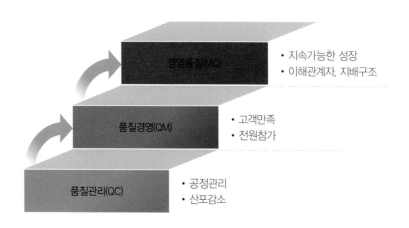

〈그림 28.1〉 품질경영의 발전과정

- 사회(society)
  - 정부와 지역 및 광역 공동체, 기타 사회적 기관, 특히 비정부 기구(NGO)
- 협력업체(partners)
  - 공급사와 같은 상류 협력업체, 수평적 협력업체, 판매사와 같은 하류 협력업체
- 투자자(investors)
  - 개인 및 기관 투자자, 대출 금융기관
- 고객(customers)
  - 개인 및 단체 고객; 현재, 미래, 과거의 고객
- 종업원(employees)
  - 현재, 미래, 과거의 직원 및 그들의 가족

〈그림 28.2〉 기업의 5대 이해관계자

5대 이해관계자들의 영문 머리글자를 모으면 'SPICE'가 된다. 식재료들이 한데 어우러져 훌륭한 맛을 낼 때 좋은 요리가 되듯이 기업도 이해관계자들의 이익을 조화롭게 배분해야 훌륭한 성과를 낼 수 있다는 것이다. 이러한 관점에서 사랑받는 기업들은 이해관계자 중 어느 일방이 다른 그룹의 희생을 통해 이익을 취하지 못하도록 모두의 이해(利害)를 정렬하여 균형된 만족을 추구한다.

소비자들에게 "당신이 사랑하는 기업은 어디인가요?"라고 묻는 설문조사를 통해 후보 기업들을 고른 뒤 이 기업들이 각 이해관계자들에게 실제로 어떻게 하고 있는지 심층 조사를 실시하였다. 이러한 과정을 통해 최종적으로 사랑받는 기업 28개를 선정하였다. 선정된 28개의 기업 중 상장된 13개 회사와 S&P 500대 기업을 대상으로 1996년부터 2006년까지 10년간의 주가 상승에 따른 투자수익률을 비교하였더니 놀라운 결과가 나왔다. 사랑받는 기업들의 평균 투

자수익률(1,026%)이 S&P 500대 기업의 수익률(122%)보다 8배나 높았다. 더 놀라운 것은 콜린스(J. Collins)의 「좋은 기업에서 위대한 기업으로」에서 선정한 위대한 기업 11개의 투자수익률(303%)보다도 3배 이상 높게 나왔다는 점이다.

"주주에게 수익을 주려고 하다 보면 결국 단기적인 시각에 머물지만 이해관계자들로부터 사랑을 받으면 중장기적으로 훨씬 더 유리하다"는 것이다.

(2) 경영품질의 평가는 가능한가

경영의 질(質)을 어떻게 측정하고 평가할 수 있을까? 불량률이나 품질비용 등의 품질지표, 1인당 부가가치나 재고회전률 등의 생산성지표, 수익성이나 유동성 등과 같은 재무지표들은 모두 경영의 일면만 평가하는 것이다. 말콤 볼드리지 미국품질상(Malcolm Baldrige National Quality Award, 이하 'MB상'이라고 지칭함)의 평가기준(Criteria for Performance Excellence, 이하 'MB 평가기준'이라고 지칭함)은 '이해관계자들의 균형된 만족과 성장'이라는 경영품질의 목표를 잘 반영하고 있다. MB 평가기준이 경영의 질을 높이고 평가하기

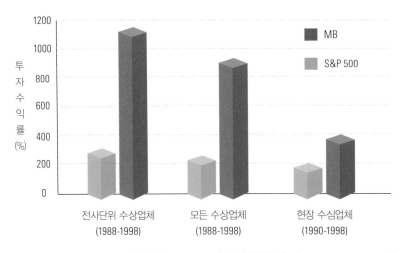

〈그림 28.3〉 MB상 수상 및 수심 업체와 S&P 500의 투자수익률 비교(Business Week, 1997)

위한 방법으로 널리 사용되는 실증적 근거 중 하나는 다음과 같다.

1997년 3월 10일자 「비즈니스 위크」지에 따르면 MB상을 수상하였거나 현장 심사를 받은 업체의 주식에 투자하였다면 다른 기업에 투자한 것보다 훨씬 더 높은 수익을 얻었을 것이라고 한다. 다음은 〈그림 28.3〉에 대한 설명이다.

"1998년 이후 MB상을 받은 16개 수상업체의 주식에 투자하였다면 S&P 500대 기업의 주식에 투자하였을 경우보다 평균 3배의 투자수익률을 올릴 수 있었을 것이다. 또한 MB상의 수상에는 실패하였으나 서류심사 통과 후 현장심사를 받은 48개 기업들의 주식에 투자하였다면 평균 2배의 수익률을 올릴 수 있었을 것이다."

MB 평가기준은 국가품질상 수상조직 선정을 위한 목적 뿐 아니라 개선의 기회를 찾기 위한 자가진단(self-assessment)용 평가도구로도 널리 이용되고 있다.

28.2 말콤 볼드리지 미국품질상

(1) MB상의 탄생 배경

'말콤 볼드리지 미국품질상(Malcolm Baldrige National Quality Award, MB상)'은 1987년 8월 20일 당시 로널드 레이건 대통령에 의해 최종적으로 승인된 '말콤 볼드리지 국가품질개선법'에 따라 제정되었다.

이 상의 명칭은 1981년부터 1987년까지 미국의 상무부 장관으로 재직하면서 정부의 장기적 능률 및 효율 향상에 큰 기여를 하였던 '말콤 볼드리지(Malcolm Baldrige)'의 이름을 딴 것이다.

MB상 상패.
Wikimedia Public Dimain

당시 미국의 경제상황은 2차대전 후 최악의 상태에 빠졌다. 무역수지 적자는 무려 1,700억 달러로서 사상 최대의 적자폭을 기록하였으며, 세계시장에서 미국제품은 설자리를 잃어가고 있었다.

미국이 경제적 위기에 처해 있을 때, 이와는 대조적으로 일본의 경제 및 상품 경쟁력은 전성기를 구가하고 있었다. 미국의 학계, 산업계 및 정부 지도자들은 일본의 경쟁력에 대해 다방면에 걸쳐 검토한 결과, 그들 경쟁력의 원천이 품질에 있다는 것을 깨닫고, 미국에서도 일본의 데밍상과 같은 국가적 차원의 품질상이 필요하다고 판단하였다. 이에 따라 1987년 레이건 대통령 당시 말콤 볼드리지 국가품질개선법인 Public Law 100-107을 제정하고, 그 이듬해에 MB상 재단을 설립하였다. MB상은 1987년 제조업, 서비스업, 중소기업의 세 부문으로 시작하였으나 1996년 교육부문과 의료 부문이 추가되었다. 또한 2007년에는 비영리조직(정부기관 포함)이 새로 추가되었다.

(2) MB평가기준의 구조

MB 평가기준은 다음과 같은 7가지 '범주(category)'로 구성되어 있다.

- 리더십(leadership)
- 전략(strategy)
- 고객(customers)
- 측정, 분석 및 지식관리(measurement, analysis, and knowledge management)
- 직원(workforce)
- 운영(operations)
- 성과(results)

이 중 앞의 6가지 범주를 합하여 '프로세스 차원'이라고 하며, 마지막 7번째

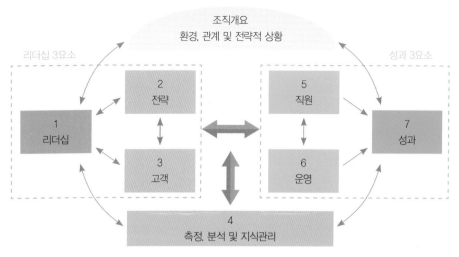

〈그림 28.4〉 MB 평가기준의 체계

성과를 '성과 차원'이라고 한다. 7가지 범주들을 연결하고 통합하는 구조는 〈그림 28.4〉와 같은데, 이 구조는 다음과 같은 세 가지 기본요소로 나눌 수 있다.

① 조직개요 : 환경, 관계 및 전략적 상황

그림의 상단에 있는 '조직개요(organizational profile)'는 다음과 같은 사항들을 나타낸다.

(i) 조직의 특성
- 조직 환경 : 주요 제공품, 비전과 사명, 인력 개요, 자산, 규제적 요구
- 조직 관계 : 조직구조와 지배구조, 고객과 이해관계자, 공급업체와 파트너

(ii) 조직이 처한 전략적 상황
- 경쟁환경 : 경쟁위치, 환경변화, 비교데이터
- 전략적 여건 : 전략적 도전과 입지

• 성과개선시스템 : 성과개선시스템의 핵심요소

이상과 같은 내용들은 7가지 범주를 평가하기 위한 배경 지식이 된다.

② 성과시스템 : 리더십 3요소(범주 1,2,3) 및 성과 3요소(범주 5,6,7)

성과시스템은 그림 중앙에 있는 6가지 범주로서 조직의 프로세스와 성과의 유기적 관계를 나타내는데, 다음과 같은 두 부분으로 나누어진다.

• '리더십 3요소(leadership triad)'라고 불리는 왼쪽 부분(리더십, 전략, 고객)은 리더십이 전략과 고객에 초점을 맞추어야 한다는 것을 강조하고 있다. 리더는 방향을 설정하고 조직의 미래를 위한 기회를 추구해야 한다.
• '성과 3요소(results triad)'라고 불리는 오른쪽 부분(직원, 운영, 성과)은 직원중심 프로세스와 핵심적 운영 프로세스, 그리고 이 프로세스들이 창출한 성과를 나타낸다.

기업의 모든 활동들은 (제품 및 프로세스, 고객, 직원, 리더십과 지배구조, 재무 및 시장 성과를 포함하는) 사업의 복합적 성과를 지향하고 있다. 이러한 복합적 지표는 중요한 이해관계자, 목적, 장·단기 목표들 사이의 균형을 확보하기 위한 것이다. 중앙의 큰 화살표는 리더십 3요소와 성과 3요소를 이어주는데, 이 화살표는 조직을 움직이는 추진 원동력이라고 볼 수 있는 리더십(범주 1)과 최종 목적지라고 볼 수 있는 성과(범주 7) 간의 관계를 나타낸다. 양방향 화살표는 효과적 관리를 위해 피드백이 중요하다는 것을 의미한다.

③ 시스템 기반 : 범주 4

기업을 효과적으로 관리하고 사실에 근거한 지식지향 시스템을 구축하는 데 있어서 측정, 분석 및 지식관리는 핵심적 역할을 한다. 이것은 또한 성과관리시스템의 구축을 위한 토대가 된다.

(3) MB 평가기준의 구성

MB 평가기준은 〈그림 28.5〉와 같은 계층구조로 되어 있는데, 2017-2018년 기준은 7가지 범주, 17가지 항목, 38가지 평가영역으로 구성되어 있다. 자세한 내용은 〈표 28.1〉과 같다.

〈그림 28.5〉 MB 평가기준의 계층

(4) MB 평가기준의 채점시스템

① 프로세스 차원의 채점

MB 평가기준의 7가지 범주 중 '프로세스 차원'은 성과 범주를 제외한 6가지 (리더십, 전략, 고객, 측정·분석 및 지식관리, 직원, 운영) 범주를 말한다. 프로세스 차원의 채점에는 다음과 같은 4가지 요인(영문 머리글자를 따면 'ADLI')을 복합적으로 고려한다.

- 접근방법(Approach, A) : 프로세스 실행을 위해 사용되는 방법들의 적합성, 효과성, 체계성
- 전개(Deployment, D) : 접근방법의 적용대상 및 활용 범위, 일관성

〈표 28.1〉 MB 평가기준의 구성내용과 배점(2017–2018 기준)

범주	항목	평가영역
1 리더십 (120점)	1.1 경영진 리더십(70점) - 경영진이 어떻게 리더십을 발휘하는가?	1.1.a 비전 및 가치 1.1.b 의사소통 1.1.c 사명 및 조직의 성과
	1.2 지배구조 및 사회적 책임(50점) - 조직의 지배와 사회적 책임 이행은 어떻게 하고 있는가?	1.2.a 조직의 지배구조 1.2.b 법적·윤리적 행위 1.2.c 사회적 책임
2 전략 (85점)	2.1 전략개발(45점) - 전략은 어떻게 개발하는가?	2.1.a 전략개발 프로세스 2.1.b 전략적 목표
	2.2 전략실행(40점) - 전략은 어떻게 실행하는가?	2.2.a 실행계획 개발 및 전개 2.2.b 실행계획 수정
3 고객 (85점)	3.1 고객의 목소리(40점) - 고객으로부터 정보를 어떻게 얻는가?	3.1.a 고객의 목소리 경청 3.1.b 고객만족과 참여의 결정
	3.2 고객참여(45점) - 고객참여와 관계구축을 위해 고객의요구에 어떻게 부응하는가?	3.2.a 제품공급 및 고객지원 3.2.b 고객관계
4 측정, 분석 및 지식관리 (90점)	4.1 측정, 분석 및 조직성과 개선(45점) - 조직성과의 측정과 분석 및 개선은어떻게 하고 있는가?	4.1.a 성과측정 4.1.b 성과분석 및 검토 4.1.c 성과개선
	4.2 정보 및 지식관리(45점) - 정보 및 지식자산을 어떻게 관리하는가?	4.2.a 데이터 및 정보 4.2.b 조직의 지식
5 직원 (85점)	5.1 직무환경(40점) - 효과적·후원적 직무환경을 어떻게 구축하는가?	5.1.a 직무능력 및 직무역량 5.1.b 직무환경
	5.2 직원참여(45점) - 조직과 개인의 성공을 위하여 직원들을 어떻게 참여시키는가?	5.2.a 직원참여 성과 5.2.b 인력개발 및 지도자 양성
6 운영 (85점)	6.1 업무 프로세스(45점) - 핵심 제품과 업무 프로세스를 어떻게 설계, 관리, 개선하는가?	6.1.a 제품 및 프로세스 설계 6.1.b 프로세스 관리 및 개선 6.1.c 공급망 관리 6.1.d 이노베이션 관리
	6.2 운영효과(40점) - 진행상황과 미래를 고려하여 운영효과를 어떻게 확보하는가?	6.2.a 프로세스 효율 및 효과 6.2.b 정보시스템 관리 6.2.c 안전 및 비상대책
7 성과 (450점)	7.1 제품 및 프로세스 성과(120점) - 제품 및 프로세스 효과의 성과는 무엇인가?	7.1.a 제품 성과 7.1.b 업무 프로세스의 효과성 성과 7.1.c 공급망관리 성과
	7.2 고객 성과(80점) - 고객초점 성과는 무엇인가?	7.2.a 고객초점 성과
	7.3 직원 성과(80점) - 직원초점 성과는 무엇인가?	7.3.a 직원초점 성과
	7.4 리더십 및 지배구조 성과(80점) - 경영진 리더십과 지배구조의 성과는무엇인가?	7.4.a 리더십과 지배구조 및 　　　사회적 책임 성과 7.4.b 전략실행 성과
	7.5 재무 및 시장 성과(90점) - 재무 및 시장 성과는 무엇인가?	7.5.a 재무 및 시장 성과
총 1,000점	17개 항목	38개 평가영역

- 학습(Learning, L) : 주기적 평가와 개선을 통한 접근방법의 개선과 공유
- 통합(Integration, I) : 접근방법의 정렬성, 조화성, 상호보완성

〈표 28.2〉는 프로세스 차원의 구체적 채점 가이드라인이다. 이를 이용하는 방법은 다음과 같다.

- ADLI의 4가지 요소(즉, 접근방법, 전개, 학습, 통합)를 종합적으로 고려하여 채점 가이드라인에 있는 6가지 점수대(0-5%, 10-25%, 30-45%, 50-65%, 70-85%, 90-100%) 중 하나를 선택한다. 4가지 요소의 각 수준이 다를 수 있으나 이 수준의 평균값을 사용하지 말고 전체적인 시각(holistic view)에서 적합하다고 생각되는 점수대를 선택한다.
- 선택한 점수대의 바로 아래 점수대와 바로 위의 점수대를 읽고 상대적으로 어느 쪽에 얼마나 가까운지를 고려하여 선택한 점수대 내의 점수 중 하나를 선택한다. 예를 들어 50-65% 점수대를 선택했다고 가정해 보자.
  심사를 통해 파악한 내용을 하위 점수대(30-45%) 및 상위 점수대(70-85%)와 비교해 본 결과 하위점수대의 설명에 상대적으로 조금 더 가깝다고 생각된다면 선택한 점수대(50-65%) 내의 4가지 점수(50%, 55%, 60%, 65%) 중 하위 점수대에 조금 더 가까운 55%를 선택한다.

채점기준에 대한 이해를 돕기 위해 프로세스 차원의 50% 점수의 의미를 설명하면 다음과 같다.

- 접근방법이 항목의 전반적 요구사항을 충족시킨다.
- 대부분의 업무단위에 접근방법이 일관성 있게 전개되고 있다.
- 접근방법에 대한 주기적 개선과 학습이 어느 정도 일어나고 있으며, 조직의 핵심적 요구를 다루고 있다.

50% 이상의 점수를 얻으려면 위의 설명보다 더 큰 실적, 더 폭넓은 전개, 더

점수	설명
0% 5%	• 항목의 요구사항에 대응하는 체계적 접근방법이 없다; 정보는 입증되지 않았다. (A) • 어떤 체계적 접근방법에 대해서도 전개가 거의 없다. (D) • 개선중심이 아니다; 문제의 사후적 대응에 의한 개선만 있다. (L) • 조직적 정렬이 없다; 개별 영역이나 업무 단위가 독단적으로 움직인다. (I)
10% 15% 20% 25%	• 항목의 기본적 요구사항에 대응하는 체계적 접근방법이 시작되고 있다. (A) • 대다수 영역이나 업무 단위에서 접근방법의 전개가 초기단계에 있으며, 항목의 기본적 요구사항이 제대로 충족되지 않고 있다. (D) • 문제의 사후 대응에서 전반적 개선중심으로 이행하는 초기 단계이다. (L) • 접근방법에 대한 정렬이 다른 영역이나 다른 업무 단위들과의 공동 문제해결을통해 주로 이루어진다. (I)
30% 35% 40% 45%	• 항목의 기본적 요구사항에 대응하는 효과적이고 체계적인 접근방법이 있다. (A) • 일부 영역이나 업무 단위에 있어서는 초기 단계이지만 접근방법에 대한 전개가 이루어지고 있다. (D) • 핵심 프로세스의 평가와 개선을 위한 접근방법이 시작되고 있다. (L) • 조직의 특성 및 다른 프로세스의 항목과 연관된 조직의 기본적 요구사항과 접근방법의 정렬이 이루어지는 초기 단계에 있다. (I)
50% 55% 60% 65%	• 항목의 전반적 요구사항에 대응하는 효과적이고 체계적인 접근방법이 있다. (A) • 영역이나 업무 단위에 따라 차이는 있지만 접근방법이 잘 전개되어 있다. (D) • 핵심 프로세스의 능률과 효과 개선을 위한 사실 기반의 체계적 평가 및 개선 프로세스가 정착되었다; 조직의 학습 및 혁신이 일상화되었다. (L) • 조직의 특성 및 다른 프로세스의 항목과 연관된 조직의 전반적 요구사항과 접근방법이 정렬되어 있다. (I)
70% 75% 80% 85%	• 항목의 여러 요구사항에 대응하는 효과적이고 체계적인 접근방법이 있다. (A) • 큰 격차없이 접근방법이 잘 전개되어 있다. (D) • 사실 기반의 체계적 평가 및 개선과 조직의 학습 및 혁신이 핵심적 관리 도구이다; 조직 차원의 분석과 공유를 통해 학습과정이 정교해진다는 분명한 증거가 있다. (L) • 조직의 특성 및 다른 프로세스의 항목과 연관된 조직의 현재 및 미래 요구사항과 접근방법이 통합되어 있다. (I)
90% 95% 100%	• 항목의 여러 요구사항에 충분히 대응하는 효과적, 체계적 접근방법이 있다. (A) • 어떤 영역이나 업무 단위에서도 특별한 약점이나 격차없이 접근방법이 충분히 전개되어 있다. (D) • 사실 기반의 체계적 평가 및 개선과 혁신을 통한 조직의 학습이 전사적 핵심 도구이다; 분석과 공유의 토대 위에 혁신과 정교화가 조직 전반에 일어나고 있다. (L) • 조직의 특성 및 다른 프로세스의 항목과 연관된 조직의 현재 및 미래 요구사항과 접근방법이 잘 통합되어 있다. (I)

의미있는 학습과 더 확대된 통합이 요구된다.

② 성과 차원의 채점

성과는 7번째 범주의 요구사항을 충족시키기 위해 조직이 성취한 산출(outputs)과 결과(outcomes)를 말한다. 성과 차원의 채점에는 다음과 같은 4가지 요인(영문 머리글자를 따면 'LeTCI')을 복합적으로 고려한다.

- 수준(Level, Le) : 의미 있는 척도로 평가한 현재의 성과수준
- 추세(Trends, T) : 성과수준의 개선 추세와 성과 범위(즉, 전개 정도)의 확대 추세
- 비교수준(Comparisons, C) : 경쟁조직이나 유사한 조직과 비교한 성과, 벤치마크나 산업 선도자와 비교한 성과
- 통합(Integration, I) : 성과 측정치들이 조직개요와 프로세스 항목에서 확인된 고객, 제품, 시장, 프로세스 및 실행계획과 관련된 중요한 성과 요구사항들을 포괄하는 범위; 미래성과를 반영하는 타당한 지표의 포함 정도; 전사적 목표를 지원하기 위한 프로세스 및 업무 단위들 간의 조화성을 성과측정치들이 반영하는 정도.

성과 차원의 채점 가이드라인인 〈표 28.3〉을 이용하는 방법은 프로세스의 경우와 동일하며, 성과점수 50%의 의미는 다음과 같다.
- 성과수준이 양호하며, 개선추세도 바람직하다는 것이 분명하다.
- 항목에서 다루는 성과 영역에 적합한 비교 정보가 포함되어 있다.
- 사업이나 조직의 사명에 중요한 성과 영역에 적합한 비교 정보가 포함되어 있다.

50% 이상의 점수를 얻으려면 위의 설명보다 더 높은 성과수준과 추세, 더 우수한 비교성과, 조직의 요구사항이나 사명과 더 넓은 통합이 요구된다.

<표 28.3> MB기준 성과 채점 가이드라인(범주 7)

점수	설명
0% 5%	• 성과가 제대로 파악되지 않거나 성과가 없다. (Le) • 추세 데이터가 파악되지 않거나 추세가 대부분 악화된다. (T) • 비교 정보가 없다. (C) • 조직의 사명 성취와 관련된 어떤 중요한 영역에서도 성과가 파악되지 않는다. (I)
10% 15% 20% 25%	• 항목의 기본적 요구사항에 대응하는 몇몇 조직의 성과가 파악되고 있으며, 초기 성과가 양호하다. (Le) • 일부 추세 데이터가 파악되고 있으며, 추세가 나쁜 것도 포함되어 있다. (T) • 비교 정보가 거의 없다. (C) • 조직의 사명 성취와 관련된 소수의 중요한 영역에서 성과가 파악되고 있다. (I)
30% 35% 40% 45%	• 항목의 기본적 요구사항에 대응하는 조직의 성과 수준이 양호하다. (Le) • 일부 추세 데이터가 파악되고 있으며, 대부분 추세가 괜찮다. (T) • 비교 정보를 구하는 초기 단계이다. (C) • 조직의 사명 성취와 관련된 다수의 중요한 영역에서 성과가 파악되고 있다. (I)
50% 55% 60% 65%	• 항목의 전반적 요구사항에 대응하는 조직의 성과 수준이 양호하다. (Le) • 조직의 사명 성취와 관련된 중요한 영역에서 추세가 괜찮다. (T) • 적절한 비교대상 및/또는 벤치마크와 비교하여 일부 현재 성과수준이 평가되고 있으며, 상대적으로 우수한 영역들이 있다. (C) • 대부분의 핵심 고객, 시장 및 프로세스 요구사항에 대한 조직의 성과가 파악되고 있다. (I)
70% 75% 80% 85%	• 항목의 다수 요구사항에 대응하는 조직의 성과 수준이 양호 또는 탁월하다. (Le) • 조직의 사명 성취와 관련된 대다수 중요한 영역에서 괜찮은 성과가 지속되고 있다. (T) • 적절한 비교대상 및/또는 벤치마크와 비교하여 다수 또는 대다수의 현재 성과수준과 추세가 평가되고 있으며, 선두 및 탁월한 경쟁우위 영역들이 있다. (C) • 대부분의 핵심 고객, 시장, 프로세스 및 실행계획 요구사항에 대한 조직의 성과가 파악되고 있다. (I)
90% 95% 100%	• 항목의 다수 요구사항에 충분히 대응하는 조직의 성과 수준이 탁월하다. (Le) • 조직의 사명 성취와 관련된 모든 중요한 영역에서 괜찮은 성과가 지속되고 있다. (T) • 많은 영역에서 산업을 선도하며 벤치마크가 되고 있는 것이 입증된다. (C) • 대부분의 핵심 고객, 시장, 프로세스 및 실행계획 요구사항에 대한 조직의 성과와 향후 전망이 파악되고 있다. (I)

(5) MB 평가기준의 점수대별 기업수준

MB상 제도가 운영된 초기 10년 동안(1988년~1997년) 모두 648개의 기업이 MB상에 도전하였으나 수상업체는 32개에 불과하였다. 이 상에 도전한 기업들은 자신들의 경쟁력에 대해 어느 정도 자신감을 갖고 있었을 터이고, 수상업체는 이들끼리의 경쟁에서 20:1의 관문을 뚫었으니 상당히 높은 점수를 받았을 것으로 생각할 수 있다.

그러나 현실은 그렇지 않다. 수상업체 중 800점 이상의 점수를 받은 기업은 없는 것으로 알려져 있으며, 700점 미만의 점수를 받고도 MB상을 수상한 기업들이 드물지 않다.

일반적으로 현장 방문심사를 받기 위해서는 600점 이상의 점수를 받아야 한다고 알려져 있으나, 600점 미만의 점수로도 현장심사까지 받은 기업들이 드물지 않는데 특히 이러한 일들은 중소기업의 경우가 많다.

MB상의 평가기준에 의한 채점점수가 갖는 현실적 의미를 이해하기 위해서는 〈표 28.4〉에 정리한 점수대별 기업수준에 대한 설명을 참조할 필요가 있다. 600점이라는 점수는 체계적인 접근방법이 사용되고 있으며, 전개상태도 양호하다는 것을 의미한다.

또한 경쟁이 격심한 분야에서 700점 이상의 점수를 받으면 세계적 수준의 기업으로 인정받고 있다. 우리는 통상 100점 만점에 70점을 얻으면 평균이고, 50점은 좋지 못한 성적이라는 인식을 갖고 있다. 그러나 MB 평가기준의 50% 점수는 많은 세부영역들에 있어서 건전하고도 체계적인 접근이 이루어지고 있으며 지속적인 사내 개선활동이 추진되고 있다는 것을 의미한다. 따라서 50%의 점수도 꽤 괜찮은 것이며, 70%의 점수라면 수상업체로 선정될 수 있는 수준이라는 것을 이해할 필요가 있다.

〈표 28.4〉 MB기준 평가 점수대별 기업수준

점수대	설 명
수준 1 0~250	심사범주의 요구사항들에 부응하는 접근방법들을 개발하고 실행에 옮기는 초기단계이다. 대부분의 심사범주에 있어서 중요한 결함들이 존재한다.
수준 2 251~350	심사항목의 기본적 목적에 맞도록 체계적 접근방법을 사용하는 초기단계이나, 몇몇 심사범주에서 접근방법과 전개에 주요한 결함들이 존재한다. 현재의 접근방법을 통해 성과를 얻는 초기단계이다.
수준 3 351~450	대다수 항목의 기본적 목적에 맞도록 체계적인 접근방법을 사용하고 있으나, 몇몇 핵심적 세부영역에 대한 전개는 성과를 입증하기에 너무 이르다. 핵심적 요구사항들에 관계되는 몇몇 중요한 세부영역에 있어서 초기 개선경향이 나타나고 있다.
수준 4 451~550	많은 세부영역들에 대해 효과적인 접근방법이 사용되고 있으나, 일부 세부영역에 대한 전개는 아직 초기단계에 머무르고 있다. 통합성, 연속성, 성숙성을 입증하기 위해서는 보다 심도 있는 전개와 측정, 성과가 필요하다.
수준 5 551~650	많은 세부영역들에 부응하는 건전하고도 체계적인 접근방법과 아울러 핵심적 세부영역에서 사실에 기반을 둔 개선 프로세스가 실행되고 있다. 전개에 있어서도 크게 부족한 부분이 없다. 중요한 대부분의 세부영역에 있어서 개선추세 및/또는 좋은 성과가 나타나고 있다.
수준 6 651~750	대부분의 세부영역에서 핵심적 측정지표들이 포함된 세련된 접근방법이 사용되고 있으며, 전개와 성과도 양호하다. 몇몇 탁월한 활동과 결과들이 분명히 보인다. 많은 세부영역에서 연속성과 성숙성을 보여주는 좋은 증거들이 있다. 심도 있는 전개와 통합의 기반이 확립되어 있으며, 아마도 몇몇 세부영역에 있어서는 업계 최고 또는 선도 벤치마크가 되고 있다.
수준 7 751~875	대부분의 세부영역에서 세련된 접근, 탁월한 전개, 매우 우수한 개선과 수준이 입증되고 있다. 또한 통합의 정도도 매우 우수하다. 업계 최고수준으로서 여러 영역에서 선도 벤치마크가 되고 있다.
수준 8 876~1,000	탁월한 접근방법, 충분한 전개, 뛰어나면서도 지속가능한 성과를 보이고 있다. 통합과 성숙의 정도가 탁월하며, 국내뿐 아니라 세계적 리더십을 확보하고 있다.

28.3 기업의 사회적 책임

(1) 사회적 책임의 진화

이해관계자 만족의 개념은 기업의 사회적 책임(CSR, corporate social responsibility)에 대한 인식의 진화와 밀접한 관련이 있다. 노벨상 수상자인 자유주의 경제학자 밀턴 프리드먼(Milton Friedman)은 "사업에는 유일무이한 사회적 책임이 있다. 그것은 사기와 속임수 없이 게임의 규칙을 준수하는 범위 내에서 이윤을 증가시킬 수 있도록 설계된 활동에 자원을 사용하고 참여하는 것이다"라고 하였다.

기업의 사회적 책임이 정당한 부(富)의 창출이라는 주장의 이면에는 기업이 창출한 이익으로 인해 고용과 소득이 늘어나는 등의 선순환 효과가 있다는 가정이 있다. 그러나 기업의 영향력이 경제적인 영역을 넘어 사회적인 영역으로 확대되고, 기업운영으로 인한 환경적인 문제의 유발, 경제적 영향력의 부당한 행사, 빈부 격차의 심화 등과 같은 문제를 유발하면서 CSR에 대한 요구 또한 강화되고 있다.

미국 조지아대학교의 캐롤(A. B. Carroll) 교수는 CSR이 양식 있는 기업가들에게 수용되기 위해서는 기업의 사회적 책임 전체를 아우르는 체계가 있어야 한다고 생각하고 〈그림 28.6〉과 같은 CSR 피라미드를 제안하였다. 이 피라미드를 구성하는 기업의 책임은 다음과 같다.

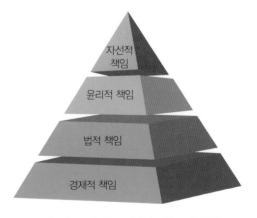

〈그림 28.6〉 CSR 피라미드 (Carroll, 1991)

- 경제적 책임: 수익성
  - 다른 모든 것들을 뒷받침

하는 토대.

- 법적 책임: 준법성
  - 법은 옳고 그름에 대한 사회적 기준을 성문화한 것. 게임의 규칙에 따라 운영.
- 윤리적 책임: 윤리성
  - 도덕적으로 올바른 것, 정당한 것, 공정한 것을 이행하고 유해한 것의 발생을 방지.
- 자선적 책임: 선량한 기업시민
  - 지역사회 및 공동체에 자원으로 기여, 삶의 질 개선.

CSR에 대한 요구가 태동하던 초기 단계에서는 자선적, 시혜적 관점에서 '베푼다'는 것에 초점을 두었다. 예를 들어 포드자동차가 유방암 재단에 연구 기금을 지원한 것이 여기에 속한다. 이후 기업이 가진 전문성이나 역량을 CSR에 활용하자는 개념이 대두되었다. 놀이공원의 공연팀이 분장을 하고 어린이 병동에서 공연을 하거나 대기업 산하의 경제연구소가 제작한 유료 동영상 교육 콘텐츠를 중소기업에 무료로 개방하는 것이 여기에 속한다. 이것은 전문적 재능기부의 개념을 가져온 것이다.

각 분야의 전문가들이 자신의 전문성을 자발적으로 아무런 대가없이 사회를 위해 무료로 나누는 봉사활동을 '프로보노(pro bono)'라고 하는데, 이 말은 원래 '공익을 위하여'라는 뜻의 라틴어인 'pro bono publico'의 줄임말이다.

이후 CSR 활동의 효과성을 높이기 위해 CSR에도 전략이 필요하다는 주장이 제기되었다. 전략적 CSR의 핵심개념 중 하나는 '상생(win-win)'이다. 보디숍(The Body Shop)의 커뮤니티 트레이드(community trade, CT)의 예를 보자. CT란 도움을 필요로 하는 전 세계 원주민 부락과 교류하는 프로그램이다.

'원조가 아닌 교류(trade not aid)'라는 기치를 내세운 이 프로그램은 그 지역에서 나는 원료를 구입해 지역주민의 경제적 기반을 마련해 주자는 것이다. 보디숍으로서도 신선하고 좋은 재료를 구할 수 있기 때문에 이것은 서로에게 유익하다. 가나의 코코아 버터, 온두라스의 수세미와 그 열매, 네팔의 전통종이, 니카라과의 참기름, 인도의 목재 마사지 기구 등을 사들이고, 이익금은 에이즈 교육기관과 여학생을 위한 장학재단을 설립하는 데 사용하였다.

최근 들어 전략적 CSR을 한 단계 더 발전시킨 CSV(Creating Shared Value, 공유가치 창출)라는 개념이 대두되었다. 사회에 도움을 주면서도 경제적 가치를 창출해야 지속가능한 CSR이 된다는 것이다. CSV의 대표적인 사례로 스위스의 식음료업체인 네슬레가 자주 소개된다. 캡슐커피를 만드는 네슬레의 네스프레소 사업부는 값싼 커피 원두(原豆)를 찾아 전 세계를 떠돌기보다는 커피 재배 농가의 기술력을 높이는 데 집중했다.

네스프레소는 아프리카와 남미에 기반시설을 갖춘 클러스터를 조성한 후 이곳에 커피 소농가들을 입주시켰다. 입주한 소농가들에 대해서는 고품질의 커피를 재배할 수 있도록 교육을 제공하고 필요한 자금도 지원했다. 이를 통해 저개발국의 농가소득을 높임과 동시에 네슬레는 양질의 원두커피를 안정적으로 공급받을 수 있게 되었다.

마이크로소프트(MS)가 미국 내 커뮤니티칼리지와 함께 펼친 '워킹 커넥션스 파트너십(working connections partnership)' 프로그램도 CSV의 대표적 사례이다. 정보기술 인력이 부족했던 MS는 1,000만 명이 넘는 학생들이 재학하고 있는 커뮤니티칼리지의 IT 교육이 체계적이지 못하다는 점에 주목하고, 5년간 5,000만 달러의 교육비를 지원하고 사내 전문가들 중 자원자를 보내 교과과정 개발에 참여하도록 하였다. 이 프로그램을 통해 MS는 교육에 기여하고 필요한 IT 인력도 확보할 수 있었다.

(2) 사회적 책임에 대한 국제규범

① ISO 26000

국제표준화기구(ISO) 기술관리이사회(TMB, Technical Management Board)는 사회적 책임의 개념이 기업이나 민간부문에 국한되지 않도록 CSR에서 '기업(coroprate)'이라는 단어를 뺀 'SR(Social Responsibility)'이라는 용어를 사용하고 있다. 2010년 11월 1일 ISO는 조직의 사회적 책임(SR)에 대한 통합 지침인 ISO 26000을 발표하였다.

ISO 26000에는 다음과 같은 7가지의 핵심 주제에 대한 실행 지침과 쟁점 해설, 권고사항 등을 담고 있다.

- 조직의 지배구조(organizational governance)
- 인권(human rights)
- 노동관행(labour practices)
- 환경(environment)
- 공정운영 관행(fair operating practices)
- 소비자 이슈(consumer issues)
- 지역사회 참여와 발전(community involvement and development)

ISO 26000은 강제성을 갖는 인증이나 규제는 아니며, 조직의 사회적 책임에 대한 실행 지침이다.

② 유엔 글로벌 콤팩트(UNGC)

'유엔 글로벌 콤팩트(UNGC, UN Global Compact)'는 산업계가 자발적으로 인권, 노동, 환경 및 반(反)부패 영역에서 추구해야 할 주요 원칙에 맞도록 사업을 운영하고 이를 확산시키기 위한 참여의 장(場)을 제공하고 있다.

1999년 1월 스위스 다보스에서 열린 세계경제포럼(WEF)에서 당시 코피 아난(Kofi Annan) 유엔 사무총장이 글로벌 콤팩트의 제정과 동참을 호소하면서 태동되었으며, 다음해인 2000년 7월 뉴욕 맨해튼에 있는 유엔 본부에서 공식 출범하였다. UNGC는 기업들에게 그들의 영향력이 미치는 범위 내에서 인권, 노동, 환경 및 반부패의 네 가지 영역에서 〈표 28.5〉와 같은 10대 원칙을 받아들이고, 지지하며, 이행할 것을 요청하고 있다.

UNGC에 가입하면 2년 후부터는 이행보고서(COP, Communication of Progress)를 매년 제출해야 한다. 한 가지 유념할 것은 UNGC는 법적 규제나 인증이 아니며 자발적으로 동참하고 상호 교류하기 위한 활동 네트워크이다. 2013년 4월 통계에 의하면 130여 개 국의 1만여 개 기업들이 동참하고 있는데 이것은 전 세계적으로 기업의 가장 큰 자발적 참여 활동이다.

〈표 28.5〉 유엔 글로벌 콤팩트의 10대 원칙

영역	10대 원칙
인권	1. 국제적으로 선언된 인권 보호를 지지하고 존중한다.
	2. 인권 침해에 연루되지 않도록 적극 노력한다.
노동기준	3. 결사의 자유와 단체교섭권의 실질적 인정을 지지한다.
	4. 모든 형태의 강제노동을 배제한다.
	5. 아동 노동을 효과적으로 철폐한다.
	6. 고용 및 업무에서 차별을 없앤다.
환경	7. 환경문제에 대한 예방적 접근을 지지한다.
	8. 환경적 책임을 증진하는 조치를 수행한다.
	9. 환경친화적 기술의 개발과 확산을 촉진한다.
반부패	10. 부당취득 및 뇌물 등을 포함하여 모든 형태의 부패에 반대한다.

📚 참고문헌

- 나지홍(2011), "기업도 살리고 공동체도 살리는 상생투자를 하라", 조선일보 7월 14일.
- 남영숙(2011), 「기업의 사회적 책임의 글로벌 트렌드와 지역별 동향 연구」, 외교통상부 연구용역 결과보고서.
- 박영택(2001), "경영품질을 높이는 말콤 볼드리지상", 「경영품질의 세계기준 말콤 볼드리지」, 제1부, 서울 Q&I 포럼, 개정판, 한·언, pp.23-pp88.
- 박영택, 송해근(1998), "품질경영상의 평가기준과 경영품질의 측정", 품질경영학회지, 26권 2호, pp.82-92.
- 신정선(2007), "기업성공과 사회복지는 전략적 원윈게임이다", 조선일보 4월 21일.
- 조선일보(2009), "썩어가는 자본주의, 자본주의(慈本主義)가 구하리니…", 8월 22일.
- Bemowski, K. and Stratton, B.(1995), "How do people use the Baldrige award criteria?", Quality Progress, May, pp.43-47.
- Business Week(1997), "The Baldrige's other award", March 10, p.75.
- Carroll, A. B.(1979), "A three-dimensional conceptual model of corporate performance", Academy of Management Review, Vol.4 No.4, pp.497-505.
- Carroll, A. B.(1991), "The pyramid of corporate social responsibility: Toward the moral management of organizational stakeholders", Business Horizons, July-August, pp.39-48.
- Garvin, D.A.(1991), "How the Baldrige award really works", Harvard Business Review, November-December, pp.80-94.
- Hutton, D.W.(2000), From Baldrige to Bottom Line: A Roadmap for Organizational Change and Improvement, ASQ Quality Press.
- NIST(1997), Handbook for the Board Examiners, Malcolm Baldrige National Quality Award Program at NIST.
- Porter, M.E. and Kramer, M.R.(2006), "Strategy and society: The link between competitive advantage and corporate social responsibility", Harvard Business Review, December, pp.78-92.
- Porter, M.E. and Kramer, M.R.(2011), "Creating shared value", Harvard Business Review, January-February, pp.62-77.
- Sisodia R.S., Wolfe, D.B., Sheth, J.N.(2007), Firms of Endearment: How World-Class Companies Profit from Passion and Purpose, Prentice Hall. (권영설 역(2008), 「위대한 기업을 넘어 사랑받는 기업으로」, 럭스미디어)

한글 색인

영문 색인